全国计算机技术与软件专业技术资格（水平）考试参考用书

信息系统项目管理师
案例分析指南

全国计算机专业技术资格考试办公室推荐

张友生 刘现军 主编　　希赛IT教育研发中心 组编

U0360959

清华大学出版社
北京

内 容 简 介

本书是计算机技术与软件专业技术资格（水平）考试中信息系统项目管理师级别的指定参考用书。在参考和分析历年考试试题的基础上，着重对考试大纲规定的内容有重点地细化和深化，通过案例分析的形式体现最新的信息系统项目管理师考试大纲的要求，对于这些案例，给出了试题解答方法和参考答案。

本书在编写过程中，特别注重项目管理理论与信息系统行业实践的结合，由具有丰富的信息系统技术开发和项目管理经验的人员合作编写。准备考试的人员可通过阅读本书掌握考试大纲规定的知识，掌握考试重点和难点，熟悉考试方法、试题形式、试题的深度和广度内容的分布、解答问题的方法和技巧。

本书还可作为系统集成项目管理工程师、信息系统监理师进一步深造和发展的学习用书，项目经理日常工作的参考手册，也可作为计算机专业教师的教学和工作参考书。

图书在版编目（CIP）数据

信息系统项目管理师案例分析指南/张友生，刘现军主编. —北京：清华大学出版社，2009.9（2025.1重印）

（全国计算机技术与软件专业技术资格（水平）考试参考用书）

ISBN 978-7-302-20852-5

Ⅰ. ①信… Ⅱ. ①张… ②刘… Ⅲ. ①信息系统-项目管理-工程技术人员-资格考核-自学参考资料 Ⅳ. ①G202

中国版本图书馆 CIP 数据核字（2009）第 158763 号

责任编辑：柴文强　赵晓宁
责任校对：徐俊伟
责任印制：刘海龙

出版发行：清华大学出版社
　　　　　网　　址：https://www.tup.com.cn, https://www.wqxuetang.com
　　　　　地　　址：北京清华大学学研大厦 A 座　　　　邮　编：100084
　　　　　社 总 机：010-83470000　　　　　　　　　邮　购：010-62786544
　　　　　投稿与读者服务：010-62776969，c-service@tup.tsinghua.edu.cn
　　　　　质 量 反 馈：010-62772015，zhiliang@tup.tsinghua.edu.cn
印 装 者：三河市人民印务有限公司
经　　销：全国新华书店
开　　本：185mm×230mm　　印　张：19　　防伪页：1　　字　数：441 千字
版　　次：2009 年 9 月第 1 版　　　　　　印　次：2025 年 1 月第 34 次印刷
定　　价：68.00 元

产品编号：033361-04

前　言

随着 IT 项目规模越来越大，复杂程度越来越高，项目失败的概率也随之增长。因此，项目管理工作日益受到重视。从 2005 年上半年开始，全国计算机技术与软件专业技术资格（水平）考试（以下简称"软考"）开设了信息系统项目管理师的考试，这将为培养项目管理人才，推进国家信息化建设和软件产业化发展起到重要的作用。同时，国家人事部也规定，凡是通过信息系统项目管理师考试者，即可认定为计算机技术与软件专业高级工程师职称，由用人单位直接聘任，享受高级工程师待遇。2007 年 12 月 7 日，工业与信息化部颁发了《关于计算机信息系统集成高级项目经理资质评定有关问题的通知》（信计资〔2007〕8 号），系统集成企业申报资质时，原须提供的高级项目经理培训合格证书，改为提供信息系统项目管理师证书，正式确定了信息系统项目管理师在 IT 企业中的地位。

从历年考试的情况来看，很多信息系统项目管理师考生缺乏项目管理实际经验，即使有经验的考生也不是按照规范的方式来管理项目的，因此，其"实际"与考试理论总是对不上号。为了帮助广大考生顺利通过信息系统项目管理师考试，掌握考试大纲规定的知识，掌握考试重点和难点，熟悉考试方法、试题形式，试题的深度和广度，以及内容的分布、解答问题的方法和技巧，希赛 IT 教育研发中心组织有关专家，在清华大学出版社的大力支持下，编写和出版了本书，作为信息系统项目管理师考试的指定用书。

本书在参考和分析历年考试试题的基础上，着重对考试大纲规定的内容有重点地细化和深化，通过案例分析的形式体现最新的信息系统项目管理师考试大纲的要求，对于这些案例，给出了试题解答方法和参考答案。本书在编写过程中，特别注重项目管理理论与信息系统行业实践的结合，由具有丰富的信息系统技术开发和项目管理经验的成员合作编写完成。由于编写组成员均为软考第一线的辅导专家，负责和参与了考试大纲的制定、历年的软考辅导、教程编写、软考阅卷等方面的工作，因此，本书凝聚了软考专家的知识、经验、心得和体会，集成了专家们的精力和心血。

古人云："温故而知新"，又云："知己知彼，百战不殆"。对考生来说，阅读本书就是一个"温故"的过程，必定会从中获取到新知识。同时，通过阅读本书，考生还可以清晰地把握命题思路，掌握知识点在试题中的变化，以便在信息系统项目管理师考试中洞察先机，提高通过的概率。

本书由希赛 IT 教育研发中心组编，由希赛顾问团首席顾问张友生博士、专业顾问刘现军先生主编。

全书共分为 11 章。第 1 章由邓子云编写，第 2 章由黄建新、刘现军编写，第 3、4

章由刘现军编写，第 5 章由陈世帝编写，第 6、7 章由尹增明编写，第 8 章由刘现军、张友生、闫小良、武亚丽编写，第 9 章由张友生、刘现军、丁秀兰编写，第 10 章由黄建新编写，第 11 章由彭雪阳、刘现军编写。王勇、施游、唐强、胡钊源等参加了审稿工作。

在本书出版之际，要特别感谢全国计算机技术与软件专业技术资格（水平）考试办公室的命题专家们，我们在本书中引用了部分考试原题，使本书能够尽量方便读者的阅读。同时，本书在编写的过程中参考了许多高水平的资料和书籍（详见参考文献列表），在此，对这些参考文献的作者表示真诚的感谢。

感谢清华大学出版社柴文强老师，他在本书的策划、选题的申报、写作大纲的确定，以及编辑、出版等方面，付出了辛勤的劳动和智慧，给予了我们很多的支持和帮助。

感谢希赛教育的信息系统项目管理师学员，正是他们的想法汇成了本书的源动力，他们的意见使本书更加贴近读者。

由于作者水平有限，且本书涉及的知识点较多，书中难免有不妥和错误之处。诚恳地期望各位专家和读者不吝指教和帮助，对此将深为感激。

有关本书的反馈意见，读者可在希赛教育网（http://www.educity.cn）论坛"书评在线"版块中的"希赛 IT 教育研发中心"栏目与我们交流，我们会及时地在线解答读者的疑问。

希赛 IT 教育研发中心

2009 年 4 月

目　　录

第 1 章　项目整体管理案例

项目的整体管理在项目管理的 9 个知识领域中处于核心位置，其功效就是用来整合其他 8 个知识领域。项目经理则要起到关键性的组织、协调与管理作用，然而这并非易事，许多 IT 项目经理在做项目时总感觉需要协调各种各样的资源，然而又似乎无从下手，一些事情好像身不由己，无法控制。

项目整体管理是围绕项目管理计划的制订、执行和控制进行的，通过项目资源的整合，将项目所有的组成要素在恰当的时间、正确的地方，与合适的人物结合在一起，以成功地完成项目。

按照 PMBOK2004（Project Management Body of Knowledge 2004，项目管理的知识体系 2004 版）中的定义，项目整体管理的过程包括制订项目章程、制订项目范围说明书（初步）、制订项目管理计划、指导和管理项目执行、监督和控制项目工作、整体变更控制和项目收尾。

1.1　项目开始出现混乱

阅读以下关于在信息系统项目管理过程中项目整体管理方面问题的叙述，回答问题 1 至问题 3，将解答填入答题纸的对应栏内。

1.1.1　案例场景

希赛集团下属飞达信息技术有限公司新接到一个有关电子政务公文流转系统的软件项目，王工作为公司派出的项目经理，带领项目组开始进行项目的研发工作。

王工以前是一名老技术人员，从事 Java 开发多年，是个细心而又技术扎实的老工程师。在项目的初期，王工制订了非常详细的项目计划，项目组人员的工作都被排得满满的，为加快项目的进度，王工制订项目计划后即分发到项目组成员手中开始实施。然而，随着项目的进展，由于项目需求不断变更，项目组人员也有所更换，项目组已经没有再按照计划来进行工作，大家都是在当天早上才安排当天的工作事项，王工每天都要被工作安排搞得焦头烂额，项目开始出现混乱的局面。

项目组中的一名技术人员甚至在拿到项目计划的第一天就说："计划没有变化快，要计划有什么用"，然后只顾埋头编写自己手头的程序。

一边是客户在催着快点将项目完工，要尽快将系统投入生产；另一边是公司分管电子政务项目的张总在批评王工开发任务没落实好。

【问题 1】（8 分）

请用 400 字以内的文字，说明王工制订的项目计划应包括的主要内容。

【问题 2】（8 分）

请用 400 字以内的文字，围绕项目计划说明王工在制订项目计划时出现的问题。

【问题 3】（9 分）

如果你是王工，面对项目开始出现混乱局面的情况，应当如何处理？

1.1.2　案例分析

项目计划是项目管理的基础，项目管理中最重要的就是项目计划的工作，项目计划是一个综合概念，凡是为实现项目目标而进行的活动都应该纳入到计划之中。

【问题 1】

项目计划的制订是贯穿这个项目生命周期的持续不断的工作，是利用其他计划编制过程的结果，建立一份连贯性、一致性的文档，以指导项目实施和项目控制。项目计划过程是一个反复的过程。一个详细的项目计划过程包括如下内容。

（1）项目计划的定义，确定项目的工作范围。

（2）确定为执行项目而需要的工作范围内的特定活动，明确每项活动的职责。

（3）确定这些活动的逻辑关系和完成顺序。

（4）估算每项活动的历时时间和资源。

（5）制订项目计划及其辅助计划。

一般而言，项目计划可以包含如下要素。

（1）项目范围计划。阐述进行这个项目的原因或意义，形成项目的基本框架，使项目所有者或项目管理者能够系统、逻辑地分析项目关键问题及项目形成中的相互作用要素，使项目干系人在项目开始实施前或项目相关文档编写以前，能够就项目的基本内容和结构达成一致；项目范围说明应当形成项目成果核对清单，作为项目评估的依据，在项目终止以后或项目最终报告完成以前进行评估，以此作为评价项目成败的依据；范围说明还可以作为项目整个生命周期监控和考核项目实施情况的基础及项目其他相关计划的基础。

（2）项目进度计划。进度计划是说明项目中各项工作的开展顺序、开始时间、完成时间及相互依赖衔接关系的计划。通过进度计划的编制，使项目实施形成一个有机的整体。进度计划是进度控制和管理的依据，可以分为项目进度控制计划和项目状态报告计划。

（3）项目质量计划。质量计划针对具体待定的项目，安排质量监控人员及相关资源，规定使用哪些制度、规范、程序和标准。项目质量计划应当包括和保证与控制项目质量有关的所有活动。

（4）项目资源计划。决定在项目中的每一项工作中用什么样的资源（人、材料、设备、信息和资金等），在各个阶段使用多少资源。项目费用计划包括资源计划、费用估算和费用预算。

（5）项目沟通计划。沟通计划就是制订项目过程中项目干系人之间信息交流的内容、人员范围、沟通方式、沟通时间或频率等沟通要求的约定。

（6）风险计划。风险计划是为了降低项目风险的损害而分析风险、制订风险应对策略方案的过程，包括识别风险、量化风险、编制风险应对策略方案等过程。

（7）项目采购计划。项目采购计划过程就是识别哪些项目需求应通过从本企业外部采购产品或设备来得到满足。

（8）变更控制、配置管理计划。由于项目计划无法保证一开始就预测得非常准确，在项目进行过程中也不能保证准确有力的控制，导致项目计划与项目实际情况不符的情况经常发生，所以必须有效处理项目的变更。变更控制计划主要是规定变更的步骤、程序，配置管理计划就是确定项目的配置项和基线，控制配置项的变更，维护基线的完整性，向项目干系人提供配置项的准确状态和当前配置数据。

【问题 2】

制订项目计划的目的在于建立并维护项目各项活动的计划，项目计划其实就是一个用来协调软件项目中其他所有计划，指导项目组对项目进行执行和监控的文件。一个好的项目计划可为项目的成功实施打下坚实的基础。

以下这些方法能有效地帮助项目经理制订项目计划。

（1）注意项目计划的层次性。项目计划的层次及其关系如图 1-1 所示。

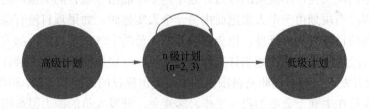

图 1-1　项目计划的层次

高级计划，是项目的早期计划。高级计划应当是粗粒度的，主要是进行项目的阶段划分，确定重大的里程碑，所需相关的资源，包括人力资源、设备资源和资金资源，即所谓的人、财、物三个要素。

大的阶段交替之前，应做好下一阶段的详细计划，称之为二级计划。详细计划要确定各项任务的负责人、开始时间、结束时间、任务之间的依赖关系、设备资源和项目里程碑。

如果项目规模相对较大，可以有多级的计划，比如说，一个项目组可能分为几个开发组，二级计划是各开发组制订的适合自己开发组的计划。如果开发组还分了小组，可以有小组的三级计划。

开发人员的个人计划是低级计划，由开发人员根据自己的任务自行制订，个人计划要尽量细化到工作单元和时间单元。

一般的，软件项目计划至多有四级就够了，过多的等级将会引发效率的瓶颈。合理地划分小组，减少组织的层次，有利于项目计划的制订和实施。较小的软件项目由于工期不长，人员较少，只有两级计划（高级计划与低级计划）也是可行的。

（2）该详细的详细，该简略的就简略。项目计划就如同软件项目本身一样有它自己的特殊性，一个三五个人花两三个月就可以完工的小项目，可能项目计划就四五页纸，包括一个 WBS（Work Breakdown Structure，工作分解结构）和一个甘特图（Gantt Chart）。一个需要五六十个人甚至上百人，要花上半年或更长时间完成的大型 IT 项目则会有更多的项目计划内容。项目经理要按照项目的特定情况量体裁衣，要强调项目计划的指导性。项目中的工作安排一定要责任到人。如果是多个人共同完成的任务，也要指定一位主要负责人，否则工作人员会操作不便，甚至互相推卸责任。

（3）制订的项目计划要现实。制订项目计划仅靠"个人经验"是不够的，不可能面面俱到，不要寄希望于"个人经验"。解决的办法有如下两个方面。

① 充分鼓励、积极接纳项目干系人（包括客户、公司高层领导、项目组成员）来参与项目计划的制订。应主动邀请客户和公司高层领导来共同讨论高级计划的制订。客户对项目在现场的实施和系统应用将起到很好的促进作用，公司高层领导的参与将有利于项目获得精神上和物质上的支持。制订二级、三级项目计划要与项目组成员互动，要强调项目计划的现实性，不现实的项目计划不但不可能指导项目的实施，还可能成为项目成功的障碍。当规划由一个人做出而由另一个人实施时，如果项目没有按时完成，会使得他们怀疑项目计划的可行性，也会影响开发人员的士气。项目组内部人员的沟通也很重要。项目经理应当关注计划制订工作中的气氛，在轻松的氛围中去融合开发人员的意见。可以让开发人员对自己职责范围内的事情提出建议的时间和资源，再作讨论决定。这样，开发人员在主观上会更加投入工作。客观上，开发人员的能力很难用时间及工作量来衡量，一名熟练的 Java 程序员比一名初学 Java 的程序员开发效率可能快上四五倍，因而安排的时间周期、任务量当然要不一样。可以考虑召开一次专题讨论会，事先写出一个初稿，再各抒己见，最后作出结论。

② 充分利用历史数据。历史数据是宝贵的财富，是可复用的资源。不仅要注意积累这些数据，也要学会从中提炼出可以为己所用的数据。例如，项目计划的模板、计划的资源数据等。成熟的项目开发组织会将历史数据保留并作一些分析，形成一些经验计算公式、实用的文档模板等。需要特别提到的是，有的软件项目在失败之后，项目组人员一般很不情愿再度问津此事，一谈到做过的失败的项目就唯恐避之不及，其实，失败的项目对项目研发具有重要的参考价值。

有必要在每做完一个项目后认真地进行总结。这是项目可持续发展的必要，也是对项目和项目组成员的尊重。当前项目的经验对其他项目有很好的借鉴意义，特别是对类似的软件项目，在管理、技术和开发过程上都是一笔财富。不仅要存储项目的程序代码，所有相关文档资料（包括合同、开发文档和总结文档等）也要归档。

（4）重视与客户的沟通。与客户的沟通是很重要的。不必害怕客户知道我们的开发计划，特别是项目进度情况，应当和客户共享这些信息。

首先，客户会提出一些对项目时间、进度、效果上的要求，这些要求往往经不起推敲，有的还带有较强的政策性。例如，在某单位的人事管理信息系统的开发中，客户方对时间上的这个要求，是单位领导开会集体决定并形成了文件的，但是，经过认真的需求调研，做出项目进度的粗计划和部分二级计划后，发现按客户方要求的三个月时间是难以实现的。这时就需要"说服"，可以把做出的调研文档和项目计划摆出来与客户讨论，并最终使项目的开发时间适当延长。实际上，项目组和客户的目的是一致的，所以对于合理的项目进度客户是会理解与支持的。

其次，项目组有义务要让客户知道项目的计划，这样才能让客户实际上主动、积极参与项目，达到项目的最终目标。项目计划取得双方签字认可是非常重要的。客户可能不愿意签正式的文件，那么在文档的封面上签上双方负责人的姓名、联系方式也行，虽然是非正式的，但留下了项目工作的痕迹。应该让客户清楚签字意味着双方对项目计划的认同。双方有了一个约定，既让用户感觉心里踏实，也让自己的项目组有了责任感，有一种督促和促进的作用。

在本案例中，王工制订了详细的项目计划，将项目组人员的工作排得满满的，在没有和项目组人员商量的情况下即下发项目计划并实施，此举不妥。制订项目计划时，需要取得项目组人员的支持、理解，并且需要注意在项目的开始阶段往往需要的是粗粒度的，并且是现实的项目计划。

项目计划对于项目的实施非常重要，在制订时也需要和客户、公司领导及时沟通，以取得他们的支持。而王工对于项目运作的紧张局面既没有向公司领导汇报，也没有向客户解释，只是一个人默默地将问题埋在心里，而采取了每天早上安排工作的临时性解决办法，治标不治本。

【问题 3】

王工作为项目经理应当清醒地意识到项目开始出现混乱，一是制订项目计划时不妥；二是项目的变更没有控制好，王工需要采取一些有针对性的措施。

项目的不确定性因素导致了项目的进展未必像想象中或计划中的那样顺利，而当这种不确定性变得明确且和当初的预测不一致时，就会导致项目出现变更。一般来说，项目的目标是项目所有活动的最终判断准则。也就是说，必须关注那些可能会引起项目目标变化的信息。

为了对项目变更进行控制，应由项目实施组织、项目管理班子或两者共同建立变更控制系统。变更控制系统就是一套事先确定的修改项目文件或改变项目活动时应遵循的程序，其中包括必要的表格或其他书面文件，责任追踪和变更审批制度、人员和权限。变更控制系统应当明确规定变更控制委员会的责任和权力，并由所有的项目干系人认可。

变更控制系统可细分为整体、范围、进度、费用和合同变更控制系统。变更控制系统应当同项目管理信息系统一起通盘考虑，形成整体。

整体变更就是影响项目整体和贯穿整个项目过程的变更。整体变更控制的目的有如下三个。

（1）查明项目进行过程中发生的变化是否构成变更。

（2）对造成变更的因素施加影响。

（3）当变更实际出现时，设法处理。

整体变更控制就是协调贯穿整个项目过程的变更。例如，可交付成果的技术要求说明书发生的变更，若影响到项目范围，进而影响到费用、进度、质量、风险或其他方面，则该变更就是整体变更，应当通过范围变更控制系统处理。

整体变更控制的依据是项目计划、进展报告和变更请求。项目班子成员或项目干系人的变更请求可能会以多种形式提出。但除非特殊情况，否则只有书面提出者才能受理。

整体变更控制的工具就是上面提到的变更控制系统。整体变更控制的结果应当有项目计划的更新，采取将项目未来预期进展控制在项目计划范围内的纠正行动并吸取教训。

1.1.3　参考答案

【问题 1】

王工编制的项目计划应包括：

（1）项目总计划（包括范围计划、工作范围定义、活动定义、资源需求、资源计划、活动排序、费用估算、进度计划以及费用计划）。

（2）项目辅助计划（质量计划、沟通计划、人力资源计划、风险计划和采购计划等）。

【问题 2】

王工在制订项目计划时，存在如下的问题。

（1）初期的项目计划粒度过小，没有把握好项目计划的层次性。

（2）制订项目计划时没有和客户、公司领导及项目组人员进行及时沟通。

（3）制订的项目计划不切实际。

【问题 3】

王工可采取如下的措施。

（1）重新制订一份较粗粒度的、切实可行的整体项目计划，而由项目组人员根据整体项目计划来制订个人的项目工作计划。

（2）将项目计划与项目组人员、公司领导、客户进行沟通，并及时修正，必要时还可以开会议讨论。

（3）在项目组中建立起变更控制系统。

1.2　谢经理项目的艰难处境

阅读以下关于在信息系统项目管理过程中有关项目整体管理方面问题的叙述，回答问题 1 至问题 4，将解答填入答题纸的对应栏内。

1.2.1　案例场景

谢经理是学赛信息技术公司软件开发部的项目经理，6 个月前他被公司派往新动力贸易集团有限公司（以下简称新动力）现场组织开发财务管理信息系统，并担任项目经理。谢经理已经领导开发过好几家公司的财务系统，并已形成较为成熟的财务管理软件产品，所以他认为此次去后应当只要适当地做一些二次开发，并根据用户需求作少量的新功能开发即可大功告成。

谢经理满怀信心地带着他的项目团队进驻了新动力，谢经理和项目团队在技术上已经历过多次考验，他们在 3 个月的时间就将系统开发完毕，项目很快进入了验收阶段。可是新动力分管财务的陈总认为，一个这么复杂的财务系统在短短的 3 个月时间里就完成了，这在新动力的 IT 项目中还是首次，似乎不太可能。他拒绝在验收书上签字，并要求财务部的刘经理和业务人员认真审核集团公司及和各个子公司的财务管理上的业务需求，并严格测试相关系统的功能。

财务部的刘经理和相关人员经过认真审核和测试，发现系统开发基本准确，但实施起来比较困难，因为业务流程变更较大。这样一来，又过去了 1 个月，新动力的陈总认为系统还没有考虑集团公司领导对财务的需求，并针对实施较困难的现状，要求项目组从集团公司总部开始，一家一家子公司地逐步推动系统的使用。

谢经理答应了新动力陈总的要求，开始先在集团公司总部实施财务系统。可是 2 个月过去了，连系统都没有安装成功。集团公司信息中心的人员无法顺利地购买服务器，因为这个项目没有列入信息部门的规划；财务部门的人员说项目在集团中都推不动，何必再上。谢经理一筹莫展："我该如何让项目继续走向成功？"眼看半年过去了，项目似乎没有了终结之日，更不用说为学赛信息技术公司带来效益了。

面对项目的艰难处境，谢经理和他的团队认真分析了他们在项目的整体管理中所做的工作，发现了项目中存在的主要问题，积极主动地采取了应对的措施，最终圆满完成了整个项目的开发和应用。

【问题 1】（6 分）

请用 200 字以内的文字，描述项目干系人中需要重点关注的角色。

【问题 2】（6 分）

项目干系人分析是项目整体管理中的一项重要工作，请用 400 字以内的文字。说明如何进行项目干系人分析。

【问题3】（6分）

谢经理和他的团队认真分析了他们在项目的整体管理中所做的工作，发现了项目中存在的主要问题，请用400字以内的文字，描述谢经理发现的主要问题。

【问题4】（7分）

面对项目的艰难处境，如果你是谢经理，你该如何做呢？请用400字以内容文字描述。

1.2.2　案例分析

本题是一道关于项目整体管理中对项目干系人进行分析的试题，在项目管理中，识别项目干系人，特别是关键的项目干系人，是一件很重要的工作。

【问题1】

项目干系人是指与项目相关的人，项目干系人的范围较大，项目组内部与外部的人员都会涉及，但需要重点关注以下角色。

（1）客户。客户是提出项目需求的个人或组织，一般是指项目的采购方。从商品交易的角度来看，"客户就是上帝"；同时，客户也是承包方的"衣食父母"，即项目标的的给予者。因此，客户成为承包方需要关注的第一对象。

（2）用户。用户是使用项目产品的人或组织，需要分析用户的使用感受，改进意向等。

（3）项目投资人。为项目提供现金或实物等财力资源的组织或个人。

（4）项目经理。项目经理是项目的关键人物，对项目组内部来说他是领导者，承担着项目成败的主要责任；对项目组外部来说他是外交官，起着重要的协调作用。

（5）项目组成员。项目组成员是让项目落到实处，分担项目任务的人员。项目的成功很大程度上取决于项目团队的战斗力。

（6）高层管理人员。项目经理能否成功地领导项目的一个非常重要的因素，就是他们从高层管理层获得支持的程度。

（7）反对项目的人。反对项目的人对项目的功能构成威胁，这种人员往往会让项目走向成功的另一面——失败。例如，采购方单位有高层管理人员反对项目的实施，项目内部成员有反对现有技术路线的，因此需要特别关注。

（8）施加影响者。能够对项目施加影响的人可能对项目产品的取得和使用没有直接的关系，但是因其在客户或用户组织中的地位而能够对项目的进程产生积极或消极的影响。

在IT项目中，要特别注意区分"客户"与"用户"这两种角色。对待不同的角色需要使用不同的方法，但实际项目中往往容易混淆。一般地，采购方就是使用者，而且多数情况下采购方的人员参与了项目并提出需求，给人的直接感觉他就是使用项目产品的人。"客户"与"用户"这两种角色对于人或组织，有时是相同的对象，有时是不同的，他们的主要区别在于客户是具体阐明项目高层次概念和主要内容，并决定支付款项的数额和方式的决策者；用户是提出系统功能和非功能需求，并最终使用系统的人，但他们往往对应该支付的费用没有决定权。

高层管理人员的作用往往被项目经理和项目团队所忽视，特别是用户方的高层管理人员，有的项目经理直到项目结束还不曾谋面，更不要说主动获得他们的支持了。因为有的项目经理天天只想着如何做好项目中的工作，有问题自己如何去解决。然而，没有高级管理层的参与支持，许多项目都不会成功。项目只是更大范围的组织环境中的一部分，许多对项目的影响因素是不为项目经理所控制的。

因为项目管理的最终目的就是要使项目满足或超过项目干系人的需求和期望，因此在项目计划中纳入项目干系人分析是非常重要的。在项目开始和进行过程中，需要认真考虑到底有哪些人是项目干系人中的重要角色，项目进行中有些什么变化，把握住这些重要的角色，那么项目的人脉就通了。

【问题 2】

在项目计划中纳入项目干系人分析是非常重要的。项目干系人分析要记录项目干系人的姓名、单位、在项目中扮演的角色等基本情况，还要分析各自的项目利益大小及对项目的影响程度，管理这些项目干系人关系的有关建议等。

每个项目都会涉及许多的项目干系人，每个干系人都会顾及项目对自己产生的利害和影响。因此，项目经理必须高度关注项目干系人。项目管理的首要任务就是全面识别出项目干系人及其在项目中的影响，从项目干系人的识别开始来分析和管理项目。

（1）识别项目干系人。

项目干系人分析需要先仔细识别出项目的所有干系人。项目经理需要对项目干系人有一个全面的了解，在心中有一张完整的项目干系人结构图，以后无论是启动、计划还是执行、问题处理和收尾，都可以透过项目干系人来系统全局地思考问题。

如果不能对项目干系人进行无遗漏地识别，仅仅关注项目具体事情和计划，项目出了问题可能都不清楚问题出在哪里。

在全部识别出了项目干系人及其角色之后，经验丰富的项目经理马上就会想到他们的重要性是不一样的，他们在项目的不同阶段对项目目标达成的影响程度是有很大差别的。按照一般项目的干系人分类方法，项目的甲方干系人主要有如下几类：出资人、决策者、辅助决策者、采购者、业务负责人、业务人员、技术负责人、技术人员和使用者等，他们的不同身份会因甲方组织的情况不同和项目的不同，对项目产生不同程度的影响，这就需要具体情况具体分析了。

（2）分析项目干系人的重要程度。

这一步要分析出项目干系人对项目影响的程度情况，以便于区别对待不同的项目干系人。

希赛教育专家提示： 有些干系人虽然显得并不重要，对推进项目也起不到什么实质性的作用，但项目经理也不能忽略他们的一些需求。他们一旦对项目起反作用，利用在一些重要干系人身边并影响他们对项目的判断，后果也会比较严重。所以，项目经理在分析重要项目干系人的同时，一定也不要忽略了一些不怎么重要的干系人可能的影响。

（3）项目干系人的支持度分析。

项目干系人除了重要性不同之外，各干系人对项目的立场也有显著的不同。经验丰富的项目经理，在拿到项目的时候，会主动与销售人员进行详细沟通，事先弄清楚项目干系人对本项目的支持情况。

通过重要性的分析，能分辨出很重要的人，但他们是支持还是反对本项目的立场将决定他们对项目产生积极或消极的影响，这说明还需要对干系人的支持度进行分析。

不同的立场，最终将体现在对项目的支持度上。就一般项目而言，按支持度依次递减的顺序，干系人主要类别有首倡者、内部支持者、较积极者、参与者、无所谓者、不积极者、反对者。按照项目的前进方向，可以得出图 1-2 所示的项目干系人支持度分析图。

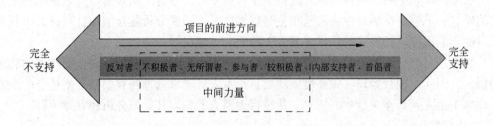

图 1-2   项目干系人的支持度分析图

支持者是项目经理开展工作的合作伙伴，中间力量是项目经理需要努力争取的，反对者是项目经理需要特别关注的。

在项目管理实战中，需要建立起项目管理的统一战线，即为了实现项目管理目标需要争取到干系人中大部分人的支持，尤其是中间力量的支持。比较现实的做法是充分借助你的首倡者和内部支持者、积极寻求中间力量的支持、让不支持者至少不要反对。

此外，项目干系人的支持度并不是一成不变的，有时项目的内部支持者可能会因为各种原因在项目进行中逐渐演变成项目的反对者，也有些项目干系人前期是反对者，到后面却逐渐对项目进行支持。随着项目的推移，情况在不断变化，各干系人的支持度也必将发生变化。因此，项目经理需要动态地调整项目干系人支持度分析图，及时分析并修正各干系人的支持度，以便灵活应对项目的各种新变化。

细心的项目经理还会善于在对项目干系人识别后作出总结，表 1-1 给出某个项目中部分项目干系人的分析情况表，供读者参考。

表 1-1　项目干系人分析表

分析参考项	主管项目的高层领导	甲方项目负责人	甲方办公室主任
组织	甲方高层领导	甲方项目经理	甲方中层领导
在项目中的角色	项目的有力支持者	项目的组织协调者	审批项目的一些设备资源
各自的实际情况	工作忙，经常在外出差，注重高效，MBA	汉语言文学专业本科，喜欢写作、交朋友，工作踏实	善于交际，但审批资源时喜欢深思熟虑，注重细节
对项目的重要程度	很高	很高	中等
对项目的期望	希望项目成功，实现高效办公	希望能适当学到一些项目管理的知识，想借助项目的成功来减轻工作压力	想通过项目的成功实施增强办公室工作的运转效率
管理这些关系的建议	每隔一个月找时间采取正式或非正式的时间汇报项目的进展情况，以取得支持	让他多参与到项目中来，可以多交流一些文字方向的内容	给他审批的表格填写要仔细权衡考虑，在项目有所进展时可以邀请他参与一些娱乐活动

【问题 3】

案例中谢经理的处境在许多 IT 项目中屡见不鲜，重要的就是找出原因，然后采取相应的对策。通过阅读材料，可以发现项目中存在的主要问题如下。

（1）没有仔细分析项目的干系人。新动力分管财务的陈总是项目的中间力量，他一方面考虑到财务管理的方便性，另一方面还总是想到自己作为集团领导在财务方面的特权，此外，他还有财务管理信息系统项目的否决权，有可能从项目的中间力量演变为项目的反对者。

（2）项目缺乏新动力信息技术部门的支持。这种情况在项目合同的甲方比较常见，信息技术部门往往地位不高，财务部门是管理部门，在公开招投标时不一定指挥了信息部门。但 IT 项目在开发过程中，特别是技术方案把关、项目验收、上线、后期的运行、维护管理工作都需要甲方信息技术部门的大力支持。

（3）项目计划沟通不够。谢经理的团队技术力量雄厚，但在与项目干系人的沟通上做得不够，连新动力分管财务的陈总都认为提前完工是不可能的事，说明没有及早地与陈总在项目大的方向和约束上商量，也没有将项目计划告知于陈总。

（4）承担的责任过重。在项目的甲方实施项目主要还是得靠甲方的工作人员。在开发完工后的系统实施阶段，推广工作应当以财务部门与信息技术部门为主导，谢经理的团队作为辅助，因为谢经理的团队对新动力的工作人员不具备号召力，更不用说变更财务管理的业务流程了。

【问题 4】

问题找到了，相应地就要采取一定的措施，以使项目走上正轨。下面给出谢经理可能采取的措施。

（1）与公司销售部门负责此项目的营销人员作一次细致的沟通，全面识别并分析项目干系人。根据题目可确定新动力分管财务的陈总、财务部的刘经理和信息中心的负责人作为目前项目干系人的重点沟通人物，尽可能与他们进行协商，争取他们对项目的认同与支持。

（2）申请并取得公司领导的支持。通过公司领导与新动力的陈总接触，取得陈总的支持，再由陈总去推动项目的实施，例如可由陈总召集各个部门、子公司负责人召开协调会，谢经理在协调会上作出项目的进度报告，并就项目的实施提出自己的看法和意见，以争取到财务部刘经理、信息中心及各部门相关责任人、信息中心相关技术人员的支持。

（3）与新动力进行谈判，表示鉴于项目实施的复杂性，建议将项目系统的开发与实施分为两个子项目，当开发子项目验收后支付部分费用；后续实施子项目由新动力主导，谢经理的团队全力配合，主要是完成系统的培训和完善工作。

1.2.3　参考答案

【问题1】

项目干系人中需要重点关注客户、用户、项目投资人、项目经理、高层管理人员、反对项目的人和施加影响者等。

【问题2】

首先要识别项目干系人，然后再分析项目干系人的重要程度，接着进行项目干系人的支持度分析，最后针对不同的项目干系人，特别是重要的项目干系人，给出管理项目干系人关系的建议，并予以实施。

【问题3】

案例中存在的主要问题如下。

（1）没有仔细分析项目的干系人，导致项目干系人关系管理失败。

（2）项目缺乏新动力信息技术部门的支持。

（3）项目计划沟通不够。

（4）作为项目的承建方承担的责任过重。

【问题4】

如果我是谢经理，我将采取如下的措施。

（1）与公司销售部门负责此项目的营销人员作一次细致的沟通，全面识别并分析项目干系人。

（2）申请并取得公司领导的支持，通过公司领导与新动力的陈总接触，取得陈总的支持，再由陈总去推动项目的实施。

（3）与新动力进行谈判，表示鉴于项目实施的复杂性，建议将项目系统的开发与实施分为两个子项目,当开发子项目验收后支付部分费用;后续实施子项目由新动力主导,谢经理的团队全力配合,主要是完成系统的培训和完善工作。

1.3　邓工项目的可行性研究

阅读以下关于信息系统项目管理过程中可行性研究问题的叙述,回答问题 1 至问题 3,将解答填入答题纸的对应栏内。

1.3.1　案例场景

在项目计划和选择的过程中,需要完成的首要工作是对项目进行估算。项目估算的范围涉及方方面面,例如项目或产品开发的范围、投入和回报、项目风险、作用和意义等。在传统信息系统工程方法中,是以可行性研究的方式来组织对项目的主要估算内容的。在企业实际的业务过程中,可行性研究通常作为一个重要的环节,被包含在整个项目立项或项目选择和确认的过程中。

某银行为拓展业务渠道,提高服务质量,拟启动网上银行系统项目,该银行决定由信息技术部的邓工负责开展前期工作。为稳妥起见,邓工调查了该行现有的电子银行类系统,并前往各家已建有网上银行系统的银行及多家软件开发商处进行了认真的考察,此后编写了项目的可行性报告。

【问题 1】(7 分)

可行性研究的步骤是什么?请使用列举的形式,不超过 200 字回答。

【问题 2】(8 分)

可行性研究报告是可行性研究的成果体现,请使用列举的形式,不超过 150 字回答,可行性研究报告主要包含什么内容?

【问题 3】(10 分)

考虑到项目的重要性,在可行性研究的基础上,邓工请第三方根据国家颁布的政策、法律法规等,从项目、国民经济、社会角度出发,对拟建项目进行了各方面的评估,最终形成了项目评估报告。请用不超过 50 字的文字回答,项目评估报告主要包含什么内容?

1.3.2　案例分析

本题是一道关于可行性研究的试题,主要考查可行性研究的目的、步骤和方法。

【问题 1】

信息系统项目可行性研究的目的,就是用最小的代价在尽可能短的时间内确定以下问题:项目有无必要?能否完成?是否值得去做?

1）项目的必要性分析

首先应确定信息系统项目的目标，即本项目想解决哪些问题。在信息系统目标明确之后，如果目前已经有一个（或几个）信息系统正在被人使用，就需要认真分析现有的信息系统。显然，如果现有的信息系统是完美无缺的，完全可以实现新系统的目标要求，谁都不会提出开发新系统的要求。在通常情况下，现有系统必然存在某些缺陷，无法完全实现新系统的目标要求。但这一点并不能成为开发新系统的理由，还应仔细分析现有系统对于新系统目标实现的程度如何，不能实现某个具体目标的原因是什么，经过改进性维护能否实现这些目标。

如果现有的信息系统经过简单的改进性维护就可以实现新的系统目标，就没必要重新开发一个新系统。但在以下情况下，有必要开发新的信息系统。

（1）原有系统开发不规范，缺少必要的技术文档，原开发人员跳槽，新接手的开发人员很难维护原有系统，维护成本可能会接近甚至超过新开发的成本。

（2）原系统采用落后的设计技术或因设计人员的水平所限，系统架构设计不合理，难以扩充和修改。

（3）原系统设计虽然合理，也考虑到了日后的扩充，但因业务发展太快，远远超过原来的设想，量变引起质变。

（4）原系统开发工具已过时，用落后的开发工具继续维护还不如用新的开发工具重新开发。

（5）原系统所基于的硬件或软件平台已过时，在原有平台继续维护已无必要，需要开发基于当前流行平台的新系统。

在分析新系统项目开发的必要性时，一定要注意识别是真的"必要"还是假的"必要"。某些开发单位，由于重开发、轻维护，新系统开发人员的地位和待遇远远高于现有系统的维护人员，维护人员考虑到开发新项目的高待遇和成就感，为尽快转入新项目的开发，极力夸大原有系统维护的技术难度和工作量，主张开发新系统，他们所提出的对比分析（维护 VS 新开发）结果往往带有倾向性。因此，应选择那些与项目本身无利害关系的技术专家进行项目必要性分析。当然，更重要的是，缩小现有系统维护人员和新系统开发人员的收入差距。

另外，某些信息系统开发商往往利用客户（用户）"喜新厌旧"的心理，出于宣传和经营的需要，每隔几年，即使没有太大的功能性和技术性突破，也要策划开发新的系统。有时当竞争对手推出或即将推出新系统时，为保住自己的市场份额，即使条件不具备，也要迅速推出新的系统。这些问题应属于市场运营策略的范畴，在此不再赘述。

2）项目的可能性分析

项目的可能性分析主要研究能否利用现有的或可能拥有的技术能力、资金、人力资源和物资等方面的条件来实现信息系统的目标、功能、性能和其他指标，能否在规定的时间期限内完成整个项目。由于项目的可能性分析以技术分析为主，因此也称为技术可行性分析。

项目可能性分析的主要内容如下。

（1）企业能力分析。

（2）项目技术来源分析。

（3）与项目相关的专利分析。

（4）项目负责人及技术骨干的资质分析。

（5）项目总体技术方案分析。

（6）项目创新点分析。

（7）项目技术可行性分析。

（8）项目技术成熟性分析。

（9）项目产品化分析等。

3）项目投资及效益分析

明确了项目的必要性和可能性后，还要从投入产出的角度分析项目值不值得去做。项目投资及效益分析，也称为经济可行性分析，主要对整个项目的投资及产生的经济效益进行分析。

该过程一般包括如下内容。

（1）项目投资预算分析。

（2）项目投资来源分析。

（3）市场需求与产品销售额分析。

（4）产品成本、利润与盈亏平衡点分析。

（5）投资回收期、投资收益率分析。

（6）社会效益分析。

可行性研究包括如下步骤。

（1）确定项目规模和目标。

（2）研究正在运行的系统。

（3）建立新系统的逻辑模型。

（4）导出和评价各种方案。

（5）推荐可行性方案。

（6）编写可行性研究报告。

（7）递交可行性研究报告。

【问题 2】

可行性研究报告的编写目的是说明该信息系统开发项目的实现在技术、经济和社会条件方面的可行性；评述为了合理地达到开发目标而可能选择的各种方案；说明并论证所选定的方案。可以参考国家标准《GB/T 8567-1988 计算机软件产品开发文件编制指南》。

可行性研究报告的编写内容要求如下。

（1）引言：编写目的；背景；定义；参考资料。

（2）可行性研究的前提：要求；目标；条件、假定和限制；进行可行性研究的方法；评价尺度。

（3）对现有系统的分析：处理流程和数据流程；工作负荷；费用开支；人员；设备；局限性。

（4）所建议的系统：对所建议系统的说明；处理流程和数据流程；改进之处；影响；局限性；技术条件方面的可行性。

（5）可选择的其他系统方案：可选择的系统方案。

（6）投资及效益分析：支出；收益；收益/投资比；投资回收周期；敏感性分析。

（7）社会因素方面的可行性；法律方面的可行性；使用方面的可行性。

（8）结论。

在进行可行性分析报告的编制时，必须有一个分析结论。结论可以包括如下内容。

（1）项目可以立即开始实施。

（2）需要推迟到某些条件（例如资金、人力和设备等）落实之后才能开始实施。

（3）需要对开发目标进行某些修改之后才能开始实施。

（4）不能实施或不必实施（例如技术不成熟、经济上不合算等）。

【问题3】

项目论证与评估是项目立项前的最后一关，"先论证，后决策"是现代项目管理的一项基本原则。

项目论证是指对拟实施项目技术上的先进性、成熟性、适用性，经济上的合理性、赢利性，实施上的可能性、风险性进行全面科学的综合分析，为项目决策提供客观依据的一种技术经济研究活动。根据论证执行主体的不同，项目论证可分为内部论证和外部论证。

项目论证与评估可以分步进行，也可以合并进行。实际上，项目论证与评估的内容、程序和依据都是大同小异的，只是侧重点稍有不同，论证的对象可以是未完成的或未选定的方案，而评估的对象一般需要正式的"提交"；论证时着重于听取各方专家意见，评估时更强调要得出权威的结论。

与项目可行性研究类似，项目论证与评估也要从必要性、可能性和投资效益等几个方面对项目进行综合分析。但项目可行性研究一般是项目承担单位的主观性分析，往往是"不识庐山真面目，只缘身在此山中"，而项目论证与评估则是第三方的客观性分析，可以从横、竖、远、近、高、低等各种角度对项目的可行性进行评价。

项目论证与评估完成之后，应编写正式的项目评估报告。项目评估报告一般应包括以下内容。

（1）项目概况。

（2）评估目标。

（3）评估依据。

（4）评估内容。

（5）评估机构与评估专家。

（6）评估过程。

（7）详细评估意见。

（8）存在或遗漏的重大问题。

（9）潜在的风险。

（10）评估结论。

（11）进一步的建议。

因评估机构并无决策权，评估结论一般以建议的方式给出，如"建议立项"、"建议不立项"和"建议补充材料，重新评估"等。

1.3.3 参考答案

【问题 1】

可行性研究包括如下步骤。

（1）确定项目规模和目标。

（2）研究正在运行的系统。

（3）建立新系统的逻辑模型。

（4）导出和评价各种方案。

（5）推荐可行性方案。

（6）编写可行性研究报告。

（7）递交可行性研究报告。

【问题 2】

可行性研究报告包括编写的内容如下。

（1）引言。

（2）可行性研究的前提。

（3）对现有系统的分析。

（4）所建议的系统。

（5）可选择的其他系统方案。

（6）投资及效益分析。

（7）社会因素方面的可行性。

（8）结论。

【问题 3】

项目评估报告一般应包括以下内容。

（1）项目概况。

（2）评估目标。

（3）评估依据。

（4）评估内容。

（5）评估机构与评估专家。

（6）评估过程。

（7）详细评估意见。

（8）存在或遗漏的重大问题。

（9）潜在的风险。

（10）评估结论。

（11）进一步的建议。

1.4 小丁的项目应如何启动

阅读以下关于信息系统项目管理过程中项目启动与项目经理角色方面问题的叙述，回答问题 1 至问题 3，将解答填入答题纸的对应栏内。

1.4.1 案例场景

A 公司是一家经营纸产品的企业，近几年业务得到了成倍的发展，原来采用手工处理业务的方式已经越来越显得力不从心，因此，经过公司董事会研究决定，在公司推行一套管理软件，用管理软件替代原有的手工作业的方式，同时，请公司副总经理负责此项目的启动。

副总经理在接到任务后，即开始了项目的启动工作。项目经过前期的一些工作后，副总经理任命小丁为该项目的项目经理，小丁组建了项目团队，并根据项目前期的情况，开始进行项目的计划，表 1-2 所示为初步项目进度计划表。

表 1-2　项目进度计划表

任 务 名 称	工 作 量	开 始 时 间	结 束 时 间
项目范围规划	5	2004 年 1 月 1 日	2004 年 1 月 6 日
分析软件需求	20	2004 年 1 月 6 日	2004 年 1 月 26 日
设计	21	2004 年 1 月 26 日	2004 年 2 月 13 日
开发	30	2004 年 2 月 16 日	2004 年 3 月 16 日
测试	66	2004 年 2 月 16 日	2004 年 4 月 22 日
培训	63	2004 年 2 月 16 日	2004 年 4 月 19 日
文档	43	2004 年 2 月 16 日	2004 年 3 月 29 日
典型试验	97	2004 年 1 月 26 日	2004 年 5 月 3 日
部署	7	2004 年 5 月 3 日	2004 年 5 月 10 日
实施工作总结	3	2004 年 5 月 10 日	2004 年 5 月 13 日

项目进行了一半，由于公司业务发展的需要，公司副总经理要求小丁提前完工，作为项目经理，小丁对项目进行了调整，保证了项目的提前完工。

【问题 1】（7 分）

请用 400 字以内的文字描述你作为项目前期的负责人，在接到任务后将如何启动项目？

【问题 2】（9 分）

作为项目经理，你的项目进度控制中的重点是什么？请描述你在项目进度控制中的甘特图及双代号网络图，并比较甘特图与网络图的区别。

【问题 3】（9 分）

假设公司总经理要求提前完工，作为项目经理将如何处理？请用 400 字以内的文字描述你应该如何处理？

1.4.2　案例分析

这是一道综合性试题，涉及到项目的启动、进度控制等问题。

【问题 1】

项目的启动包括了以下几个主要活动。

1）识别项目的需求

从投资方角度而言，识别需求是项目启动过程和整个项目生命周期的最初活动，在这个过程中，为项目的目标确定，以及可行性分析和项目立项提供直接、有效的依据，为需求建议书的撰写提供基础。

一旦确定了相关问题和需求，并证实了项目将得到益处，投资方就可以开始准备需求建议书。

从承建方的角度而言，识别需求就是得到客户的需求建议书，或得到客户初步需求意向后，项目团队从技术实现、应用和项目实施角度识别客户实际存在的问题、基本意图和真实想法，从而达到与客户有效的沟通，准确分析需求和问题，为制订可行、正确的技术及实施解决方案提供依据。

承建方可以提交一份清晰的需求分析说明书，请客户予以确定，形成需求共识。

2）解决方案的确定

解决方案类似于向投资方（客户）提交的项目建议书。承建方在研究、分析投资方客户的需求建议书后，结合当前情况与客户交流，分析、制订实施解决方案。解决方案通常包含如下三个部分。

（1）技术方案部分。该部分应使投资方认识到，承建方理解需求或问题，并且能够提供风险最低且受益最大的解决方案。

（2）管理部分。该部分应使投资方相信，承建方有能力做好项目所提出的工作，组织好项目的实施。

（3）项目费用部分。该部分应使投资方相信，承建方项目建议书所提出的项目费用是符合实际的。根据客户需求不同，对项目成本费用表述有所不同，部分项目要求提供总价或明细。

3）对项目进行可行性分析

可行性分析的目的就是给决策者提供判断项目是否可行和投资决策的依据。

4）项目立项

经过项目可行性分析后，投资方确立具体的可投资项目或承建方确立可承接的项目的过程。

5）项目章程的确定

项目立项完成后，项目章程的制订和发布将是项目启动的一个结束标志。项目章程是企业内部正式确认项目存在的企业文件。

本题中，项目前期的负责人实际是公司副总经理，在项目章程中确定项目经理的人选。

【问题2】

1）甘特图法

甘特图也叫横道图或条形图，主要应用于项目计划和项目进度的安排。它把工程项目中的各项作业，在标有日期的图表上用横线表示出其起止的时间。

甘特图把计划和进度安排两种职能结合在一起，纵向列出项目活动，横向列出事件跨度。项目活动在左侧列出，时间在图表顶部列出，图中的横道线显示了每项活动的开始时间和结束时间，横道线的长度等于活动的工期，甘特图顶部的时间段决定着项目计划的详略程度。

由于甘特图把项目计划和项目进度安排两种职能组合在一起，因此在绘制甘特图时，必须清楚各项活动之间的关系，即哪些活动必须在其他活动开始之前完成，哪些活动可以同时进行。

甘特图直观、简单、容易制作，便于理解，一般适用于比较简单的小型项目，可用于 WBS 的任何层次、进度控制、资源优化、编制资源和费用计划。但是，不能系统地表达一个项目所包含的各项工作之间的复杂关系，难以进行定量的计算和分析，以及计划的优化等。

2）网络计划技术

网络计划技术的原理是从需要管理的任务总进度出发，以任务中各项作业所需要的工时为时间因素，绘制出网络图，明确而直接地反映出该项任务的全貌，各项作业的进度安排、先后顺序和相互关系。

在选择计划方法编制项目进度计划时应考虑以下因素。

（1）项目的规模和复杂程度。

（2）对项目细节的掌握程度。

（3）项目的时限性。

（4）项目总进度是否由少数几项关键作业所决定。

对于问题 2，把项目进度计划表（表 1-2）进行转换，得到表 1-3。

表 1-3 项目工作分解表

任 务 编 号	任 务 名 称	工 作 量
A	项目范围规划	5
B	分析软件需求	20
C	设计	21
D	开发	30
E	测试	66
F	培训	63
G	文档	43
H	典型试验	97
I	部署	7
J	实施工作结束后回顾	3

根据表 1-3，绘制出甘特图如图 1-3 所示。

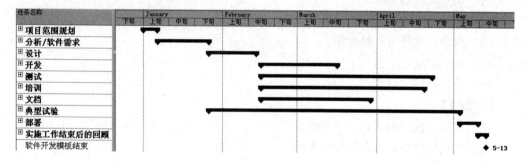

图 1-3 甘特图

甘特图能够从时间上整体把握进度，很清晰地标识出直到每一项任务的起始与结束时间，但任务之间的关系不能有效识别。

采用网络图进行进度控制，能够清晰地展现现在和将来完成的工程内容、各工作单元间的关系，并且可以预先确定各任务的时差。了解关键作业或某一环节进度的变化对后续工程和总工期的影响度，便于及时采取措施或对进度进行调整。

【问题 3】

该问题主要考查项目管理中工期、成本、质量之间的关系。

作为项目经理，要考虑项目工期与成本的平衡，项目工期的缩短会使项目成本上升。例如，缩短项目工期就需要项目团队加班，加班就要支付加班工资和各种各样的赶工费用，同样，项目成本的降低会使得项目组织资源占用的能力下降，从而也影响项目工期。

项目工期的缩短也可能使质量下降，为了赶进度，导致质量问题的出现，而一旦出现质量问题，就必须返工，这样又拖延了项目的工期。

项目成本的降低也直接影响质量问题，如出现偷工减料的情况。

作为项目经理，要统一考虑项目进度、资源配置、成本与质量之间的平衡。任何一个要素的变动，都会引起其他要素的变动。

本题中，假设公司总经理要求提前完工，项目经理将如何处理？首先从网络图中可以发现设计阶段与开发阶段存在 3 天时间的空缺，因此，可把任务 D、E、F、G 提前三天完成，此外，D、E、F、G 属于并行任务，还可以抽调任务 D、E、F、G 的部分人员到任务 H。

1.4.3　参考答案

【问题 1】

本题中，项目前期的负责人实际是公司副总经理，在项目章程中确定项目经理的人选。作为项目前期的负责人，在接到项目的任务后将开始项目的启动工作。项目的启动包括了以下几个主要活动。

（1）识别项目的需求。

（2）解决方案的确定。

（3）对项目进行可行性分析。

（4）项目立项。

（5）项目章程的确定。

【问题 2】

项目时间管理中的重点是把握好关键路径上的任务，项目甘特图绘制如图 1-3 所示。

项目双代号网络图绘制如图 1-4 所示。

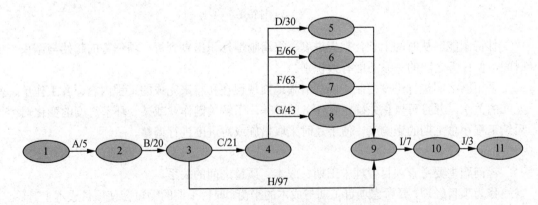

图 1-4　双代号网络图

甘特图与网络图的区别如下。

甘特图直观、简单、容易制作，便于理解，一般适用比较简单的小型项目，但是，不能系统地表达一个项目所包含的各项工作之间的复杂关系，难以进行定量的计算和分析，以及计划的优化等。

采用网络图进行进度控制，能够清晰地展现现在和将来完成的工程内容、各工作单元间的关系，并且可以预先确定各任务的时差。了解关键作业或某一环节进度的变化对后续工程和总工期的影响度，便于及时地采取措施或对进度进行调整。

【问题 3】

项目的质量、进度、成本相关联，因此，在进度控制和成本管理上考虑如下方法。

（1）在进度管理上，可以采用加班等方式。

（2）投入更多的人力、物力。

（3）把握关键路径上的任务。

在实际处理的过程中，因为新投入人力到项目，而且新的人力对项目的熟悉程度不一，新员工需要经过一段时间的培训才能适应项目，所以，最佳的方式应该是采用加班方式来提前完成项目。同时，项目经理应该调整进度计划，在关键路径上加班，缩短关键路径的长度。

1.5　资源冲突管理

阅读下述关于项目资源冲突管理的叙述，回答问题 1 至问题 3，将解答填入答题纸的对应栏内。

1.5.1　案例场景

某电子政务项目涉及到保密信息。项目建设的资源尤其是人力资源必须从甲方单位内部获得，因为如果把项目的部分任务交给分包商，一方面要征得甲方的同意，另一方面要求分包商具有相应的保密资质，而保密资质的审核需要很长时间，等待审核结果也需要一段时间，这将严重危及到项目的交付日期。当项目团队内的工程师完成 90% 的编程和测试任务时，项目承建单位的一名副总裁承揽了一个新项目，他把程序员、测试工程师从该项目上调走，去执行他新承揽的项目。

【问题 1】（8 分）

请简要说明发生上述情况的可能原因。

【问题 2】（8 分）

简要叙述如果项目经理希望继续推进该项目，应如何进行。

【问题 3】（9 分）

请简要叙述如何处理多个项目之间的资源冲突。

1.5.2　案例分析

在大型项目或者多项目管理中，资源冲突是无法避免的，因为任何组织的资源都是有限的。因此，问题的关键在于如何组织好资源？如何提高资源的利用率？

【问题 1】

本题的案例描述比较简短。因为项目涉及到保密信息，所以项目建设的资源尤其是人力资源比较紧张，而且在完成 90%的编程和测试任务时，项目承建单位的一名副总裁承揽了一个新项目，他把程序员、测试工程师从该项目上调走，去执行他新承揽的项目。那么出现这种情况的原因是什么呢？在这种简单背景下，只能凭自己的项目经验来"猜测"其中的原因。

（1）副总裁承揽了新的项目，就可以在原项目未完成的情况下把人员调走，这说明可能是单位没有对项目进行统一管理，谁的权力大谁的项目就获得优先支持。当然，也可能说明副总裁承揽的新项目对整个单位来说更重要，更符合企业的战略目标，因此，就可以把一些次要项目的资源减少甚至下马。

（2）我们认可副总裁承揽的新项目更重要，但一个单位可能同时实施着多个项目，为什么恰好就要从该项目中把程序员、测试工程师调走呢？这说明可能是本项目的绩效不好，项目的完工不能给单位带来利益，已经失去了单位有关方面的支持，甚至可能是公司高层领导已经内定该项目暂停或者下马。

（3）在完成 90%的编程和测试任务时，人员被调走，也说明了项目经理可能忽视了单位内可能的竞争性项目的出现所带来的风险，在人员、时间的预算上做得不到位。

【问题 2】

当前的状况是完成 90%的编程和测试任务，程序员、测试人员被调走了，那么，如果项目经理希望继续推进该项目，应该怎么做呢？首先要搞清楚，项目经理的职责就是接受公司高层的委派，在已有资源约束条件下管理一个项目。根据问题 1 的分析，项目经理要组织有关专家评估该项目，评估之后，如果认为项目还是"有利可图"的，则就应写出充分准备反映项目现状与前景预测的报告，向主管领导汇报、说服和沟通，陈述该项目的重要性和预期的利润，如果项目下马会造成的损失等，以得到及时的和满足要求的资源支持。

如果领导批准了该项目继续推进，则因为本项目的特殊性（要保密），所以要用本单位可靠又能干的人员。如果单位人手不够，则尽量让本单位的其他非涉密项目去社会招聘或外包。如果单位确实无法增加资源，因为项目只剩下不到 10%的工作，此时，项目经理应该说服原来的团队加班或赶工以按期完成项目。

【问题 3】

在多项目管理中，资源冲突是难以避免的，关键是如何解决好冲突。当发生资源冲突时，最简单的办法就是增加资源，或者把一些非核心的开发任务外包出去。然而，作为一个单位来说，资源总是有限的，因此，还必须采取其他措施。

在进行多项目管理时，要成立项目管理办公室，由项目管理办公室统一管理所有的项目和资源，制订资源在项目之间分配的原则。定期检查项目的执行情况，根据项目进展情况和企业整体绩效重新排定项目的优先顺序（如使用 DIPP 方法），从资源上优先支持重要的和进展良好的项目。

1.5.3 参考答案

【问题 1】（8 分）

（1）可能是单位没有对项目进行统一管理，谁的权力大谁的项目就获得优先支持。

（2）副总裁承揽了新的更重要的项目。

（3）项目经理忽视了单位内可能的竞争性项目的出现所带来的风险。

（4）可能是本项目的绩效不好，已失去了本单位有关方面的支持。

（5）可能是重要干系人如客户、公司高层管理者内定项目暂停或者下马。

【问题 2】（8 分）

（1）如果经评估后，认为项目可为，就应写出充分准备反映项目现状与前景预测的报告，向主管领导汇报、说服和沟通，陈述该项目的重要性和预期的利润，如果项目下马会造成的损失等，以得到及时的和满足要求的资源支持。

（2）因本项目要保密，所以要用本单位可靠又能干的人员。如果单位人手不够，尽量让本单位的其他非涉密项目去社会招聘或外包。

（3）如果只剩下不到 10%的工作，应说服原来的团队加班赶工以期完成项目。

【问题 3】（9 分）

（1）建议单位统一管理所有的项目和资源，制订资源在项目之间分配的原则。

（2）定期检查项目的执行情况，根据项目进展情况和企业整体绩效重新排定项目的优先顺序，从资源上优先支持重要的和进展良好的项目。

（3）外包。

（4）必要时，增加资源。

（5）建立项目管理体系，设立项目管理办公室，统一管理单位所有项目。

1.6 "无线通"项目的问题

阅读下列说明，回答问题 1 至问题 3，将解答填入答题纸的对应栏内。

1.6.1 案例场景

去年年底，某大型企业集团的财务处经过分析发现，员工手机通话量的 80% 是在企业内部员工之间进行的，而 90% 的企业内部通话者之间的距离不到 1000 m。如果能引入一项新技术降低或者免掉内部员工通话费，这对集团来说将能节省很大一笔费用，对集团的发展意义相当大。财务处将这个分析报告给了集团的总经理，总经理又把这个报告转给了集团信息中心主任李某，责成他拿出一个方案来实现财务处的建议。

李某找到了集团局域网的原集成商 A 公司，反映了集团的需求。A 公司管理层开会研究后命令项目经理章某积极跟进，与李某密切联系。章某经过调研，选中了一种基于无线局域网 IEEE 802.11n 改进的新技术"无线通"手机通信系统，也了解到有一家山寨机厂家在生产这种新技术手机。这种手机能自动识别"无线通"、移动和联通，其中"无线通"为优先接入。经过初步试验，发现通话效果很好，因为是构建在集团现有的局域网之上，除去购买专用无线路由器和这种廉价手机之外，内部通话不用缴费。而附近其他单位听说后，也纷纷要求接入"无线通"，于是章某准备放号并准备收取这些单位适当的话费。

但等到"无线通"在集团内部推广时，发现信号覆盖有空白、噪声太大、高峰时段很难打进打出，更麻烦的是，当地政府的主管部门要他们暂停并要对他们罚款。此时章某骑虎难下，欲罢不能。

【问题 1】（10 分）

造成这样局面的可能原因是什么？章某在实施"无线通"时可能遇到的风险有哪些？

【问题 2】（7 分）

针对本案例，章某应该在前期进行可行性分析，请问可行性分析的基本内容有哪些？

【问题 3】（8 分）

请用 200 字以内文字简要叙述章某为走出这样的局面，可能采取的措施。

1.6.2 案例分析

与 1.3 节类似，这也是一道关于可行性研究的试题。不过，本题不是要求回答纯理论性问题，而是要结合实际案例进行分析。

【问题 1】

试题的案例描述了章某在得到客户李某的一个需求后，认为发现了一个很好的机会，经过简单的调查后，就开发了"无线通"产品，造成自己"骑虎难下，欲罢不能"的局面，那么，这其中可能的原因是什么呢？还是需要从试题描述中的语句来找出原因。

"章某经过调研，选中了一种基于无线局域网 IEEE 802.11n 改进的新技术无线通手机通信系统，也了解到有一家山寨机厂家在生产这种新技术手机"，这说明章某没有进行系统的可行性分析，没有进行多个方案比较，只是在技术上能够达到当前要求就选择了该技术。

"在集团内部推广时，发现信号覆盖有空白、噪声太大、高峰时段很难打进打出"，这说明项目调研不充分，章某没有调研大规模应用的案例。

"更麻烦的是，当地政府的主管部门要他们暂停并要对他们罚款"，这说明章某没有调研国家政策是否允许。

那么，针对这样一个新技术项目，李某在实施"无线通"时可能遇到的风险有哪些呢？从风险的分类来看，有项目风险、技术风险和商业风险，有关这些概念，请阅读第 8 章的分析。具体落实到本题，章某可能面临的风险如下。

（1）技术风险。章某采用的这种新技术目前还没有成为行业标准，那么这种技术的生存能力存在风险。

（2）政策风险。章某涉嫌无照运营，这是目前的政策所不允许的。正因为章某没有考虑到这个风险，才造成了后来的"当地政府的主管部门要他们暂停并要对他们罚款"。

（3）市场风险。系统运行也有风险，章某采用的是山寨机厂家生产的手机，而山寨机厂家随时都可能会倒闭。

【问题 2】

可行性研究的任务就是用最少的代价在尽可能短的时间内确定问题是否能够解决，可行性研究的目的不是解决问题，而是确定问题是否值得去解决。要达到这个目的，必须分析几种主要的可能解法的利弊，从而判断原定的系统目标和规模是否现实，系统完成后所能带来的效益是否大到值得投资开发这个系统的程度。

一般来说，系统可行性研究可从技术可行性、经济可行性和操作可行性三个方面来考虑。有关这方面的知识，请参考本章案例 1.3 的试题分析。

【问题 3】

问题已经出现了，那么，章某为走出这样的局面，可能会采取哪些措施呢？这需要根据试题的描述，结合我们的实际经验来进行推理。

问题可以归结为两个方面，一个是在集团内部推广时，发现信号覆盖有空白、噪声太大、高峰时段很难打进打出。第二个是当地政府的主管部门要他们暂停并要对他们罚款。相对而言，第二个问题比第一个问题更严重。

针对第二个问题，章某应该立即停止放号，系统的运行只局限在各客户公司自己的办公场所内。然后去咨询有关专家和法律界人士，看是否有政策限制。如果有政策限制，则需要在政策允许范围内进行改进；如果没有政策限制，则再解决第一个问题。

针对第一个问题，需要增加无线发射点、扩大接入能力及无线带宽，改进技术方案。如果目前的技术方案改进后也不能解决问题，则就需要考虑其他的实现方案。

1.6.3　参考答案

【问题1】（10分）

可能的原因如下。

（1）没有进行系统的可行性分析（或风险分析，或没有进行多个方案的比较）。

（2）调研不充分，不了解该技术是否成熟（或没有调研大规模应用的案例）。

（3）没有调研国家政策（或法规）是否允许。

可能遇到的风险如下。

（1）技术风险。章某采用的这种新技术目前还没有成为行业标准。

（2）政策风险。章某涉嫌无照运营，这是目前的政策所不允许的。

（3）市场风险（采购风险）。系统运行也有风险，因设备供应商可能倒闭而产生。

【问题2】（7分）

信息系统项目可行性研究的内容如下。

（1）概述：提出项目开发的背景、必要性和经济意义，确定项目工作的依据和范围、产品交付的形式、种类、数量。

（2）确定需求：调查研究客户的需求，对技术趋势进行分析，确定项目的规模、目标、产品、方案和发展方向。

（3）现有资源、设施情况分析：调查现有的资源（包括硬件设备、软件系统、数据、规章制度等种类与数量，以及这些资源的使用情况和可能的更新情况）。

（4）确定设计（初步）技术方案（或称技术可行性、或称搭建系统原型等）：确定项目的总体和详细目标、范围，总体的结构和组成，核心技术和关键问题、产品的功能与性能。

（5）项目实施进度计划建议。

（6）投资估算和资金筹措计划（或称经济可行性）。

（7）法律、政策和操作使用上的问题（操作可行性）。

（8）项目组织、人力资源、技术培训计划：包括现有的人员规模、组织结构、人员层次、个人技术能力和人员技术培训计划等。

（9）经济和社会效益分析（效果评价）。

（10）合作/协作方式。

也可以这样回答，可行性分析的基本内容如下。

（1）技术可行性分析（或称搭建系统原型等）：通过调研确定项目的总体和详细目标、范围，总体的结构和组成，确定技术方案、核心技术和关键问题，确定产品的功能与性能。

（2）经济可行性分析（或称投资可行性分析）。

（3）运行环境可行性分析。

（4）其他方面的可行性分析，如法律可行性、社会可行性等方面的可行性分析。

【问题 3】（8 分）

（1）停止放号，系统的运行只局限在本公司办公场所。

（2）同时咨询是否有政策（法规）限制。

（3）改进技术方案（或增加无线发射点、扩大接入能力及无线带宽、扩大覆盖范围、降低噪声）。

（4）寻找替代方案（重新选择方案）。如果目前的技术方案改进后也不能被接受，则考虑其他的方案。

第 2 章 项目范围管理案例

项目管理的 9 大知识领域均会对项目的最后成功产生积极影响，然而，从 9 大知识领域对项目成功产生影响的轻重程度上来看，项目范围管理是最为重要的。

项目范围是指产生项目产品所包括的所有工作及产生这些产品所用的过程。项目干系人必须在项目要产生什么样的产品方面达成共识，也要在如何生产这些产品方面达成一定的共识。

项目范围管理是指对项目包括什么与不包括什么的定义与控制过程。这个过程用于确保项目组和项目干系人对作为项目结果的项目产品以及生产这些产品所用到的过程有一个共同的理解。

按照 PMBOK2004 中的定义，项目范围管理的过程包括范围计划编制、范围定义、创建工作分解结构、范围确认和范围控制。

制约项目的约束条件主要有范围、时间和成本。在一个项目中，这三个条件是相互影响、相互制约的，而且往往是由于范围影响了时间和成本。项目一开始确定的范围小，那么它需要完成的时间以及耗费的成本必然也小，反之亦然。很多项目在开始时都会粗略地确定项目的范围、时间以及成本，然而在项目进行到一定阶段之后往往会变成让人感觉到不知道项目什么时候才能真正结束，要使得项目结束到底还需要投入多少人力和物力，整个项目就像一个无底洞，对项目的最后结束谁的心里也没有底。这种情况的出现对于公司的高层管理者来说，是最不希望看到的，然而这样的情况出现并不罕见。造成这样的结果就是由于没有控制和管理好项目的范围。可见，在项目的三约束中范围的影响最重要。

2.1 范围管理的内容

阅读以下关于在信息系统项目管理过程中项目范围管理方面问题的叙述，回答问题 1 至问题 3，将解答填入答题纸的对应栏内。

2.1.1 案例场景

希赛软件公司承担了 A 公司的一个 ERP（Enterprise Resource Planning，企业资源计划）系统开发项目，在项目实施过程中，系统需求似乎永远无法确定，用户说不清楚自己的需求，怎么做他们都不满意，功能不断增加，用户上周说要这个功能，今天说要这个功能，李部长认为这个功能该这样做，而王总经理认为这样做不行，结果让软件开发人员无所适从。

　　该项目已经进行了两年多，项目何时结束还是处于不明确的状态，因为用户不断有新的需求提出来，项目组也就要根据用户的新需求不断去开发新的功能。大家对这样的项目已经完全丧失了信心。

　　希赛公司针对目前出现的局面，派出项目管理专家刘工负责 ERP 项目组的管理工作，刘工通过对项目文档分析和 A 公司相关人员的沟通认识到，这个项目一开始就没有明确界定整个项目的范围，在范围没有明确界定的情况下，又没有一套完善的变更控制管理流程，任由用户怎么说就怎么做，也就是说，一开始游戏规则就没有定好，从而导致整个项目成了一个烂摊子。

　　刘工认为，要使项目回到正常轨道上来，首先必须做好项目范围管理工作。

　　【问题 1】（8 分）

　　请用 400 字以内的文字，说明范围管理应包括的主要内容。

　　【问题 2】（8 分）

　　请用 400 字以内的文字，说明本项目在范围管理方面出现的问题。

　　【问题 3】（9 分）

　　如果你是刘工，面对本项目在范围管理上出现的混乱局面，应当如何处理呢？

2.1.2　案例分析

　　这是一个失败的项目管理案例。

　　从本案例反映出来的问题上看，软件开发人员没有认识到项目范围控制的重要性，没有弄清系统目标和系统功能的区别，没有在项目启动前把项目范围建立起来。

　　项目范围是有效管理需求变更的唯一方法。有明确的项目范围，才能够学习及分析项目范围内的业务流程，建立系统的功能需求，在开发过程中，当客户需求变动的时候，有效管理工作范围，按照预算在指定的时间内完成项目的交付。

　　客户不能够准确告诉软件开发人员需要哪些功能，他们只知道系统需要完成哪些目标。功能需求并不是客户或用户提供，是项目组成员在理解目前的人工作业后分析出来的结果。建立功能需求是软件开发人员的责任，不是客户或用户能够提供的内容。

　　项目范围不是由客户或用户提供，是依据要开发的项目目标（如何达到）和项目的最终交付而制订出来的结果。没有项目范围，便不能建立有关系统的功能，不能控制任务的工作量，不能预估完成日期并按时完成。

　　在本案例中，从一开始就没有做项目的范围管理工作，或做得不好，让用户自己提需求，而不是自己去分析，在出现需求变更或变更冲突的时候，也没有相应的变更控制系统来约束，以致局面越来越被动。

　　项目范围的管理也就是对项目应该包括什么和不应该包括什么进行相应的定义和控制。它包括用以保证项目能按要求的范围完成所涉及的所有过程，包括确定项目的需求、定义规划项目的范围、范围管理的实施、范围的变更控制管理以及范围核实等。

（1）确定项目的需求。在项目实施的过程中，对于委托人或项目干系人对产品、服务和过程明确的或隐含的需求，应当用文件的形式来表述，即需求建议书，该文件要经过双方的同意。需求建议书的主要内容包括满足其需求的项目的工作陈述、对项目的要求、期望的项目目标、客户供应条款、付款方式、契约形式、项目时间、对承约商项目申请书的要求等。

（2）定义规划项目的范围。即定义和规划项目目标，可交付成果的性能指标、约束条件、工作原则以及管理策略等。确定项目范围时，应该根据需求的定义，将项目范围分解为成面向产品或服务的层次结果，即产品分解结构（Product Breakdown Structure，PBS）。产品分解结构中的每个产品单元的特性尽可能用可以度量的量化指标来表述，以此作为设计、开发和签定合同的依据。

（3）范围管理的实施。在实际的项目实施中，要建立和维护变更控制系统以作为进行范围管理的基础。范围管理控制系统是一套实现确定的修改项目文件或改变项目活动时应遵循的程序，其中包括必要的表格或其他书面文件、责任跟踪和变更审批制度、人员和权限。在进行项目范围管理时，还应该分析潜在的、可觉察的和实际的范围变化并采取措施，使之在项目生命周期内达到项目目标，必要时利用变更控制系统来修改项目目标。

（4）范围的变更控制管理。变更是指项目干系人常常由于项目环境或者是其他的各种原因，要求而对项目的范围计划进行修改，甚至是重新规划。范围的变更管理是对项目中存在的或潜在的变化，采用正确的策略和方法成功地处理。

（5）范围核实。范围核实又叫移交或验收。项目或项目某个阶段结束时，项目要把已完成的可交付成果交给该项目成果的使用者或其他有权接收的方面，如发起者、项目业主或项目使用者。对于项目经理或项目管理人员来说，可以通过检查来实现范围的核实。检查一般包括测量、测试和检验等活动，以确定结果是否符合要求。在进行项目范围核实时，项目组必须向接收方出示能够明确说明项目（或项目阶段）成果的文件，如项目计划、技术要求说明书、技术文件和图纸等。

2.1.3 参考答案

范围管理就是根据客户提出的目标形成系统功能，并经客户确认的过程。范围管理保证项目包含了所有要做的工作而且只包含要做的工作，它主要涉及定义并控制哪些是项目范畴内的，哪些不是。

范围管理的基本内容包括确定项目的需求、定义规划项目的范围、范围管理的实施、范围的变更控制管理以及范围核实等。

项目范围管理包括5个过程：范围计划编制；范围定义；创建工作分解结构；范围

确认；范围控制。

2.2　创建工作分解结构

阅读以下关于项目范围管理方面问题的叙述，回答问题 1 至问题 3，将解答填入答题纸的对应栏内。

2.2.1　案例场景

某信息系统项目较为复杂，有许多需要进行的工作，老刘是这个项目的经理，为了更好地制订项目计划，更有效地对项目实施过程进行管理与控制，老刘需要对项目开发过程可能涉及的工作进行分解。老刘的助手对开发过程进行了分解，认为可以划分为 5 大块：确定需求、设计、研发、测试和安装，如表 2-1 所示。

表 2-1　某信息集成项目工作分解表

确　定　需　求	模　块　定　义	安　　装
初步需求	接口定义	软件安装
详细需求	程序编码	系统调测
设计	测试	培训
功能设计	内部测试	
系统设计	集成测试	
研发	报告制订	

老刘认为，制订 WBS 是项目范围管理中的重要过程，一个详细的工作分解结构对项目的管理工作很有好处，但助手的工作分解结构并不完整。

【问题 1】（15 分）

请用 400 字以内的文字，说明你对 WBS 的理解，创建 WBS 有哪些作用？老刘的助手在创建 WBS 中遗漏了哪些工作？

【问题 2】（5 分）

请补充完整本项目树型结构的 WBS，并用三位数字给每项工作编码。

【问题 3】（5 分）

在 200 字以内，叙述在创建 WBS 中应该把握什么原则。

2.2.2　案例分析

WBS 是以可交付成果为导向对项目要素进行的分组，它归纳和定义了项目的整个工作范围，每下降一层代表对项目工作的更详细定义。

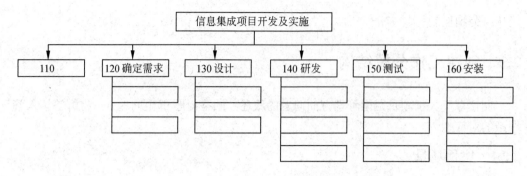

图 2-1 树型工作分解结构

无论在项目管理实践中，还是在各种级别的项目管理考试中，WBS 都是最重要的内容。WBS 总是处于计划过程的中心，也是制订进度计划、资源需求、成本预算、风险管理计划和采购计划等的重要基础。WBS 同时也是控制项目变更的重要基础。项目范围是由 WBS 定义的，所以 WBS 也是一个项目的综合工具。

【问题 1】

WBS 将项目分解为小的、可以管理的片断。WBS 的最底层为工作包，最终的工作包都必须有明确可验证的交付成果，逻辑上不可再分，在 WBS 中需要对各层各个分解进行编码。

一个详细的 WBS 可以防止遗漏项目的可交付成果；帮助项目经理关注项目目标和澄清职责；建立可视化的项目可交付成果，以便估算工作量和分配工作；帮助改进时间、成本和资源估计的准确度；帮助建立项目团队和获得项目组成员的承诺；为绩效测量和项目控制定义一个基准；辅助沟通清晰的工作责任；为其他项目计划的制订建立框架；帮助分析项目的最初风险。

"项目管理"工作是 WBS 中所必须的，显然，老刘助手的 WBS 不完整，遗漏了"项目管理"这项重要的工作。

【问题 2】

WBS 可以由树型的层次结构图或者行首缩进的表格表示。在本题中给出了一个树型的层次结构图，并且已经给出了这一层工作的编码和工作名称。对应于案例场景中给出的这层工作的下一级工作，可以将缺少的工作填补上，并按给定的 3 位编码格式进行编码。

最后还要检验 WBS 是否定义完整，项目的所有任务是否都被完全分解。

在实际应用中，表格形式的 WBS 应用比较普遍，特别是在项目管理软件中，一般都使用表格形式。

【问题 3】

创建 WBS 是指将复杂的项目分解为一系列明确定义的项目工作并作为随后计划活

动的指导文档。创建 WBS 的方法主要如下。

（1）使用指导方针。

（2）类比方法。参考类似项目的 WBS 创建新项目的 WBS。

（3）自上而下的方法。从项目的目标开始，逐级分解项目工作，直到参与者满意地认为项目工作已经充分地得到定义。该方法由于可以将项目工作定义在适当的细节水平，对于项目工期、成本和资源需求的估计可以比较准确。

（4）自下而上的方法。从详细的任务开始，将识别和认可的项目任务逐级归类到上一层次，直到达到项目的目标。这种方法存在的主要风险是可能不能完整地识别出所有任务或者识别出的任务过于粗略或过于琐碎。

创建 WBS 时需要满足以下几点基本要求。

（1）某项任务应该在 WBS 中的一个地方且只应该在 WBS 中的一个地方出现。

（2）WBS 中某项任务的内容是其下所有 WBS 项的总和。

（3）一个 WBS 项只能有一个责任人，即使许多人都可能在其上工作，也只能由一个人负责，其他人只能是参与者。

（4）WBS 必须与实际工作中的执行方式一致。

（5）应让项目团队成员积极参与创建 WBS，以确保 WBS 的一致性。

（6）每个 WBS 项都必须文档化，以确保准确理解已包括的和未包括的工作范围。

（7）WBS 必须在根据范围说明书正常地维护项目工作内容的同时，也能适应无法避免的变更。

另外，在实际工作中，对于一些较小的项目一般分解到 4～6 层就足够了。WBS 中的支路也没有必要全都分解到同一层次，即不必把结构强制做成对称的。在任意一条支路，当达到一个层次时，如果符合所要求的准确性估算，就可以停止了。

2.2.3　参考答案

【问题 1】

WBS 将项目分解为小的、可以管理的片断。WBS 的最底层为工作包，最终的工作包都必须有明确可验证的交付成果，逻辑上不可再分，在 WBS 中需要对各层各个分解进行编码。

创建 WBS 的主要作用如下。

（1）防止应该做的工作被遗漏掉，也防止镀金。

（2）方便于项目团队沟通，项目成员很容易找到自己负责部分在整个项目中的位置。

（3）防止不必要的变更。

（4）提供一个基本的资源（人员和成本）估算依据。

（5）帮助获取团队认同和创建团队。

助手的 WBS 不完整,遗漏了"项目管理"这项工作。

【问题 2】

答案如图 2-2 所示。

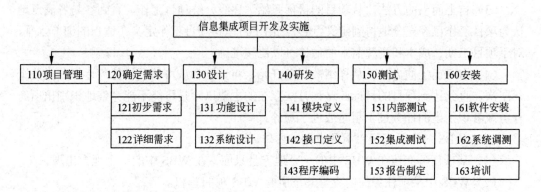

图 2-2　问题 2 答案

【问题 3】

(1)在各层次上保持项目的完整性,避免遗漏必要的组成部分。

(2)一个工作单元只能从属于某个上层单元,避免交叉从属。

(3)相同层次的工作单元应用相同性质。

(4)工作单元应能分开不同责任者和不同工作内容。

(5)便于满足项目管理计划、控制的管理需要。

(6)最低层工作应该具有可比性,是可管理的,可定量检查的。

(7)应包括项目管理工作(因为是项目具体工作的一部分),包括分包出去的工作。

2.3　需求管理对范围管理的影响

阅读以下关于项目范围管理与需求管理方面问题的叙述,回答问题 1 至问题 3,将解答填入答题纸的对应栏内。

2.3.1　案例场景

黄工负责某基金投资公司的一个证券分析系统项目的研发,率领项目组进驻该基金公司进行研发已经快一年了,现在项目已经接近尾声,但似乎并没有交付的意思。从系统试运行那天起,用户就不断提出新需求,似乎总是有新的需求要项目研发方来做,基金公司的经理在试用系统时,经常把自己的新思路讲给黄工,要求优化系统的功能,项目变成了一个无底洞,没完没了地往下做。

黄工要求结项，但基金公司以系统功能没有满足需求为由而推迟验收，要求继续完善。黄工查阅了项目开发合同，而合同中并没有对需求的详细描述。此时，国家新出台了一项投资法规，依据这个法规，系统的一些功能肯定又要修改，虽然这些功能不影响系统的正常运行，但这些功能需求似乎仍在合同规定的范围之内，这些功能的需求开发也需要大量的时间和人力。

黄工认为，含糊的需求和范围经常性的变化严重影响了项目的进展，他必须寻找良策以管理范围，促使项目早日完工。

【问题 1】（8 分）

请用 200 字以内的文字，指出本项目开发中存在的问题。

【问题 2】（8 分）

请用 200 字以内的文字，建议黄工该如何解决现在的问题。

【问题 3】（9 分）

请用 400 字以内的文字，论述需求开发、需求管理和范围管理的区别与联系。

2.3.2　案例分析

需求管理贯穿信息系统项目的整个生命周期，只有经过需求分析过程之后才能确定项目的范围。

本项目的范围管理没有做好，其实是从合同一开始，就没有一个明确的"需求"，从而导致在项目实施中出现了各种问题。在一个项目中应该知道对方需要什么，自己要做什么，这是项目成功的基础所在。

对案例场景进行分析，就能发现项目中存在的问题，进而找出对策。

【问题 1】

从案例场景中可以看出：

"基金公司以系统功能没有满足需求为由而推迟验收，要求继续完善"，项目不能交付，因为验收这一环节一直无法执行，在试运行期间，还有需求变更和新需求的提出；"基金公司的经理在试用系统时，经常把自己的新思路讲给黄工，要求优化系统的功能"。这就说明很可能黄工一开始在做需求分析时，就没有充分了解项目干系人的需求，需求分析报告也没有得到用户的确认，特别是关键用户的确认，所以项目的范围无法确定，也就无法进行范围控制。

"用户不断提出新需求，似乎总是有新的需求要项目研发方来做"，这些新需求经过变更控制了吗？是不是真正的新需求呢？这些需求是否超出了项目的范围？是否值得变更呢？对需求变更没有规范管理，变更没有任何依据。在变更之前，是需要通过变更控制委员会评审的，以确定变更对项目的影响。

"黄工查阅了项目开发合同，而合同中并没有对需求的详细描述"，合同中对系统功能的描述不可能是详细的，只能是一个大致的目标说明，具体的功能一般要看合同附件，例如双方签署的技术附件，有可能本项目没有技术附件这一类对系统功能详细描述的文件，最终导致了在验收时无据可依，只能由用户说了算。

"国家新出台了一项投资法规，依据这个法规，系统的一些功能肯定又要修改，虽然这些功能不影响系统的正常运行，但这些功能需求似乎仍在合同规定的范围之内，这些功能的需求开发也需要大量时间和人力"，风险的出现是不可避免的，合同中应该有对意外事件处理的办法，不应该完全由乙方承担风险，应该有一个协商解决的办法，也可能在合同中没有预想到新法规出台给项目带来的风险，无法界定是否在项目范围内，也没有应对措施。是不是基金公司已经预料到有政策要出台，有意拖延项目验收呢？在政策出台后，可以将系统做得更完美些，如果项目已经交付，再修改完善会有许多不方便的地方，如重新申请项目资金等。

针对案例场景中的描述，对于项目开发中存在的问题，可以做出以下总结。

（1）在开发合同中没有明确系统的需求，没有进行范围确认。

（2）对需求变更没有规范管理，变更没有依据。

（3）项目的范围制订太模糊，无法作为验收的依据。

（4）在合同中没有描述新法规出台给项目带来的风险，无法界定是否在项目范围内，也没有应对措施。

【问题 2】

在找到了存在的问题后，就可以相应地给出解决办法。

现在的关键问题是系统面临的验收问题，可以与各级别用户进行沟通，重新确认一下用户的需求，与现有功能进行核实，核实一下还有多少没有实现，逐个消项。列出用户的需求清单，要求用户签字确认，这些需求将作为系统验收时的依据，为验收做好准备。

对于变更的处理，和基金公司的项目负责人协商一下，双方组成一个变更控制小组，规范变更控制流程，确保变更是有效的，且没有超出项目的范围，没有对项目的完成造成太大影响。

对于项目的范围，必须与甲方的关键用户进行确认，确认做哪些，不做哪些。在确定范围时首先要确定最终产生的是什么，它具有哪些可清晰界定的特性。

希赛教育专家提示：特性必须要清晰，以认可的形式表达出来，例如文字、图表或某种标准，能被项目参与人理解，绝不能含含糊糊、模棱两可。如果项目的范围太大，可以分解成一个个小的子项目，分阶段交付，并制订一个交付时间表，对于交付的成果有一个明确的说明，要得到甲方的认同。

新法规出台的现实是无法改变的，通过和基金公司的项目负责人进行沟通，讲明现在的情况，协商解决的办法和期限，既然"这些功能不影响系统的正常运行"，那么完全可以将这些功能放在二期实现，这些功能需求是否在合同规定的范围之内，双方可以确认一下，讲出各自的依据。如果用户客观上需要必须本期实现，对于项目组增加时间和人力是可以理解的，可以给项目组一定的经济补偿。

归纳如下。

（1）与客户进行沟通，明确系统的需求，和用户进行一次范围确认，可以以技术附件的形式或补充协议形式，要求用户签字确认。

（2）规范变更控制流程，规范新增需求和需求变更管理的流程，对范围变更进行控制。

（3）与基金公司的项目负责人一起重新核实项目的范围，制订分阶段交付时间表和验收依据。

（4）针对新法规的出台对项目的影响，与基金公司的项目负责人协商，说明新功能的需求开发需要增加时间和人力的现实情况，增加项目投资和延长项目的交付时间，或将新功能在项目的二期工程中实现，对现有的系统功能先行验收，完成本期项目的交付。

【问题 3】

首先需要了解几个概念。

- 需求：指的是由项目接受的或项目产生的产品和产品构件需求，包括由组织征集的对项目的需求。这种需求既有技术性的，也有非技术性的。
- 需求工程：所有与需求直接相关的活动通称为需求工程。需求工程的活动可分为两大类，一类属于需求开发，另一类属于需求管理。需求开发的目的是通过调查与分析，获取用户需求并定义产品需求。需求管理的目的是确保各方对需求的一致理解；管理和控制需求的变更；从需求到最终产品的双向跟踪。
- 项目范围管理：确保项目包含且仅仅只包含项目所必须完成的工作。包括为成功完成项目所需要的范围计划编制、范围定义、创建工作分解结构、范围确认和范围控制 5 个过程。每个过程都要用到一些方法和工具，如范围计划编制要有"专家判断"、"模板、表格和标准"；范围定义要有"产品分析"、"可选方案识别"和"专家判断法"；创建工作分解结构要有"工作分解结构模板"、"分解"；范围确认要有"检查"；范围控制要有"变更控制系统"、"配置管理系统"和"重新规划"。

需求开发、需求管理和范围管理在项目实施中有区别也有联系，不是孤立的，它们之间是相互影响的。要点如下。

（1）通过需求开发来获取项目的需求，在此基础上确定项目的范围、进行项目范围管理。

（2）需求管理是对已批准的项目需求进行全生命周期的管理，其过程包括需求管理定义、需求管理流程、制订需求管理计划、管理需求和实施建议等。

（3）对于项目需求，可以根据需求的紧急重要程度、项目本身和甲乙双方的实际情况，分步或分期满足。确定每期应满足的需求后，本期的范围管理就有了基础。

（4）需求管理处理需求的变更，需求的变更会引起项目范围的变更。

2.3.3 参考答案

【问题 1】

（1）在开发合同中没有明确系统的需求，没有进行范围确认。

（2）对需求变更没有规范管理，变更没有依据。

（3）项目的范围制订太模糊，无法作为验收的依据。

（4）在合同中没有描述新法规出台给项目带来的风险，无法界定是否在项目范围内，也没有应对措施。

【问题 2】

（1）与客户进行沟通，明确系统的需求，和用户进行一次范围确认，可以以技术附件的形式或补充协议形式，要求用户签字确认。

（2）规范变更控制流程，规范新增需求和需求变更管理的流程，对范围变更进行控制。

（3）与基金公司的项目负责人一起重新核实项目的范围，制订分阶段交付时间表和验收依据。

（4）针对新法规的出台对项目的影响，与基金公司的项目负责人协商，说明新功能的需求开发需要增加时间和人力的现实情况，增加项目投资和延长项目的交付时间，或将新功能在项目的二期工程中实现，对现有的系统功能先行验收，完成本期项目的交付。

【问题 3】

（1）通过需求开发来获取项目的需求，在此基础上确定项目的范围、进行项目范围管理。

（2）需求管理是对已批准的项目需求进行全生命周期的管理，其过程包括需求管理定义、需求管理流程、制订需求管理计划、管理需求和实施建议等。

（3）对于项目需求，可以根据需求的紧急重要程度、项目本身和甲乙双方的实际情况，分步或分期满足。确定每期应满足的需求后，本期的范围管理就有了基础。

（4）需求管理处理需求的变更，需求的变更会引起项目范围的变更。

2.4 项目范围管理与说"不"

阅读以下关于在信息系统项目管理过程中项目范围管理方面问题的叙述，回答问题1至问题3，将解答填入答题纸的对应栏内。

2.4.1 案例场景

随着中国电信获得 3G 牌照，各地电信分公司开始启动 MBOSS（Management & Business Operation Supporting System，运营支撑系统）系统建设。希赛信息集成公司高层认为这是一个公司发展业务的机遇，因为公司在 3G 和 MBOSS 系统的建设上有很多技术积累，有很强的技术力量，为了开拓市场，公司招聘了许多销售人员，经过简单培训后，就去参加各地电信公司的 MBOSS 系统投标，并且中标了某省电信公司的 MBOSS 系统的建设项目。

夏工承担了这个 MBOSS 项目的实施工作，率领项目组进驻该电信公司开始实施项目。

随着系统实施，问题开始显现，项目组和电信公司就系统范围问题不断争论。夏工经过了解，原来公司的销售人员为了尽快签单，刻意回避了现在争论的问题，成为双方合作和实施中的定时炸弹，同时，公司的销售人员并不十分了解 MBOSS 系统，甚至不了解本公司产品的功能，至于对行业存在问题的了解就更难说了。他们的主要特长是"关系学"，在接触客户甚至签单的过程中，销售人员往往会过度承诺，他们关心的是"签单"，也就是"成交"，而负责实施的项目组关心的是"客户满意"，也就是"成功"。

【问题 1】（8 分）
请用 200 字以内的文字，说明夏工在项目范围管理方面遇到问题的可能原因。

【问题 2】（8 分）
请用 200 字以内的文字，说明项目范围管理如何处理好销售和实施的关系。

【问题 3】（9 分）
如果你是夏工，面对项目存在的问题，应当如何处理呢？

2.4.2　案例分析

这个案例所反映的问题在信息系统实施中是比较普遍的。在开始实施时，希赛公司和电信公司所碰到的表面上的种种分歧，归结到本质上主要是项目的范围管理问题。

定义项目范围是定义一个项目过程中重要的部分。事实上，如果你不确定你在进行的是什么，以及你所进行的项目的边界在哪里，你就根本不可能成功。管理项目范围是项目管理中最重要的一部分。但是，如果你没有很好地定义项目范围，那么你的项目将不可避免地面临失败的危险。糟糕的范围管理是导致项目失败的致命伤。

造成争论的原因是由于希赛公司内部销售和项目实施部门之间的矛盾，可能是公司对两类人员有不同的考核指标，对前者的考核是完成多少销售额，对后者的考核是完成多少服务天数。

现在软件公司从来不敢说"不"，软件公司是可以通过二次开发和客户化，提出适应客户个性化需求的解决方案。但是，客户化开发需要做的工作，客户往往并不清楚——工作量有多大，由谁来进行，费用是多少，如何配合整体实施进度。不过，如果销售人员对这类问题谈得过深过细，很有可能影响签单。因此，在许多情况下，这些问题被有意回避，成为双方合作和实施中的定时炸弹。

　　一旦项目开始进行了，在进一步讨论项目实施的范围时，客户与软件公司就会发生这样那样的分歧，一种可能是，客户不停地要求软件公司完成超出原来商定范围的工作，或者和原来商定范围不同的工作；还有一种可能就是，软件公司以超出合同范围为由拒绝提供实际上应该要做的工作。

　　（1）范围蔓延。很多项目经理能够意识到大的范围改变，但是对于小的改变却没有那么敏感了。现在有一种趋势，就是不断地进行项目，不断添加额外的工作而并不经过仔细的考虑。范围蔓延指的是当项目接受了太多小的变化之后所出现的情况。当所有这些小的变化结合在一起，项目小组才意识到需要做的额外工作太多，以至于要超出预算，延误工期。

　　（2）没有发起人的同意。有时软件供应方项目经理会从最终用户，或者客户经理那里收到变更请求。由于这些人都是客户公司内部的，他们认为这些请求都应该被接受。很多项目陷入麻烦是因为他们认为他们获得了进行范围修改的批准，但是后来却发现有权决定这种变更的人——发起人，并没有同意这样做。

　　（3）项目小组的责任。由于项目小组成员和客户有很多联系，他们是最经常会遇到范围更改请求的人。因此，整个项目小组必须理解范围变化管理的重要性。他们必须在范围变化发生的时候立即发现它，并且及时把它反馈给项目经理。如果他们自己答应进行一些额外的工作，他们的这种行为就很有可能导致他们不能够按时完成自己的工作，从而危及整个项目的进行。

　　在实施软件项目时必须意识到范围变化本身并没有什么不对。也就是说，在项目进行过程中修改范围并不是什么坏主意。事实上，很多时候，这是一件好事。首先，客户和软件供应方通常都不能确定最终解决方案所需要的所有的需求和功能。其次，就算他们可以，商业环境是随着时间不断变化的，因此项目的需求也会发生变化。如果你不能够容纳变化，最终的解决方案就会达不到应有的价值，或者它甚至有可能是无用的。

　　定义范围变化管理流程最好的时机是在项目开始之前（作为项目管理程序的一部分）。但是，如果你确实没有建立一个好的流程，任何时候开始都不算太迟。项目管理必须安排一个暂停的时间，由实施双方一起来鉴定并满足范围变更的请求。然后每个人都要学习新的流程。

　　为了解决两个公司目前在实施 MBOSS 系统所遇到的问题，建议双方的项目经理要尽快坐到一起，对于在合同框架体系下承诺的内容要清晰地表达出来，澄清模棱两可的描述。

　　对于在合同外的需求或者变更需求，需要通过范围管理的变更流程来控制。对要实现的系统功能有个优先级排序，哪些是至关重要的，哪些是重要的，哪些是需要的，哪些是锦上添花的。这对后面的资源安排很有帮助，当然，重要程度需要双方共同讨论加以确认。在此基础上，必须形成一份完整的需求规格书。双方充分沟通讨论，形成统一意见，交由项目指导委员会审批。批准后，就成为项目范围的基准线（baseline），以后的变更就要更改该文件。

其次，还要定义一个实际可行的范围管理流程，这个流程应该包括确定变化，评估变化的商业价值，评估对于项目的影响，一些小的变化，项目经理可以适当调整项目进程，但是一些比较大的变更需要将这些信息提交给项目发起人进行评估。发起人然后可以决定是否同意该变化。如果同意，发起人还应该理解它对于项目的影响，然后为它追加费用，延长项目时间。

2.4.3　参考答案

【问题 1】

夏工在项目范围管理方面遇到问题的原因是由于公司内部销售和技术部门之间的矛盾，是公司对两类人员有不同的考核指标，可能对前者的考核是完成多少销售额，对后者的考核是完成多少服务天数。

【问题 2】

（1）对销售人员进行 3G 和 MBOSS 系统方面的培训，使销售人员了解业务和系统功能。

（2）改变考核方式，将销售和技术挂钩，使销售人员不敢过度承诺。

（3）做好客户关系，充分了解客户需求，同时使客户充分了解 MBOSS 系统。

【问题 3】

（1）建议双方的项目经理要尽快坐到一起，对于在合同框架体系下承诺的内容要清晰地表达出来，澄清模棱两可的描述。

（2）对于在合同外的需求或者变更需求，需要通过范围管理的变更流程来控制。

（3）定义一个实际可行的范围管理流程。

2.5　各阶段项目范围管理

阅读以下关于在信息系统项目管理过程中项目范围管理方面问题的叙述，回答问题 1 至问题 3，将解答填入答题纸的对应栏内。

2.5.1　案例场景

某钢厂的信息化建设非常落后，几乎没有系统硬件及网络平台；企业各业务部门的管理几乎都处于手工管理状态或信息孤岛状态，大大制约了企业管理效率和管理水平的提高，准备上一套 ERP 项目来改变现状。

希赛软件公司中标了这个 ERP 项目，在项目实施中，采用了 SAP 公司的 ASAP 实施方法，并借鉴了其他公司的管理经验，进行了有效的项目范围管理。为了防范范围变更的风险，在项目组织、管理制度、实施策略及实施方法上制订了有效的项目范围管理方法，因而取得了良好的效果，在整个实施过程中，只在项目业务蓝图阶段发生过两次小的业务变更，一次大的业务变更，且并未对整个项目的实施进度产生重大影响。

希赛项目组经过 4 个月的艰苦努力，为钢厂搭建了网络、硬件、软件平台（SAP 公司的），完成了 ERP 项目的建设。ERP 系统的建立使钢厂实现了对企业资源一体化的控制和管理，有效地提高了管理水平及管理效率，实现了企业的物流、信息流、资金流的高度统一。如此高效的项目实施效率得益于项目组全体成员和客户的努力工作，但有效的项目范围管理无疑奠定了项目成功的基础。

【问题 1】（8 分）

请用 200 字以内的文字，说明项目启动阶段的范围管理方法有哪些。

【问题 2】（8 分）

请用 200 字以内的文字，说明计划阶段的项目范围管理方法有哪些。

【问题 3】（9 分）

请用 200 字以内的文字，说明在各个阶段执行过程中的范围管理方法有哪些。

2.5.2　案例分析

本案例是一个成功实施项目范围管理的项目，范围管理的基本内容包括项目启动、范围计划编制、范围定义、范围确认和范围变更控制这 5 个要素。这些方法与思路是很多项目经理都很清楚的，但最重要的是要在项目范围管理的各个阶段认真地执行，又要根据实际情况予以灵活变通。

【问题 1】

项目启动阶段的范围管理方法如下。

（1）分阶段实施的实施策略。ERP 项目整个项目范围覆盖了企业管理的各个方面，涉及范围广泛。全面启动，必然需要大量的人员配备，很长的实施周期。同时，由于实施初期用户对 ERP 的认识可能不够，使得整个实施过程达不到预期的效果。因此，在实施过程中可以采用整体规划、分步实施、建立模板、不断推进的策略，将整个实施分为两个阶段，第一阶段集中精力，重点投入，保证企业的核心业务的顺利运行。第二阶段在总结一期实施经验的基础上，全面推广，将业务扩展到企业管理的各个方面。第一阶段实施内容包括建立企业网络，软硬件平台，完成企业的核心业务：采购、库存、销售、生产、财务和成本模块的上线。第二阶段实施内容包括质量管理，设备维护和人事管理模块。

（2）组建包括用户经理和用户业务经理、关键用户在内的项目组织结构。在项目实施过程中，用户方项目经理参与关键事项的讨论及决策，用户业务经理需参与项目业务流程定义，系统测试验收并负责本部门对口业务的项目推进工作。关键用户应全职参与项目，并成为项目中坚力量。组建由用户参加的项目组织结构，不仅增加了实施人员与用户沟通和交流的机会，使用户在与项目实施人员一起工作的过程中充分了解项目的范围，实施进展，面临的问题及其解决方法。而且在共同工作的过程中对项目的实施形成了共识，并为着同一个目标共同努力。避免对项目范围及进展理解上的差异，有利于项目的顺利实施。

（3）充分的需求分析调研。业务需求分析是准确确定项目范围的基础，为了保证用户需求分析的全面、准确，在向用户进行需求分析调研时，首先制订需求分析计划，明确规定需求调研时间，用户参加人员，调研内容，实施人员；同时要求各个实施人员依据项目背景资料及以前其他项目的实施经验做好需求调研准备，认真编制需求分析问询表，详细列出调研问题提纲，以避免在调研过程中遗漏相关内容；在调研过程中实施人员对用户进行启发和诱导，使用户能有条理、系统地描述需求，并在调研中详细记录调研问题的答案。在此基础上编制用户需求说明书。

【问题 2】

合理、精准的范围定义是项目范围管理的基础，在范围计划阶段，可以采取以下措施，保证项目范围的精准定义。

（1）制订范围计划。在对企业进行业务调查和需求分析的基础上，明确定义系统范围，这是整个项目管理的脊梁。在实施过程中，可以首先制订范围说明书。在范围说明书中明确定义项目范围、各阶段的交付物、采用的实施方法（SAP/ ASAP），并对相应功能进行细致描述，避免理解上的二义性。

（2）范围定义。在范围说明书的基础上，可以采用由上而下的方法，按照项目的不同阶段划分 WBS。范围细化至每个特定的功能，使得分解后的任务可管理，可定量检查。使项目实施人员有章可循，同时便于项目经理在不同阶段有效控制中间成果，同时不至于陷入到项目细节中去。

【问题 3】

在各个阶段执行过程中的范围管理方法如下。

（1）项目例会制度。为了加强对于项目进度的有效监控，对重要问题及时做出决策，对项目的成果和问题及时通报，可以建立 ERP 项目组例会制度。通过项目例会制度，用户与实施人员之间不仅进行充分的沟通和交流，而且用户不断对项目范围及已经取得的成果进行确认。避免在项目实施后期范围变更的巨大风险。

（2）项目周报和月报制度。为了让各方及时了解项目进展情况，可以建立项目周报和月报制度，将系统进展情况按照每周和每月做一个详细的分析和总结。

（3）项目监理制度。为了协调和监控系统建设，可以引入项目监理制度，聘请有类似项目监理经验的监理公司参与项目建设。

2.5.3　参考答案

【问题 1】

项目启动阶段的范围管理包括如下内容。

（1）分阶段实施的实施策略。

（2）组建包括用户经理和用户业务经理、关键用户在内的项目组织结构。

（3）充分的需求分析调研，在此基础上编制用户需求说明书。

【问题 2】

计划阶段的项目范围管理包括如下内容。

（1）制订范围计划。

（2）范围定义。

【问题 3】

在各个阶段执行过程中的范围管理包括如下内容。

（1）项目例会制度。

（2）项目周报和月报制度。

（3）项目监理制度。

第3章 项目时间管理案例

项目的时间管理包括使项目按时完成所必须的管理过程。按照 PMBOK2004 中的定义，这些过程包括活动定义、活动排序、活动资源估算、活动历时估算、制订进度计划和进度控制。

在一个项目计划中，进度安排的准确程度比成本估计的准确程度更重要，影响进度的因素有很多，进度失控会导致成本的增加，引起客户的不满，甚至引起合同纠纷和项目失败。在考虑进度安排时，要把人员的工作量与花费的时间联系起来，合理分配工作量，使用多种时间控制工具来监控项目的执行。作为项目经理，在出现项目拖期时，应该采用有效的时间控制方法，将项目拖回正常的轨道，或尽可能将项目的拖期缩短，确保项目的按时完成。

3.1 关键路径与工期优化

阅读下面关于项目管理问题的叙述，回答问题 1 至问题 3，将解答填入答题纸的对应栏内。

3.1.1 案例场景

小陈是负责某系统集成项目的项目经理。经过项目组对所需工作进行分解，明确了项目的范围，通过活动定义、活动排序和活动资源估算等过程后，收集到一张工作分解结构表，如表 3-1 所示。

表 3-1　工作分解结构表

工 作 代 号	工作时间（天）	紧 前 工 作	工 作 代 号	工作时间（天）	紧 前 工 作
A	3	—	G	2	D,E
B	4	—	H	4	D,E
C	2	A	I	3	F,G
D	5	A	J	3	F,G
E	4	B,C	K	3	H,I
F	6	B,C	L	4	H,I,J

小陈根据表 3-1 画出了本项目的双代号网络图，并计算出了项目的工期。在与客户进行反复沟通后，项目组决定，在考虑对质量影响的情况下，进行网络计划工期优化。

【问题1】（13分）

请画出本项目的双代号网络图，并计算出项目的工期，并指出关键路径。

【问题2】（6分）

在网络图中，所提到的工期一般分为三种情况，即计算工期、要求工期和计划工期。请用100字以内的文字，说明它们的含义。

【问题3】（6分）

如果在项目的网络图中有多条独立的关键路径，考虑对质量的影响，优先选择的压缩对象应是这些条关键线路上　(1)　的工作组合。请从下列选项中选择出你认为正确的答案。并回答网络计划的优化都包括哪些优化？

（1）A. 资源消耗量之和最小　　　　　　B. 直接费用率之和最小

　　　C. 持续时间之和最长　　　　　　　D. 间接费用率之和最小

3.1.2　案例分析

本题考查了双代号网络图的绘制、关键路径和工期优化的知识。

一个项目往往是由若干个相对独立的任务或子系统组成的，例如一个 ERP 开发的项目就需要有财务、生产和人力资源等不同的子系统项目，因此，各子系统之间的协作配合就直接关系到整个项目的进度，这里可以用到著名的"木桶理论"，即进度最慢的项目就会是整个项目进度的代表。利用系统、网络化的管理方法，可以优化整个项目的进度计划。

优化系统进度的一个常用方法是关键路径法，项目是由各个任务构成的，每个任务都有一个最早、最迟的开始时间和结束时间，如果一个任务的最早和最迟时间相同，则表示其为关键任务，一系列不同路径上的关键任务连接成为项目的关键路径，关键路径是整个项目的主要矛盾，是确保项目能否按时完成的关键。

【问题1】

网络图的绘制规则如下。

（1）网络图是有方向的，不允许出现回路。

（2）直接连接两个相邻节点之间的活动只能有一个。

（3）一个作业不能在两处出现。

（4）箭线首尾必有节点，不能从箭线中间引出另一条箭线。

（5）网络图必须只有一个网络始点和一个终点。

（6）各项活动之间的衔接必须按逻辑关系进行。

（7）工作或事件的字母代号或数字编号，在同一网络图中不允许重复使用，每条箭线箭头节点的编号（j）必须大于其箭尾节点的编号（i）。

（8）尽量避免箭线交叉（采用过桥法或指向处理法）。

（9）标注出各项工作的历时。

　　在双代号网络图中，可以用虚箭线表示虚工作（虚活动），虚工作既不消耗时间，也不消耗资源，仅表明一种工作顺序的先后依赖关系。虚箭线箭头指向的工作的开始要依赖于前一个工作的完成。

　　关键路径是指所有路径中总持续时间最长的路径。关键路径至少有一条，但不是只有一条。关键路径在项目执行过程中会发生转移，主要是因为某些工作的拖期造成的，当然，工作的提前完成也可能引起关键路径的改变。关键路径上的总持续时间就是工期，一般是指计算工期。

　　根据案例场景中给出的数据和依赖关系，画出图 3-1，图中数字单位为天。

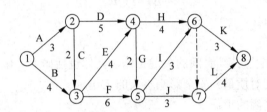

图 3-1　双代号网络图

　　在枚举出所有路径后，发现共有 4 条关键路径，分别为 ACEGIL、ACEGJL、ACFIL 和 ACFJL。表 3-2 列出这 4 条路径的时间跨度。

表 3-2　4 条路径情况

图　中　路　径	时　间　跨　度	图　中　路　径	时　间　跨　度
ACEGIL	3+2+4+2+3+4=18	ACFIL	3+2+6+3+4=18
ACEGJL	3+2+4+2+3+4=18	ACFJL	3+2+6+3+4=18

显然，这个项目的工期为 18 天。

【问题 2】

　　工期分为三种：计算工期、要求工期和计划工期。具体含义如下。

　　（1）计算工期：根据网络计划时间参数计算而得到的工期。用 T_c 表示。

　　（2）要求工期：任务委托人所提出的指令性工期。用 T_r 表示。

　　（3）计划工期：根据要求工期和计算工期所确定的作为实施目标的工期。用 T_p 表示。

　　工程网络计划的计划工期应不超过要求工期。当计算工期大于要求工期时，需要对网络图进行优化。

【问题 3】

　　关键路径不止一条，历时最长的路径就是关键路径。关键路径的历时就是计算工期。

　　工程网络图的优化，是在满足既定约束条件下，按某一目标通过不断改进网络计划寻求满意方案。

　　网络计划的优化按计划任务的需要和条件选定，有工期优化、成本优化和资源优化。

　　工期优化就是压缩计算工期，以达到要求工期的目标，或在一定约束条件下使工期最短的优化过程。工期优化一般通过压缩关键工作的持续时间来满足工期要求，但应注意，被压缩的关键工作在压缩完成后仍应为关键工作。若优化过程中出现多条关键线路时，为使工期缩短，应将各关键线路持续时间压缩为同一数值。

　　优化步骤如下。

　　（1）按标号法确定关键工作和关键线路，并求出计算工期。

　　（2）按要求工期计算应缩短的时间 ΔT。

$$\Delta T = T_c - T_r$$

式中：T_c——计算工期；

　　　　T_r——要求工期。

　　（3）选择应优先缩短持续时间的关键工作，具体包括如下工作。

　　① 缩短持续时间对质量和安全影响不大的工作。

　　② 有充足备用资源的工作。

　　③ 缩短持续时间所需增加的费用最少的工作。

　　（4）将优先缩短的关键工作（或几个关键工作的组合）压缩到最短持续时间，然后找出关键线路，若被压缩的工作变成非关键工作，应将持续时间延长以保持其仍为关键工作。

　　（5）如果计算工期仍超过要求工期，重复上述（1）～（4）步，直到满足工期要求或工期不能再缩短为止。

　　（6）如果存在一条关键线路，该关键线路上所有关键工作都已达到最短持续时间而工期仍不满足要求时，则应考虑对原实施方案进行调整，或调整要求工期。

　　工程总费用由直接费和间接费组成。直接费由人工费、材料费、机械使用费、其他直接费及现场经费等组成。施工方案不同，直接费也就不同。如果施工方案一定，工期不同，直接费也不同。直接费会随着工期的缩短而增加。间接费包括企业经营管理的全部费用，它一般会随着工期的缩短而减少。在考虑工程总费用时，还应考虑工期变化带来的其他损益，包括效益增量和资金的时间价值等。

　　直接费的费用率简称为直接费用率，是缩短工作持续时间每一单位时间所需增加的直接费，如加班费。

　　如果在项目的网络图中有多条独立的关键路径，考虑对质量的影响，优先选择的压缩对象应是这些关键路径上"直接费用率之和最小"的工作组合。

　　所谓独立的关键路径，就是指两条以上的路径虽然同为关键路径，但它们不存在交叉，相互之间不影响。如图 3-2 所示。

　　图 3-2 中有两条关键路径：A-B-C-D 和 E-F-G，它们是相互独立的。

　　本题的网络图中虽然有多条关键路径，但它们不是独立的，因为它们存在交叉。

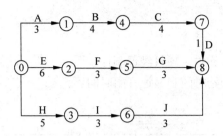

图 3-2　双代号网络图

在工期优化过程中，虽然不能忽视间接费用，但主要考虑的是直接费用率。

3.1.3　参考答案

【问题 1】

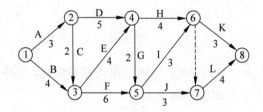

（图中数字单位为天）

这个项目的工期为 18 天。

共有 4 条关键路径，分别为 ACEGIL、ACEGJL、ACFIL 和 ACFJL。

【问题 2】

（1）计算工期：根据网络计划时间参数计算而得到的工期。

（2）要求工期：任务委托人所提出的指令性工期。

（3）计划工期：根据要求工期和计算工期所确定的作为实施目标的工期。

【问题 3】

选 B。直接费用率之和最小的工作组合。

网络计划的优化包括工期优化、费用优化（成本优化）和资源优化。

3.2　双代号网络图计算

阅读下面关于项目管理问题的叙述，回答问题 1 至问题 3，将解答填入答题纸的对应栏内。

3.2.1　案例场景

在某网络施工项目实施中，项目经理制订了图 3-3 所示的综合布线进度计划，图中已标出每个节点的最早开始时间和最迟开始时间。

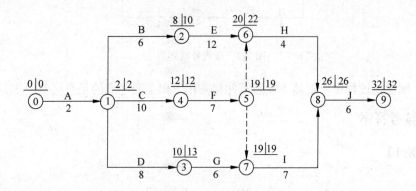

图 3-3　布线进度计划

项目经理在第 5 天末进行检查时，发现工作 A 已经完成，工作 B 已经实施 3 天，工作 C 已经实施 1 天，工作 D 已经实施 1 天。

【问题 1】（5 分）

在项目实施中，可以用单代号网络图和双代号网络图表示进度计划，本图所示的是什么样的网络图？节点⑤→⑥和节点⑤→⑦表示的是什么样的活动？请说明这种活动的含义。这种活动在单代号网络图中用什么方法表示？

【问题 2】（10 分）

根据对综合布线进度检查的结果，请确定工作 B、C、D 的进度是正常还是延误（给出延误的天数）？是否影响工期？并说明为什么。

【问题 3】（10 分）

在项目总工期允许拖延的情况下，请重新计算网络时间参数并填入图 3-4 的空（1）～（30）中。总工期是正常还是延误？若延误，请给出延误天数。

3.2.2　案例分析

单代号网络图和双代号网络图都用来表示进度计划，它们的表示方法是不一样的。

单代号网络图又称为前导图（Precedence Diagramming Method，PDM），是一种用方格或矩形（叫做节点）表示活动，并用表示依赖关系的箭线连接节点构成项目进度网络图的绘制法。也称为活动节点表示法（Action On Node，AON）。

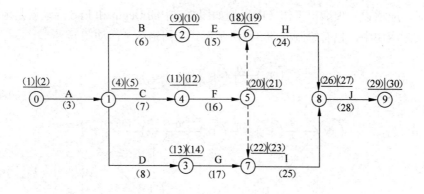

图 3-4 需要填写的图

PDM 包括如下 4 种依赖关系或紧前关系。

（1）完成－开始：后继活动的开始要等到先行活动的完成。

（2）完成－完成：后继活动的完成要等到先行活动的完成。

（3）开始－开始：后继活动的开始要等到先行活动的开始。

（4）开始－完成：后继活动的完成要等到先行活动的开始。

在 PDM 图中，"完成－开始"是最常用的逻辑关系类型，"开始－完成"关系很少用。

图 3-5 是 PMBOK2004 中给出的单代号网络图示意图。

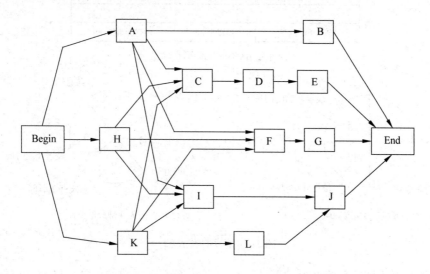

图 3-5 单代号网络图

在单代号网络图绘制中，有多项开始工作时，应增设一项虚拟工作（S）；有多项结束工作时，应增设一项虚拟工作（F），例如图 3-5 中的 Begin 和 End 活动就是虚活动。

在实际应用中，也有绘制成图 3-6 所示形式的网络图（活动图）。

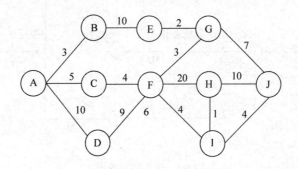

图 3-6　活动图

这种活动图可以看作是一个简化的单代号网络图，各节点的活动以字母代号的先后表示出先后顺序关系，是不可逆行的。例如 G 和 F 之间的连线，表示 F→G，而不是 G→F。当然，如果将节点代号看作是用字母表示的编号，就可理解为简化的双代号网络图。

在网络图中，节点不论是方形还是圆形，只要是表示活动（任务），就可以归纳入单代号网络图的表示范畴。

节点的表示方法有多种，如下所示。

最早开始时间	工期	最早结束时间
最迟开始时间	浮动时间	最迟结束时间

（a）根据 BS6046 标准所标识的节点

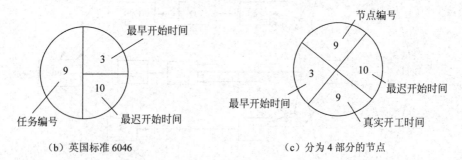

（b）英国标准 6046　　　　　　　　（c）分为 4 部分的节点

图 3-7　节点的表示方法

双代号网络图又称为箭线绘图法（Arrow Diagramming Method，ADM），是一种利用箭线表示活动，并在节点处将其连接起来，以表示其依赖关系的一种项目进度网络图的绘制法。这种技术也叫做活动箭线表示法（Action On Arrow，AOA）。ADM 虽然不如

PDM 使用普遍，但在教授进度网络理论或在某些应用领域仍然使用。

图 3-8 是 PMBOK2004 中给出的双代号网络图示意图。

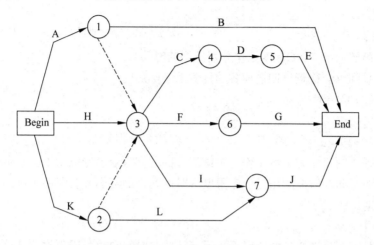

图 3-8　双代号网络图

ADM 只使用完成对开始依赖关系，因此可能要用被称为虚活动的虚关系才能正确定义所有的逻辑关系。虚活动以虚线表示。由于虚活动并非实际上的计划活动（无工作内容），其持续时间在进行进度网络分析时赋予 0 值。例如，示意图中的计划活动 F，除了计划活动 H 之外，还依赖于计划活动 A 与 K 的完成。

在实际应用中，也可以省略 Begin 和 End 节点，绘制成图 3-9 所示的双代号网络图。

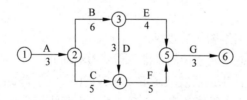

图 3-9　双代号网络图

希赛教育专家提示：工作或事件的字母代号或数字编号，在同一网络图中不允许重复使用，每条箭线箭头节点的编号（j）必须大于其箭尾节点的编号（i）。

【问题 1】

本图以箭线表示活动，显然是一张双代号网络图（箭线图）。

节点⑤→⑥和节点⑤→⑦以虚箭线表示。在双代号网络图中，用虚箭线表示虚工作（虚活动），虚工作既不消耗时间，也不消耗资源，仅表明一种工作顺序的先后依赖关系。虚箭线箭头指向的工作的开始要依赖于前一个工作的完成。

　　在单代号网络图中，有多项开始工作时，应增设一项虚拟工作（S）；有多项结束工作时，应增设一项虚拟工作（F），仅存在于网络图的开始和结束，单代号网络图中不使用虚箭线。

【问题2】

计算出第 5 天末 B、C、D 工作分别推迟的时间。

推迟的时间＝5–检查日期之前各项任务的实际历时

$T_B=5–（2+3）=0$

$T_C=5–（2+1）=2$

$T_D=5–（2+1）=2$

　　关键路径上的工作为关键工作，关键工作的拖期肯定会影响工期。非关键工作拖期不一定会影响工期，但拖期超过一定限度（时差允许的范围）会引起关键路径的变化，进而影响工期。

【问题3】

　　在项目总工期允许拖延的情况下，重新计算各时间参数。用正推法计算出最早开始时间，用逆推法计算出最迟开始时间。

值得注意的是：

③ 的最早开始时间为 12，因为 D 的历时增加了 2 天。

⑥ 的最早开始时间为 21，因为受⑤的制约（21>20）。

⑦ 的最早开始时间为 21，因为受⑤的制约（21>18）。

3.2.3　参考答案

【问题1】

本图是一张双代号网络图（箭线图）。

节点⑤→⑥和节点⑤→⑦表示的是虚工作（虚活动）。

　　在双代号网络图中，用虚箭线表示虚工作（虚活动），虚工作既不消耗时间，也不消耗资源，仅表明一种工作顺序的先后依赖关系。虚箭线箭头指向的工作的开始要依赖于前一个工作的完成。

　　在单代号网络图中，有多项开始工作时，应增设一项虚拟工作（S）；有多项结束工作时，应增设一项虚拟工作（F），仅存在于网络图的开始和结束。

【问题2】

检查日期为第 5 天末，则 3 个工作分别推迟的时间为：

$T_B=5–（2+3）=0$

$T_C=5–（2+1）=2$

$T_D=5–（2+1）=2$

工作 B 进度正常，故不会影响工期。

工作 C 延误 2 天，因其为关键工作，故影响工期 2 天。

工作 D 延误 2 天，但共有 3 天的总时差，故不会影响总工期，但影响到紧后工作 G。

【问题 3】

新的总工期为 34 天。

34–32=2（天），即总工期延误了 2 天。

重新计算后的网络时间参数如图 3-10 所示。

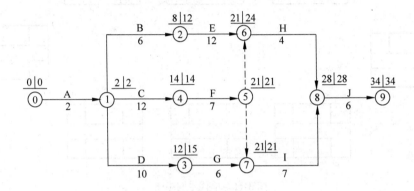

图 3-10　双代号网络图

3.3　单代号网络图计算

阅读下述关于项目时间管理的说明，回答问题 1 至问题 3，将解答填入答题纸的对应栏内。

3.3.1　案例场景

小张是负责某项目的项目经理。经过工作分解后，此项目的范围已经明确，但是为了更好地对项目的开发过程进行有效监控，保证项目按期、保质完成，小张需要采用网络计划技术对项目进度进行管理。经过分析，小张得到了一张表明工作先后关系及每项工作的初步时间估计的工作列表，如表 3-3 所示。

表 3-3　依赖关系

工作代号	紧前工作	历时（天）	工作代号	紧前工作	历时（天）
A	—	5	E	C	5
B	A	2	F	D	10
C	A	8	G	D、E	15
D	B、C	10	H	F、G	10

【问题1】（15分）

请根据表3-3完成此项目的前导图（单代号网络图），表明各活动之间的逻辑关系，并指出关键路径和项目工期（在图3-11上完成）。

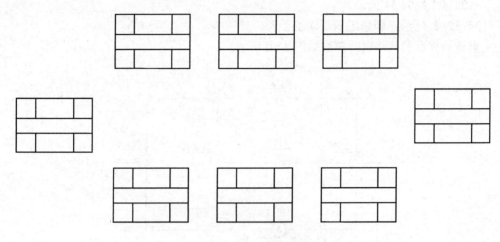

图3-11　单代号网络图

节点用以下样图标识。

ES	DU	EF
	ID	
LS		LF

ES：最早开始时间；　　EF：最早结束时间；

LS：最迟开始时间；　　LF：最迟结束时间；

DU：工作历时；　　　　ID：工作代号。

【问题2】（6分）

请分别计算工作B、C和E的自由浮动时间。

【问题3】（4分）

为了加快进度，在进行工作G时加班赶工，因此将该项工作的时间压缩了7天（历时8天）。请指出此时的关键路径，并计算工期。

3.3.2　案例分析

（1）总结出问题的要点。

本题主要考查项目活动网络图构成以及关键路径、浮动时间的计算。

在此，需要了解以下几个网络图中的概念。

- 历时：也称持续时间，指一项工作（活动）从开始到完成的时间。
- 关键路径：指从第一个活动开始至最后一个活动结束的所有路径中总历时最长的

那条路径。

- 时差：也称为浮动时间、松弛时间，是指活动可以延迟的时间。包括自由时差和总时差。
- 自由时差：自由浮动时间（Free Float，FF），指一项活动在不耽误后续活动最早开始日期的条件下，可以延迟的时间长度。即在不影响其紧后工作最早开始时间的前提下，本活动可以利用的机动时间。
- 总时差：总浮动时间（Total Float，TF），指在不拖延项目计划完成日期（总工期）的条件下，一项活动从最早开始时间算起，可以被拖延的时间。即在不影响总工期的前提下，本活动可以利用的机动时间。
- 最早开始时间：指在其所有紧前工作全部完成后，本工作有可能开始的最早时刻。
- 最早结束时间：指在其所有紧前工作全部完成后，本工作有可能完成的最早时刻。
- 最迟结束时间：在不影响整个任务按期完成的前提下，本工作必须完成的最迟时刻。
- 最迟开始时间：在不影响整个任务按期完成的前提下，本工作必须开始的最迟时刻。

（2）按要求方式，采用相应方法计算各时间参数。

一般要计算 6 个时间参数。

通过正推法计算出最早开始时间、最早结束时间。

正推法：从网络计划的起点节点开始，顺着箭线方向依次进行。

通过倒推法计算出最迟结束时间、最迟开始时间。

倒推法：从网络计划的终点节点开始，逆着箭线方向依次进行。

最早开始时间=紧前工作最早结束时间的最大值。当未规定起点节点（活动、工作）的最早开始时间时，其最早开始时间为 0。

最早结束时间=最早开始时间+历时。

最迟结束时间=所有紧后工作中最迟开始时间的最小值。

最迟开始时间=最迟结束时间–历时。

自由时差=所有紧后工作中最早开始时间的最小值–最早结束时间。

总时差=最迟开始时间–最早开始时间=最迟结束时间–最早结束时间。

【问题 1】

案例场景中所给出的节点的样图标识与 BS6046 标准所标识的节点很类似，只是缺少了浮动时间的标识。

最早开始时间	工期	最早结束时间
最迟开始时间	浮动时间	最迟结束时间

根据 BS6046 标准所标识的节点

通过分析可以看出这是一张 PDM 图，属于紧前关系绘图法，是大多数项目管理软件使用的方法。按题中给定活动的依赖关系和历时，按时间参数公式分别计算每个活动的时间参数，为了便于理解，在原 PDM 图中增加总时差时间参数，使用如下节点的样图标识。

最早开始时间	工期	最早结束时间
活动代号		
最迟开始时间	总时差	最迟结束时间

可得到图 3-12 所示的项目活动网络图。

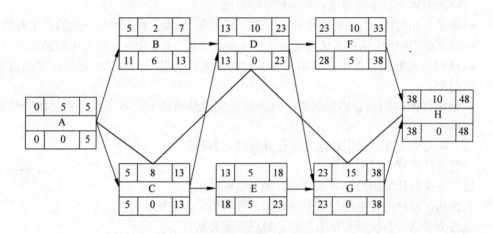

图 3-12　单代号网络图

在 PDM 图中，将总时差为 0 的活动相连，就可以得出关键路径，如图 3-12 所示。

由于试题给出的网络图中并没有表示出总时差，所以需要枚举出所有的路径，并计算其时间跨度，时间跨度最长的路径就是关键路径。如表 3-4 所示。

表 3-4　5 条路径情况

图 中 路 径	时 间 跨 度	图 中 路 径	时 间 跨 度
ADBDFH	5+2+10+10+10=37	ACDGH	5+8+10+15+10=48
ABDGH	5+2+10+15+10=42	ACEGH	5+8+5+15+10=43
ACDFH	5+8+10+10+10=43		

表中时间跨度最长的路径 ACDGH 即为关键路径，其时间跨度即为项目最短工期，为 48 天。

【问题 2】

活动自由浮动时间的计算公式为：

自由时差＝所有紧后工作中最早开始时间的最小值－最早结束时间

将活动 B、C、E 的相关开始和结束时间参数代入公式，可以得到如下结果。

B 的自由浮动时间：13–7=6

C 的自由浮动时间：13–13=0

E 的自由浮动时间：23–18=5

【问题 3】

活动 G 的历时变为 8 天，则重新计算各路径的时间跨度如表 3-5 所示。

表 3-5　重新计算的结果

图 中 路 径	时 间 跨 度	图 中 路 径	时 间 跨 度
ADBDFH	5+2+10+10+10=37	ACDGH	5+8+10+8+10=41
ABDGH	5+2+10+8+10=35	ACEGH	5+8+5+8+10=36
ACDFH	5+8+10+10+10=43		

从表 3-5 中可以看出，在通过加班赶工工作 G 后，项目的关键路径发生了改变，变为 ACDFH，项目工期为 5+8+10+10+10=43 天。

在对关键路径进行赶工时，次关键路径往往会升级为关键路径，成为下一步关注的重点。

3.3.3　参考答案

【问题 1】

计算各时间参数后，填入前导图中，如图 3-13 所示。

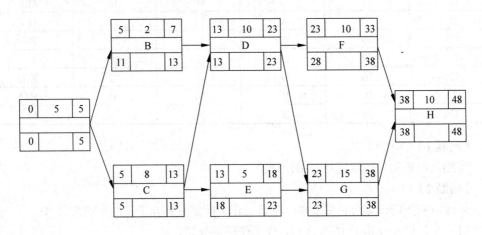

图 3-13　单代号网络图

关键路径为 ACDGH。

项目工期为 48 天。

【问题2】

B 的自由浮动时间为 6 天。

C 的自由浮动时间为 0 天。

E 的自由浮动时间为 5 天。

【问题3】

赶工后的关键路径为 ACDFH。

项目工期为 43 天。

3.4 网络图绘制

阅读下面关于项目管理问题的叙述，回答问题 1 至问题 3，将解答填入答题纸的对应栏内。

3.4.1 案例场景

夏工程师是负责某公司 ERP 项目的项目经理，有多年从事 ERP 项目管理的经验。夏工为了更好地对项目的进度进行管理，对每个工作的历时进行了估算，并列出了各工作间的依赖关系，如表 3-6 所示。

表 3-6 各工作间的依赖关系和历时

工 作 代 号	工作时间（天）	紧 前 工 作	工 作 代 号	工作时间（天）	紧 前 工 作
A	15	—	H	30	G
B	20	A	I	30	H
C	15	B	J	20	B
D	30	C	K	40	J
E	20	D	L	10	K,D
F	10	E	M	20	F,I,L
G	30	B	N	15	M

【问题1】（10 分）

请绘制出该项目的双代号网络计划图。

【问题2】（10 分）

经过对初步的计划分析后发现，项目工作之间需要补充下述两个约束关系。

（1）A 工作在开始了 10 天之后，B 工作便可开始。

（2）I 工作完成 10 天之后，M 工作才可以完成。

请在已经给出的单代号网络计划图的基础上，补充上述关系的限制约束条件，并补充各项工作的最早开始时间、最早结束时间、最迟开始时间、最迟结束时间、总时差和自由时差，并标注在图 3-14 中。

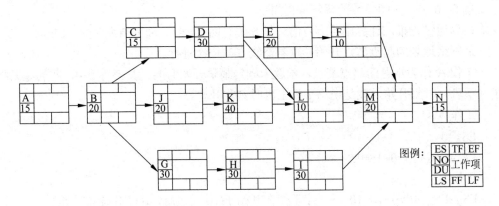

图 3-14　单代号网络图

ES：最早开始时间；　　EF：最早结束时间；

LS：最迟开始时间；　　LF：最迟结束时间；

DU：工作历时；　　　　NO：工作代号；

TF：总时差；　　　　　FF：自由时差。

【问题 3】（5 分）

在问题 2 给出的单代号网络图图 3-14 中，用双线或粗线标注出该项目的关键路径。

3.4.2　案例分析

根据工作分解结构画出网络图，以便制订进度计划和进度控制。这是项目经理在项目的时间管理中经常要做的工作。

本题考查对双代号网络图和单代号网络图的掌握程度。

【问题 1】

双代号网络图的绘制所遵循的原则，请参照案例 3.1 的案例分析。

希赛教育专家提示：在表示工作 L 的两个紧前工作（工作 K 和 D）时，需要使用虚箭线表示的虚活动。

要标注出每个活动的代号和历时，以及正确的依赖关系。

【问题 2】

单代号网络图中各活动的时间参数的推算，使用正推法和倒推法，请参照案例 3.3 的案例分析。将 6 个时间参数按正推或逆推计算出来，填入单代号网络图中。如图 3-16 所示。

为了简化计算，网络计划时间参数中的开始时间和结束时间都应以时间单位的终了时刻为标准。如第 3 天开始即是指第 3 天终了（下班）时刻开始，实际上是第 4 天上班时刻才开始；第 5 天完成即是指第 5 天终了（下班）时刻完成。

图 3-16 中各时间参数的解答过程如下。

（1）通过正推法计算出各节点的最早开始时间（ES）、最早结束时间（EF）。

从网络计划的起点节点开始，顺着箭线方向依次进行。

工作 A 作为本题的起点节点，本题未规定最早开始时间，其值等于 0，即第 0 天终了（下班）时刻开始，就是说第 1 天上班时刻才开始。

工作 A：

$ES_A=0$

$EF_A=ES_A+15=0+15=15$

工作 B：

$ES_B=ES_A+10=0+10=10$　　（A 工作在开始了 10 天之后，B 工作便可开始）

$EF_B=ES_B+20=10+20=30$

工作 C：

$ES_C=EF_B=30$

$EF_C=ES_C+15=30+15=45$

工作 D：

$ES_D=EF_C=45$

$EF_D=ES_D+30=45+30=75$

工作 E：

$ES_E=EF_D=75$

$EF_E=ES_E+20=75+20=95$

工作 F：

$ES_F=EF_E=95$

$EF_F=ES_F+10=95+10=105$

工作 F 的后续工作是工作 M，而工作 M 有三个紧前工作（F、L、I），现在无法判断，故现在从 B 的下一个后续工作 J 开始推算。

工作 J：

$ES_J=EF_B=30$

$EF_J=ES_J+20=30+20=50$

工作 K：

$ES_K=EF_J=50$

$EF_K=ES_K+40=50+40=90$

工作 L： 工作 L 有两个紧前工作（D 和 K），其最早开始时间等于其所有紧前工作最早结束时间的最大值。

$ES_L=MAX(EF_D,EF_K)=MAX(75,90)=90$

$EF_L=ES_L+10=90+10=100$

工作 L 的后续工作是工作 M，工作 M 有三个紧前工作（F、L、I），其中工作 I 尚未确定，现在无法判断工作 M，故现在从 B 的另一个后续工作 G 开始推算。

工作 G:

$ES_G=EF_B=30$

$EF_G=ES_G+30=30+30=60$

工作 H:

$ES_H=EF_G=60$

$EF_H=ES_H+30=60+30=90$

工作 I:

$ES_I=EF_H=90$

$EF_I=ES_I+30=90+30=120$

工作 M: 工作 M 的 ES 判断起来比较复杂，不能简单地取工作 M 的三个紧前工作（F、L、I）的最早结束时间的最大值。因为有约束关系：I 工作在完成了 10 天之后，M 工作才可以完成。

先根据约束关系，推算 M 工作的 EF' 和 ES'，M 工作的最早结束时间 EF' 为 I 工作的最早结束时间 EF 加上 10 天。即：

$EF_M'=EF_I+10=120+10=130$　　　　（I 工作在完成了 10 天之后，M 工作才可以完成）

$ES_M'=EF_M'-20=130-20=110$　　　　（最早开始时间=最早结束时间-历时）

再通过比较，确定 M 的正确的 ES 和 EF：

$ES_M=MAX(EF_F,EF_L,ES_M')=MAX(105,100,110)=110$

$EF_M=ES_M+20=110+20=130$

请读者思考一下： 在 I 和 M 之间约束关系的限制下，如果 M 的历时变为 30 天，而不是原先的 20 天，会出现什么情况？

$EF_M'=EF_I+10=120+10=130$

$ES_M'=EF_M'-30=130-30=100$

$ES_M=MAX(EF_F,EF_L,ES_M')=MAX(105,100,100)=105$

$EF_M=ES_M+30=105+30=135$

此时，$EF_M=135$，大于 EF_M' 的值 130，也就是说 M 的结束时间比约束条件下的结束时间还要滞后，约束条件 FF10 没有起作用。

工作 N:

$ES_N=EF_M=130$

$EF_N=ES_N+15=130+15=145$

（2）通过倒推法计算出各节点的最迟结束时间（LF）、最迟开始时间（LS）。

从网络计划的终点节点开始，逆着箭线方向依次进行。

工作 N：当未规定要求工期时，可令计划工期等于计算工期，即工期为 EF_N=145。

LF_N=EF_N=145

LS_N=LF_N–15=145–15=130

工作 M：

LF_M=LS_N=130

LS_M=LF_M–20=130–20=110

工作 F：

LF_F=LS_N=110

LS_F=LF_F–10=110–10=100

工作 E：

LF_E=LS_F=100

LS_E=LF_E–20=100–20=80

工作 D 由于另一个紧后工作 L 尚未确定，现不能推算。先推算工作 M 的紧前工作 L。

工作 L：

LF_L=LS_M=110

LS_L=LF_L–10=110–10=100

工作 K：

LF_K=LS_L=100

LS_K=LF_K–40=100–40=60

工作 J：

LF_J=LS_K=60

LS_J=LF_J–20=60–20=40

工作 D：工作 D 有两个紧后工作（E 和 L），其最迟结束时间等于其所有紧后工作最迟开始时间的最小值。

LF_D=MIN(LS_E,LS_L)=MIN(80,100)=80

LS_D=LF_D–30=80–30=50

工作 C：

LF_C=LS_D=50

LS_C=LF_C–15=50–15=35

工作 B 有三个紧后工作（C、J、G），工作 G 尚未确定，现不能推算，先推算工作 M 的紧前工作 I。

工作 I：由约束关系"I 工作在完成了 10 天之后，M 工作才可以完成"可知，I 的结束时间等于 M 的结束时间减去 10。

LF_I=LF_M–10=130–10=120

$LS_I=LF_I-30=120-30=90$

工作 H：

$LF_H=LS_I=90$

$LS_H=LF_H-30=90-30=60$

工作 G：

$LF_G=LS_H=60$

$LS_G=LF_G-30=60-30=30$

工作 B： 工作 B 有三个紧后工作（C、J、G），其最迟结束时间等于其所有紧后工作最迟开始时间的最小值。

$LF_B=MIN(LS_C,LS_J,LS_G)=MIN(35,40,30)=30$

$LS_B=LF_B-20=30-20=10$

工作 A： 由约束关系"A 工作在开始了 10 天之后，B 工作便可开始"可知，A 的开始时间等于 B 的开始时间减去 10。

$LS_A=LS_B-10=10-10=0$

$LF_A=LS_A+15=0+15=15$

（3）计算节点的总时差（TF）。

总时差＝最迟开始时间–最早开始时间＝最迟结束时间–最早结束时间

以如下公式为例，来计算总时差。

总时差＝最迟开始时间–最早开始时间

$TF_A=LS_A-ES_A=0-0=0$

$TF_B=LS_B-ES_B=10-10=0$

$TF_C=LS_C-ES_C=35-30=5$

$TF_D=LS_D-ES_D=50-45=5$

$TF_E=LS_E-ES_E=80-75=5$

$TF_F=LS_F-ES_F=100-95=5$

$TF_G=LS_G-ES_G=30-30=0$

$TF_H=LS_H-ES_H=60-60=0$

$TF_I=LS_I-ES_I=90-90=0$

$TF_J=LS_J-ES_J=40-30=10$

$TF_K=LS_K-ES_K=60-50=10$

$TF_L=LS_L-ES_L=100-90=10$

$TF_M=LS_M-ES_M=110-110=0$

$TF_N=LS_N-ES_N=130-130=0$

（4）计算节点的自由时差（FF）。

由于工作的自由时差是其总时差的构成部分，所以，当工作的总时差为 0 时，其自由时差必然为 0，可不必进行专门计算。

所以，工作 A、B、G、H、I、M、N 的自由时差 FF 均为 0。

其他节点按如下公式计算：

自由时差=所有紧后工作中最早开始时间的最小值–最早结束时间

$FF_C=ES_D–EF_C=45–45=0$

$FF_D=MIN(ES_E,ES_L)–EF_D=MIN(75,90)–75=75–75=0$

$FF_E=ES_F–EF_E=95–95=0$

$FF_F=ES_M–EF_F=110–105=5$

$FF_J=ES_K–EF_J=50–50=0$

$FF_K=ES_L–EF_K=90–90=0$

$FF_L=ES_M–EF_L=110–100=10$

（5）标注约束关系。

任务间的约束关系一般用 S（Start）和 F（Finish）来表示。

在两个任务间使用 SS+N 数字表示：前一任务开始 N 时间后，后续任务就可以开始。

在两个任务间使用 FF+N 数字表示：前一任务完成 N 时间后，后续任务才可以完成。

本题中有两个约束关系：

① A 工作在开始了 10 天之后，B 工作便可开始，可以在 AB 之间用 SS10 表示。

② I 工作在完成了 10 天之后，M 工作才可以完成，可以在 IM 之间用 FF10 表示。

【问题 3】

关键路径上无时差，将总时差为 0 的工作连起来，就是关键路径，为 ABGHIMN。

注意：任务的总时差为 0，其自由时差必定为 0。而自由时差为 0 时，总时差不一定为 0。

3.4.3　参考答案

【问题 1】

项目的双代号网络计划图如图 3-15 所示。

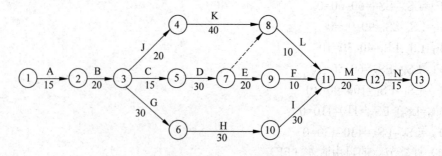

图 3-15　双代号网络图

【问题 2】

（1）A 工作在开始了 10 天之后，B 工作便可开始，可以在 AB 之间用 SS10 表示。

（2）I 工作完成 10 天之后，M 工作才可以完成，可以在 IM 之间用 FF10 表示。

将 6 个时间参数按正推或逆推计算出来，填入单代号网络图中，具体时间参数答案参考问题 3 的网络图（图 3-16）所示。

【问题 3】

将总时差为 0 的工作连起来，就是关键路径，如图 3-16 所示。

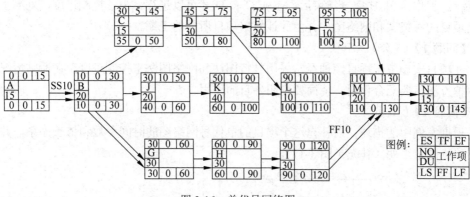

图 3-16　单代号网络图

3.5　甘特图与网络图应用

阅读下面关于项目管理问题的叙述，回答问题 1 至问题 3，将解答填入答题纸的对应栏内。

3.5.1　案例场景

希赛信息系统集成公司承接了某大型钢铁公司的一个电视监控项目，包括 21 个门卫监控点和 80 个生产监控点。希赛公司的视频监控专家刘高工负责本项目的实施工作。为了赶进度，项目组和用户进行了充分沟通，以取得用户在现场施工时给予充分的支持。

刘高工将人员分为 3 组同时实施，对每组人员按能力进行搭配，确保各组的施工水平相当，各组内人员入场时间、分工各有不同，刘高工将工作进行分解后，对每个工作包按实施时间排序，得出工作分解结构如表 3-7 所示。

表 3-7　工作分解结构

工 作 代 号	工 作 内 容	工作历时（天）	备　　注
A	挖基坑、立桩	17	
B	设备采购	15	设备采购到货需要 15 天

工 作 代 号	工 作 内 容	工作历时（天）	备　　注
C	设备安装	8.5	每组安装 1 套设备需要 0.5 天
D	模块测试	8.5	每组测试 1 套设备需要 0.5 天
E	系统联调	2	
F	验收	2	

刘高工根据以往监控项目实施经验，认为工作 A 和 B 可以并行；工作 C 和 D 也可以并行；工作 A 和 B 完全结束后，工作 C 和 D 才可以进行。为了控制进度，刘高工绘制出项目的甘特图和网络图，并由此计算出项目所需的工期。

【问题 1】（5 分）

在项目实施中，项目经理经常采用甘特图法和网络图法来控制进度，在通常情况下这两种方法需要配合使用，请简要说明各自的作用。

【问题 2】（10 分）

根据案例中的描述，请补充这个项目的单代号网络图的时间参数和依赖关系，并计算出项目的总工期（补充至图 3-17）。

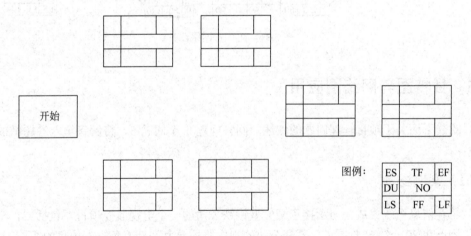

图 3-17　单代号网络图

ES：最早开始时间；　EF：最早结束时间；

LS：最迟开始时间；　LF：最迟结束时间；

DU：工作历时；　　　NO：工作代号；

TF：总时差；　　　　FF：自由时差。

【问题 3】（10 分）

根据案例中的描述，请画出这个项目的甘特图（只需画出计划进度，补充至图 3-18）。

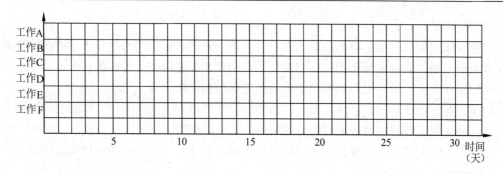

图 3-18　甘特图

3.5.2　案例分析

本题考查甘特图和网络图的运用。

在项目的实际实施中，甘特图和网络图是需要配合使用的，因为两者各有优缺点。根据进度控制的不同需要，采用不同的方法。

在项目施工现场，经常会看到一个醒目的项目进度公告板，上面以甘特图的形式标注着项目的计划进度与实际进度，项目成员每天都能看到项目进展到哪一步了，显示进度清晰明了是甘特图的一个优点。绘制方法也比较简单。

当估算项目的进度时，如果工作之间的依赖关系比较复杂，则就要用到网络图，通过网络图能将各工作的逻辑关系进行梳理，标注工作的约束条件，计算出各工作的时间参数，进而计算出总工期。与甘特图相比，因为需要计算每个工作的时间参数和确定依赖关系，所以网络图较繁琐。

【问题 1】

在项目管理中可以使用各种图形工具来辅助决策，甘特图法和网络图法是控制进度的两种常用方法。

甘特图也叫横道图或棒图、条形图（Bar Chart），是一种能有效显示活动时间计划编制的方法，主要用于项目计划和项目进度安排。由于甘特图形象简单，在简单、短期的项目中，甘特图都得到了最广泛的运用。

甘特图把计划和进度安排两种职能结合在一起，纵向列出项目活动，横向列出时间跨度。每项活动计划或实际的完成情况用横道线表示。横道线还显示了每项活动的开始时间和结束时间。通过将在同一个项目进度计划甘特图中显示的实际进展情况与计划进展情况的对比，可以直观清楚地对比实际进度和计划进度之间的差距，并作为控制计划的制订依据。

甘特图的优点是简单、明了、直观，能较清楚地反映工作任务的开始和结束时间，能表达工作任务的活动时差和彼此间的逻辑关系。甘特图可用于 WBS 的任何层次，时间单位可以是日、月、年等。

甘特图只能表示出已有的静态关系，对于错综复杂、相互制约的各项活动间的关系没有表示出来，同时也没有指出影响项目生命周期的关键所在，这就不利于合理地组织安排和指挥整个系统，更不利于对整个系统进行动态优化管理。

项目各工作（活动）之间依赖关系和制约关系要用工程网络图（又称活动图）来表现。一般使用单代号网络图或双代号网络图，有时是使用它们的简化形式。

使用网络图可以找出项目计划中的关键路径，在项目实施过程中进行重点控制。

【问题 2】

通过分析案例场景可以得知如下依赖关系和制约关系。

（1）工作 A 和工作 B 可以并行。

（2）工作 A 和工作 B 同时开始。

（3）工作 A 和工作 B 全部结束后，工作 C 和工作 D 才可以开始。

（4）工作 C 和工作 D 可以并行。

（5）工作 C 开始 0.5 天后，工作 D 才可以开始。

（6）工作 C 和工作 D 全部结束后，工作 E 才可以开始。

（7）工作 E 结束后，工作 F 才可以开始。

工作 C 开始 0.5 天后，工作 D 才可以开始，是本题的难点，可以在工作 C 和工作 D 之间增加 SS0.5 约束关系。

在确定依赖关系后，分别按正推法和倒推法计算出各时间参数，填入网络图中。

连接总时差为 0 的工作，可知关键路径为 ACDEF，项目总工期就是工作 F 的结束时间，为 30 天。

正推法和倒推法参见案例 3.3 中的分析。

本图由于约束关系 SS0.5 的存在而较为复杂，计算工作 C 和 D 的时间参数时需注意。不要忽略了工作 C 至工作 E 的顺序关系，如果工作 C 的结束日期大于 26，关键路径将发生变化，变成 ACEF。

【问题 3】

绘制甘特图的步骤如下。

（1）明确项目牵涉到的各项活动、项目。内容包括项目名称（包括顺序）、开始时间、工期，任务类型（依赖/决定性）和依赖于哪一项任务。

（2）创建甘特图草图。将所有的项目按照开始时间、工期标注到甘特图上。

（3）确定项目活动依赖关系及时序进度。使用草图，并且按照项目的类型将项目联系起来，并且安排。此步骤将保证在未来计划有所调整的情况下，各项活动仍然能够按照正确的时序进行。也就是确保所有依赖性活动能并且只能在决定性活动完成之后按计划展开，同时避免关键路径过长。关键路径是由贯穿项目始终的关键任务所决定的，它既表示了项目的最长耗时，也表示了完成项目的最短可能时间。请注意，关键路径会由于单项活动进度的提前或延期而发生变化。而且要注意不要滥用项目资源，同时，对于进度表上的不可预知事件要安排适当的富裕时间（Slack Time）。但是，富裕时间不适用于关键任务，因为作为关键路径的一部分，它们的时序进度对整个项目至关重要。

（4）计算单项活动任务的工时量。

（5）确定活动任务的执行人员及适时按需调整工时。

（6）计算整个项目时间。

根据问题 2 中确定好的依赖关系，在给定表格中画出各工作的历时。

首先从起始点第 0 天开始，画出工作 A（17 天）和工作 B（15 天）。

工作 C 从第 17 天起始，历时 8.5 天。

工作 D 从第 17.5 天开始，历时 8.5 天。

工作 E 从第 26 天起始，历时 2 天。

工作 F 从第 28 天起始，历时 2 天。

从图 3-19 所示的甘特图上可以看出，总工期为 30 天。

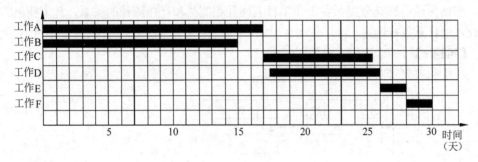

图 3-19　甘特图

思考一下，为什么刘高工认为"工作 A 和 B 完全结束后，工作 C 和 D 才可以进行"呢？既然有 3 组人员同时施工，为什么不能在工作 B 结束后，就开始工作 C 和 D 呢？如图 3-20 所示。

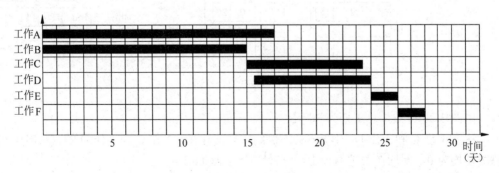

图 3-20　甘特图

这样，从第 15 天开始至第 16 天结束，可以有 3 组人员同时施工，此时只需 28 天就可以完工。在理论上这种分析是可行的，但实际上，工作 A 的内容是"挖基坑、立桩"，工作 B 的内容是"设备采购"，工作 C 的内容是"设备安装"，在"挖基坑、立桩"工作没有完成时，即没有完全通过阶段验收时，场地尚未处理好，是不可能进行"设备安装"的，"挖基坑、立桩"需要一次性整体交付给下一阶段，而"设备安装"可以按每套设备来分别交付给下一阶段，所以"模块测试"可以在一套设备安装完后，就可以进行。

刘高工有监控项目实施的实践经验，认为："工作 A 和 B 可以并行；工作 C 和 D 也可以并行；工作 A 和 B 完全结束后，工作 C 和 D 才可以进行"，是完全正确的。

3.5.3 参考答案

【问题 1】

甘特图法可以比对各工作的计划进度和实际进度，能十分清楚地了解计划执行的偏差，以便对偏差进行处理。

网络图法能够充分提示各工作项目之间互相制约和互相依赖的关系，从中找出关键路径，进行重点控制。

【问题 2】

项目的单代号网络图如图 3-21 所示。

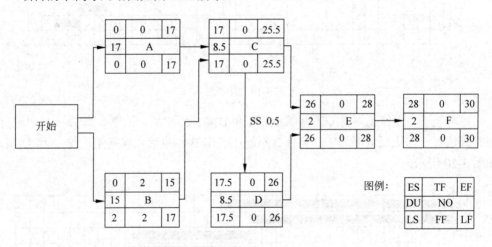

图 3-21 单代号网络图

由图 3-20 可知，总工期为 30 天。

注意工作 C 和工作 D，由于 SS0.5 制约关系的存在，工作 C 和工作 D 的自由时差和总时差均为 0，即均在关键路径上，关键路径为 ACDEF。

【问题 3】

项目的甘特图如图 3-22 所示。

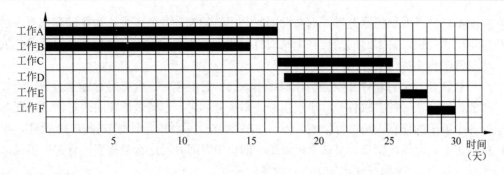

图 3-22　甘特图

3.6　项目进度为什么失控

阅读下面关于项目时间管理问题的叙述，回答问题 1 至问题 3，将解答填入答题纸的对应栏内。

3.6.1　案例场景

希赛信息系统集成公司在某小型炼油企业有成功实施 MES（Manufacturing Execution System，生产执行系统）的经验，其针对炼油企业的 MES 1.0 软件深受用户好评。

希赛公司去年承接了 A 公司的 MES 项目实施，A 公司是一家大型石化公司，有下属分厂十多家，包括炼油厂、橡胶厂、烯烃厂、氯碱厂、塑料厂、腈纶厂和储运厂等，以炼油厂为石油炼制龙头，其他分厂提供半成品和生产原料，业务流程复杂。

钱经理为希赛公司的项目经理，全面负责管理这个项目，这是他第一次管理大型项目。A 公司信息中心的夏经理作为甲方项目经理负责实施配合。由于涉及分厂较多，从各分厂抽调了生产调度人员、计划统计人员、计量人员、信息人员中的技术骨干，组成各分厂的项目小组，钱经理带领的乙方项目组成员均为 MES 业务顾问，资深顾问安排到了业务最复杂的炼油厂，其他顾问水平参差不齐，分别安排到了其他分厂。希赛公司的软件开发部设在总部，项目实施顾问均在 A 公司提供的现场（某宾馆）集中办公，钱经理负责 A 公司与希赛公司总部之间的沟通，从总体上管理项目。

项目在 8 月初启动，钱经理按原 MES 1.0 版本时的实施经验制订了项目开发计划，收集各分厂用户需求，组建 MES 测试服务器环境等。初期较为顺利，但后来却发生了一系列的问题，由于原 MES 1.0 版本软件仅适用于单纯的炼油业务，而现在的化工业务在软件系统中并没有合适的模型，A 公司规模很大，炼油厂的许多业务并不是直线式的，而是一种网状的关系，所以 MES 软件的炼油装置模型也需要修改，而在钱经理的项目计划中，并没有炼油模型的修改计划，业务需求分析占用了很多时间，钱经理将这些需求提交给软件开发部抓紧开发，而与此同时，甲方的部分业务人员，如统计和信息人员却显得无事可做，许多时间消耗在上网或打游戏上，或通过远程桌面处理自己原单位的一些日常工作事务。

当软件开发部将软件开发完后，已经进入 12 月，项目进度已经远远落后于钱经理当初的计划，钱经理要求各分厂小组由顾问牵头分别对自己负责的模块进行测试，同时安排各小组中的信息人员进行报表开发，MES 系统试运行的原计划安排在 12 月底，拟 1 月中旬正式上线，信息人员认为，以现在的可用时间开发这么多报表，肯定完不成，统计人员发现 MES 系统根本不能满足业务的需要。

项目的进展进入混乱状态，各分厂的项目小组内也有不同的声音，有抱怨系统太烂的，运行一个查询页面居然要 3 分钟时间，也有用户反映在一些录入页面中找不到提交钮，造成资料不能保存的，一些顾问迫于压力尝试修改系统，但竟然造成了用户的数据丢失，引起很大不满，甚至一些成员开始嘲笑乙方顾问的水平，进而开始怀疑 MES 系统能否正常运转起来。根据实际情况，钱经理在用户同意的情况下，将系统的投用时间重新设在 1 月底。为了完成这个目标，钱经理要求各项目小组从 12 月中旬开始，每周六、周日和晚上必须加班。元旦期间，项目小组中的一些甲方成员并没有来加班，甚至有一个假日的中午，所在的宾馆居然没有提供足够的午餐，乙方项目组成员中开始有人跳槽离去……

钱经理受到希赛公司总部的批评，钱经理认为，即使他能准确估算出每个任务所需的时间，也无法确定项目的总工期，以项目现在的状态，到 1 月底根本完不成。2 月底也没有把握，具体什么时间能完成，钱经理感觉遥遥无期。

【问题 1】（10 分）

请用 200 字以内的文字，从时间管理的角度，分析进度失控的可能原因。

【问题 2】（10 分）

请用 200 字以内的文字，建议钱经理下一步应该怎么做。

【问题 3】（5 分）

请用 400 字以内的文字，分析在信息系统项目实施中，有哪些因素影响项目的进度，举出 5 个因素，分别予以说明。

3.6.2　案例分析

从这个案例场景中，可以看到一个混乱的项目局面，项目组成员某个时间段清闲，某个时间段任务量又很大。项目组由甲乙双方组成，成员之间不信任，进度计划一再修改，项目经理不能指挥项目组，对项目组成员失去了控制，进而对进度也无法控制，交付日期一拖再拖。没有完全相同的项目，项目经验可以借鉴，但不能照抄，钱经理第一次管理大型项目，缺少经验，他可能有类似的小项目的经验，但没有能力处理大项目中的复杂情况。

【问题 1】

造成进度失控的原因是多方面的。有两种方法来寻找进度失控的原因：一种是按时间管理的各个过程，梳理案例中出现的问题，再进行归纳；另一种是分析案例场景，从中找出项目的混乱因素，寻找进度失控的主要原因。

乙方项目经理钱经理缺少管理大型项目的经验，以小型项目中获得的经验来控制一个大型项目，可能会力不从心，制订的进度计划可能存在问题。

钱经理对需求分析和软件开发所需要的时间估算错误，可能工作分解结构做的不够详细。在做业务需求时，软件开发人员没有参与，钱经理提交给开发人员的业务需求可能存在问题。

甲方和乙方混合组成各分厂的项目小组，有利于业务需求的收集，但不利于乙方各成员之间的经验交流。

甲乙双方没有明确的分工，甲方成员应该由甲方项目经理来管理，钱经理作为乙方项目经理很难对甲方成员进行约束。

甲方项目经理可能没有发挥对甲方成员的管理作用。

没有变更控制系统或规范的变更控制流程，有随意更改系统的行为，在更改系统交付时间时，没有进行评审或进行估算。

对项目的每个阶段可能没有明确的划分，也没有相应标准来评审，就进入了下一个阶段。

缺少一个从总体上控制项目的项目经理。乙方的钱经理做这个角色是不合适的。

甲乙双方沟通不足，在甲方的场地办公，诸如加班之类的事应该事先征求甲方的同意，以便甲方做好配合。双方的项目经理都有责任。甲乙双方应该确立一个共同的目标。

在赶工时，加班不能过度，过度加班会降低工作效率，适得其反。

对人力资源使用的安排上有问题，没有按时间、任务、人员进行分解，以致出现人力资源负荷过重或闲置现象。没有充分发挥资源的作用。

在项目组中缺少激励措施，没有考虑人员的流动。

在项目的实施中，缺少对进度的监控机制。没有使用网络图等工具，没有确定各任务间的依赖关系，对各项任务的先后顺序安排可能出现错误。

【问题 2】

找出进度失控的原因后，就可以根据自己的项目经验和时间管理的各个过程，给出相应的解决措施。

（1）钱经理、夏经理和项目组一起，重新修订一个合理的进度计划。

（2）钱经理和项目组将 WBS 分解得足够细化，提高各任务完成时间估算的准确性，让软件开发人员参与对业务需求的获取，钱经理和业务人员重新核对业务需求。

（3）加强乙方各成员之间的经验交流。如在每天工作结束后，钱经理组织乙方项目组成员对当日的工作进行总结，提升整个乙方项目组成员的工作能力，特别是提升水平较差的成员的工作能力。

（4）甲乙双方成员进行明确的职责分工，甲方成员应该由甲方项目经理来管理，发挥甲方项目经理对甲方成员的管理作用，钱经理作为乙方项目经理管理乙方成员。双方项目经理之间也要进行充分沟通。

（5）规范项目的变更控制流程。对项目的每个阶段进行明确划分，按标准评审通过后，再进入下一个阶段。

（6）增加一个从总体上控制项目的项目经理，或加强项目组对每个阶段进行评审。

（7）甲乙双方加强沟通，甲乙双方应该确立一个共同的目标。

（8）可以适当加班，但加班不能过度，加强绩效考核，激发项目组成员工作的积极性，提高工作效率。

（9）使用资源日历，避免出现人力资源负荷过重或闲置现象，充分发挥每个资源的作用。

（10）考虑人员的流动因素。

（11）使用项目管理工具，对项目进行管理和监控。

【问题3】

在项目进行过程中，很多因素影响项目工期目标的实现。影响进度的主要因素可以归纳为以下几个方面。

1. 人的因素

（1）项目经理。项目经理要负责沟通项目的各个方面，协调和解决这些矛盾和冲突，是决定项目成败的关键人物。

（2）项目团队。再好的项目计划若没有执行能力强大的项目团队也可能化为泡影。项目团队成员一般来自不同的组织，每个人思考问题的方法不同，价值观也不同，这需要项目经理进行沟通。团队的工作效率直接影响项目的进度，优秀团队一天能完成的工作，配合不默契的团队往往要干上一个月，优秀团队的建设取决于项目经理的能力。

（3）项目干系人。项目干系人有意无意地会干扰项目以确保项目尽可能满足他们的利益，甚至使之偏离既定目标，一些不懂技术和项目管理的领导对项目的野蛮干涉等，都是影响项目进度的因素。

2. 材料、设备的因素

材料和设备对进度的影响可以归纳为三点：停工待料、移植返工和效率低下。设备能否及时到位，从测试服务器至正式服务器上系统移植的顺利与否，也是影响项目进度的因素。

3. 方法、工艺的因素

在信息技术项目中，使用不同的方法完成系统的功能，工作量会相差好几倍甚至几十倍。好的软件开发工具、合适的技术路线、软件工作方法和适宜的项目管理软件对项目进度影响很大。

4．资金因素

如果建设单位不能及时给足预付款，或是由于拖欠阶段性工程款，都会影响承建单位资金的周转，进而殃及进度。进度规划时就要考虑资金预算的配套，否则进度控制也是空谈。

5．环境因素

环境因素可以分为硬环境和软环境两类。硬环境包括开发环境、施工场地等，软环境包括政策影响、宏观经济等。环境的变化有时是始料未及的，项目经理要分析环境变化对项目的影响，采取适当的措施。

在发生进度拖延的项目中，一般会存在以下几种状况。

（1）错误估计了项目实现的特点及实现的条件。如低估了项目的实现在技术上存在的困难，低估了设备供应的时间、人力资源到位的时间和可使用的有效期。

（2）盲目确定工期目标。没有考虑项目的特点，没有采用科学的方法，盲目确定工期目标，使得工期要么太短，无法实现；要么太长，效率低下。

（3）工期计划方面的不足。如进度计划缺乏资源保证，进度计划编制质量粗糙，指导性差，没有考虑进度计划的可变性，项目经理不按计划执行而是凭经验办事，使编制的计划不起作用。

（4）项目参加者的工作失误。设计进度拖延，突发事件处理不当，项目参加各方关系协调不顺等。

（5）不可预见事件的发生。恶劣的气候条件、复杂的地质条件等。

3.6.3　参考答案

【问题 1】

（1）钱经理缺少管理大型项目的经验；制订的进度计划可能存在问题。

（2）钱经理对某些活动的历时估算有问题，如需求分析和软件开发所需要的时间。

（3）钱经理提交给开发人员的业务需求可能存在问题。

（4）乙方项目组内部缺少交流。

（5）甲乙双方没有明确的分工。

（6）甲方项目经理可能没有发挥对甲方成员的管理作用。

（7）没有变更控制系统或规范的变更控制流程。

（8）对项目的每个阶段可能没有明确的划分，也没有相应标准来评审，就进入下一阶段。

（9）缺少一个从总体上控制项目的项目经理或其他监控措施。

（10）甲乙双方沟通不足。甲乙双方应该确立一个共同的目标。

（11）在赶工时，加班过度降低了工作效率。

（12）活动资源估算上有问题，在人力资源使用的安排上，没有充分发挥资源的作用。

（13）缺少激励措施，没有考虑人员的流动。

（14）缺少对进度的监控机制。没有使用网络图等工具，没有确定各任务间的依赖关系，对各项任务的先后顺序安排可能出现了错误。

【问题2】

（1）钱经理、夏经理和项目组一起，重新修订一个合理的进度计划。

（2）重新核实各活动的历时估算，包括已经发生过的，记录错误原因。

（3）重新和用户一起梳理业务需求，确保理解的一致性。

（4）加强乙方项目组内部交流。

（5）对甲乙双方进行明确的分工，分清职责。

（6）甲方项目经理行使管理甲方成员的权力。

（7）制订规范的变更控制流程。

（8）明确划分项目的每个阶段，制订评审标准。

（9）增加一个从总体上控制项目的项目经理，或制订一些监控措施。

（10）加强甲乙项目组之间的沟通。

（11）合理赶工，如果需要，可以缩小范围，先保证核心工作的实现。

（12）建立人力资源日历。充分发挥资源的作用。

（13）制订积极的绩效考核制度，减少人员的流动。

（14）重新梳理各任务间的依赖关系，确保网络图能反映真实的情况。加强对进度的监控。

【问题3】

影响项目进度的因素如下。

（1）工程质量的影响。质量指标的不明确、不切实际的质量目标、质量不合格，都将对工程进度产生大的影响。

（2）设计变更的影响。设计的变更通常会引发质量、投资的变化，加大工程建设的难度，因而影响进度计划。

（3）资源投入的影响。人力、部件和设备不能按时、按质、按量供应。

（4）资金的影响。如果建设单位不能及时给足预付款，或是由于拖欠阶段性工程款，都会影响承建单位资金的周转，进而殃及进度。

（5）相关单位的影响。项目建设单位、设计、实施单位、设备供应单位、资金供应单位、监督管理信息系统工程建设的政府部门等都可能对项目的进度带来直接或间接的影响。

（6）可见的或不可见的各种风险因素的影响。风险因素包括政治上的、经济上的和技术上的变化等。项目经理要加强风险管理，对发生的风险事件给予恰当处理，有控制风险、减少风险损失及其对进度产生影响的措施。

（7）承建单位管理水平的影响。承建单位的施工方案不恰当、计划不周详、管理不完善、解决问题不及时等，都会影响工程项目的施工进度。

3.7 资源配置对进度的制约

阅读下面关于项目管理问题的叙述，回答问题 1 至问题 3，将解答填入答题纸的对应栏内。

3.7.1 案例场景

某系统集成公司现有员工 50 多人，业务部门分为销售部、软件开发部和系统网络部等。

经过近半年的酝酿后，在今年一月份，公司的销售部直接与某银行签订了一个银行前置机的软件系统的项目。合同规定，6 月 28 日之前系统必须投入试运行。在合同签订后，销售部将此合同移交给了软件开发部，进行项目的实施。

项目经理小丁做过 5 年的系统分析和设计工作，但这是他第一次担任项目经理。小丁兼任系统分析工作，此外项目还有 2 名有 1 年工作经验的程序员，1 名测试人员，2 名负责组网和布线的系统工程师。项目组成的成员均全程参加项目。

在承担项目之后，小丁组织大家制订了项目的 WBS，并依照以前的经历制订了本项目的进度计划，简单描述如下。

1）应用子系统

（1）1 月 5 日～2 月 5 日，需求分析。

（2）2 月 6 日～3 月 26 日，系统设计和软件设计。

（3）3 月 27 日～5 月 10 日，编码。

（4）5 月 11 日～5 月 30 日，系统内部测试。

2）综合布线

2 月 20 日～4 月 20 日，完成调研和布线。

3）网络子系统

4 月 21 日～5 月 21 日，设备安装、联调。

4）系统内部调试、验收

（1）6 月 1 日～6 月 20 日，试运行。

（2）6 月 28 日，系统验收。

春节后，在 2 月 17 日小丁发现系统设计刚刚开始，由此推测 3 月 26 日很可能完不成系统设计。

【问题 1】（4 分）

请用 150 字以内的文字，分析问题发生的可能原因。

【问题 2】（9 分）

请用 200 字以内的文字，建议小丁应该如何做以保证项目整体进度不拖延。

【问题 3】（12 分）

请用 400 字以内的文字，概述典型的信息系统集成项目的进度／时间管理的过程和方法以及资源配置对进度的制约。

3.7.2　案例分析

项目很难完全按照制订的时间计划理想化地进行。在项目的实施过程中，总有各种因素影响项目的时间计划，造成项目实施时间滞后，资源配置是制约进度的重要因素。在进度落后时，在关键活动上增加资源，是一个很好的纠偏方法。

在本题中，要求结合实际项目，回答项目时间管理方面的三个问题。对案例场景进行分析后，找出与问题相关的几个重要的描述如下。

（1）销售部直接与某银行签订合同，软件开发部实施信息系统集成项目。

（2）小丁第一次担任项目经理。

（3）项目经理小丁兼任系统分析工作。

（4）春节假日因素的影响。

根据这些描述，结合项目时间管理的实际工作经验，对这三个问题进行分析。

【问题 1】

（1）软件开发部没有参与项目早期的工作。

这可能是造成需求分析耗时较长的原因，公司应该让销售部和软件开发部一起参与项目早期的售前工作，让软件开发部尽早熟悉项目，也可以向销售部提供技术支持，避免出现对客户的过度承诺现象。

在项目的合同签署前，以及对客户的初期需求分析过程中，需要技术人员的参与，以确认公司对客户需求的技术实现能力，确定项目所需要的技术和知识结构，结合公司现有的资源，估算出一个合理的工期，并确定人力资源的配置。

（2）项目经理缺少项目管理经验。

小丁第一次担任项目经理，没有项目管理经验，也没有进行相应的培训，在进度估算中可能采用了不合适的方法，进度估算不准确。

让没有项目管理经验的小丁直接担任项目经理是不合适的，在实际的项目实施中，一般由经验丰富的项目经理负责管理项目，而不是技术人员，小丁由技术人员过渡到管理人员需要时间，需要有人"传帮带"，也需要项目管理方面的培训，而小丁却还要兼任系统分析工作，更加延缓了由技术角色向管理角色的转变。

（3）缺少专职的系统分析和设计人员。

在案例场景的描述中，只有小丁一人具有系统分析和设计的经验，还是兼职，没有专职的系统分析和设计人员，项目的人力资源配置不足。应该增加系统分析师人员配置，以保证系统设计的质量。

（4）没有充分利用分配的人力资源。

从进度计划上看，项目配置的人员并没有充分利用，在一些时间段，部分人员是闲置状态，例如在 3 月 27 日～5 月 10 日的时间段，是编码的时间，测试人员是可以参与到综合布线或网络子系统的建设中的。

在项目实施中，要充分发挥每个项目成员的作用，既然是全程参与项目，就要让项目成员在空闲时间段参与到其他子项目的工作中，既可以加快项目的整体进度，又可以丰富项目成员的工作经验。做到资源均衡，避免出现资源闲置现象。

小丁是第一次担任项目经理，还要兼任系统分析工作，精力不够，忘记"管理项目"是自己的第一职责，仍处在系统分析的技术工作思路中，没有从项目的总体上考虑对人力资源的合理使用，没有对项目进行及时的监控。

（5）可能没有考虑法定节假日因素。

在制订项目进度计划时，必须考虑法定节假日的因素，不能太理想化，特别是在需求分析阶段，尽管你可以控制自己的项目团队加班加点，但却不能指挥用户随叫随到地配合，用户不在，就无法确定需求，如果你不能充分掌握用户的需求，系统设计就不可能进行下去。这需要与用户进行沟通，在安排项目进度时，就要考虑法定节假日因素的影响。

从案例场景中可以看出，制订的项目进度计划没有经过评审，在进度计划中没有反映节假日因素，也没有描述每个时间段不同技能的成员在各子系统中的作用，没有资源负荷方面的说明等。

【问题 2】

项目拖期后，使项目的实施进度回到原有的轨道上去，不论采用什么方法，目的只有一个，就是缩短后续工作的历时，以保证项目的总工期不受影响。加快进度的方法有如下几种。

（1）赶工。例如加班，充分利用周六、周日和晚上等非工作时间段，但要注意调动项目成员的积极性，增加绩效考核，也要和用户进行沟通，以确保用户的积极配合，特别是在用户提供工作场地的情况下。

（2）快速跟进。调整部分工作的顺序关系，使用网络图和关键路径分析等进度计划工具，尽可能将一些工作并行进行。

（3）增加优质资源。一个经验丰富的成员加盟，会明显加快项目的进度。在本案例中，已经进入系统设计阶段，迫切需要增加专职的系统分析和设计人员。要注意增加资源的负面影响，一个新手的加入是需要一定的学习时间的，可能还需要其他成员的指导，占用其他成员的时间，人员增加导致沟通渠道的增加，也会占用更多的沟通时间。

（4）提高资源利用率，加强沟通和监控。充分发挥每一个成员的作用，用积极的绩效考核方法，提升每个成员的技能水平和绩效。

（5）外包和缩小项目范围。将一些非关键的工作外包出去，使项目成员将精力集中在关键工作上。也可以将项目范围缩小，先完成核心工作，将其他工作放在项目二期工程中来实现。这需要征求用户的同意，和用户进行充分沟通。

在本案例中，可以采用的措施如下。

（1）向职能经理申请增加特定资源，特别是要增加专职的系统分析和设计人员。

（2）进行合理的赶工。通过安排加班、安排有经验的开发人员、内部经验交流和内部培训等方法进行赶工。

（3）将部分阶段工作改为并行进行。例如将系统设计工作进一步细分，一个小的阶段设计完成，就可以进入评审，较快地进入编码阶段，没有必要全面设计完成后再进行统一评审。但要注意避免出现"边设计边施工"的现象，要保证质量。

（4）调整项目进度计划，以反映项目的真实情况。

例如根据前一段工作的实际绩效，对后续工作的工期重新估算，并考虑节假日因素，修订计划，尽量留有余地。项目计划的变更要通过评审，并征求用户的同意和理解。

（5）加强沟通。争取客户能够对项目范围以及需求、设计、验收标准进行确认，避免后期频繁出现变更。加强开发、测试、综合布线等人员的协调，保持工作的衔接，避免或减少失误。

（6）加强对交付物、项目阶段工作的检查和控制，避免后期出现返工。

【问题 3】

在 PMBOK2004 中，项目时间管理的过程包括活动定义；活动排序；活动资源估算；活动历时估算；制订进度计划；进度控制。

在一般情况下，项目活动的历时与项目规模成正比，与投入的资源数量成反比，但并不是投入的资源数量越多，项目活动的历时就一定越短。每个活动的历时都有自身的压缩点（Crash Point）。

3.7.3 参考答案

【问题 1】

（1）销售部没有及时让软件开发部参与项目早期工作，需求分析耗时较长。

（2）项目经理经验不足，进度估算不准确。

（3）项目资源配置不足，缺乏专职的系统分析和设计人员。

（4）工作安排没有充分利用分配的项目资源，在一些时间段，人力资源有闲置情况。

（5）在安排进度时可能未考虑法定节假日的因素。

【问题 2】

（1）向职能经理申请增加特定资源，特别是要增加系统分析和设计人员。

（2）临时加班／赶工，尽可能补救耽误的时间或提升资源的利用效率。

（3）将部分阶段的工作改为并行进行。

（4）对后续工作的工期重新进行估算，并考虑节假日问题，修订计划，尽量留有余地。

（5）加强沟通，争取客户能够对项目范围以及需求、设计、验收标准进行确认，避免后期频繁出现变更。

（6）加强对阶段工作的检查和控制，避免后期出现返工。

【问题 3】

按照 PMBOK2004 中的定义，项目时间管理的过程包括如下内容。

（1）活动定义。活动定义把工作包进一步分解为活动，以方便进度管理。活动定义的方法有分解、模板和专家判断等，主要输出是项目活动清单。

（2）活动排序。活动排序也称为工作排序，即确定各活动之间的依赖关系，并形成文档。项目活动排序的工具和技术有前导图法、箭线图法、进度计划网络模板、确定依赖关系等，主要输出是项目计划网络图。

（3）活动资源估算。活动资源估算包括决定需要什么资源（人力、设备、原料）和每一样资源应该有多少，以及何时使用资源来有效地执行项目活动。它必须和成本估算相结合。项目活动资源估算的工具和技术有专家判断法、多方案分析法、公开的估算数据、估算软件和自下而上的估算等，主要输出是活动资源需求。

（4）活动历时估算。活动历时估算直接关系到各事项、各工作网络时间的计算和完成整个项目任务所需要的总时间。项目活动历时估算的工具和技术有专家判断法、类比估算法、基于定额的历时、历时的三点估算、预留时间和最大活动历时等，主要输出是定量的活动历时估算结果。

（5）制订进度计划。制订进度计划就是决定项目活动的开始和完成的日期。制订进度计划的工具和技术有关键路径法、进度压缩、仿真、资源平衡、关键链法、项目管理软件、应用日历、超前和滞后、计划评审技术等，主要输出是项目进度计划。

（6）进度控制。项目进度控制是依据项目进度计划对项目的实际进展情况进行控制，使项目能够按时完成。进度控制的工具和技术有进展报告、进度变更控制系统、绩效测量、项目管理软件、偏差分析和计划比较甘特图等，主要输出是进度计划（更新）、变更需求、建议的纠正措施、取得的教训。

资源对进度的制约如下。

在一般情况下，项目活动的历时与项目规模成正比，与投入的资源数量成反比。即投入的资源数量越多，活动的历时越短。但是要注意任何活动都具有压缩点，当活动的历时已达到自身的压缩点之后，增加再多的资源也无法进一步缩短活动历时。

在非关键活动的一个较大时间延误也许只对项目产生较小的影响或不产生影响，而在关键活动的较小延误也许就需要马上采取纠正措施。因此，每当缩短项目工期时，应当首先考虑在关键活动上增加资源，以加快进度，缩短项目工期。

3.8　工期估算的技术和方法

阅读下列说明，回答问题 1 至问题 3，将解答填入答题纸的对应栏内。

3.8.1　案例场景

J 公司 2008 年 3 月中标某市公安局的人口管理系统开发项目，因该市要在 2008 年 11 月举办某大型国际会议，因此公安局要求人口管理系统一定要在 2008 年 7 月 1 日之前投入使用。强某是负责这个项目的项目经理，虽然他进公司才不到 3 年，但他已成功地管理过两个类似的项目，被大家称之为"救火队长"，而强某也对自己信心十足。但这次和以往不同的是，强某还同时管理着另外两个项目，而这个人口管理系统项目的工期要求紧、他能调用的人手少。

该人口管理系统项目属于升级项目。原来的系统为 J 公司开发，是 C/S（Client/Server，客户端/服务器）结构，只能管理本地城区常住人口。新的人口管理系统要求是 B/S（Browser/Server，浏览器/服务器）结构，要既能管理城区常住人口又能管理郊区常住人口、市辖县常住人口和流动人口，而公安局要求该新系统首先把流动人口管理起来。该项目从技术角度可分为网络改造和软件开发，而软件又分界面、业务流程和数据库三个子系统。他们团队有 6 人，其中有人做过类似的 C/S 结构的项目，而公司刚刚结束的一个网络项目与本次承担的网络改造项目在技术架构方面几近相同，只是规模不同。公安局要求新系统能够支持移动接入，而项目团队中没有一人接触过移动接入技术。强某凭直觉知道依现有的人员在 2008 年 7 月 1 日之前完成项目是不可能的。

【问题 1】（10 分）
请说明强某可以用什么方法和技术来估算项目的工期（300 字以内）。

【问题 2】（10 分）
请说明强某可以采取哪些方法来压缩工期，以使项目能够在 2008 年 7 月 1 日之前交付（300 字以内）。

【问题 3】（5 分）
请说明强某可以采用哪些方法来跟踪项目的进度，以确保项目能够按期交付（300 字以内）。

3.8.2　案例分析

在这道关于项目时间管理的试题中，主要考查了制订项目进度、工期压缩、监控项目进度中所使用的技术与工具的掌握情况。

结合三个问题，对案例场景进行分析，发现案例中存在的问题，针对这些问题，结合自己的经验，给出相应的解决方法，这是回答问题的关键。

【问题 1】

项目工期紧，是有一个强制日期约束的，即"在 2008 年 7 月 1 日之前投入使用"，对这类需求通常的响应是根据要求而不是实际的工作量来制订一个进度表，这是实际工作中经常遇到的问题，需要采用时间倒推的方法来对工期反复估算。

项目经理包括团队成员任务重，还涉及到一些新技术。

要准确地估算工期，必须先明确任务，也就是明确定义项目的 WBS。通过把 WBS 中的工作包进一步分解为活动，然后进行活动定义、活动排序、活动资源估算和活动历时估算，通过网络图等工具制订进度计划，确定整个项目的工期。

由于该项目中新旧模块掺杂在一起，所以需要对于不同的模块，采用不同的估算方法。对于"网络改造项目"这类升级项目，与"刚刚结束的一个网络项目"有很大的相似性、可比性，可以采用"类比估算法"进行估算；对于新增的"移动接入"模块，可以联系业界专家，采用"德尔菲法"进行估算；对于旧模块，可依据历史数据采用"参数估算法"，等等。

工作分解结构要尽可能细化，以提高工期估算的准确度。

【问题 2】

传统的工期压缩技术有赶工、快速跟进（并行）、增加优质资源、提高资源利用率、外包出非关键工作和缩小项目范围等，要结合项目的实际情况多种方法结合起来灵活运用。

在工期压缩过程中，要注意加强和项目干系人的沟通。与客户进行沟通来确定能否缩小范围和外包，以应对强制日期的交付；与项目成员沟通，制订好的绩效考核方法，提高每个成员的绩效；与职能经理沟通，申请增加优质资源等。

【问题 3】

跟踪项目进度的方法如下。

（1）要求 WBS 尽量细化，明确各项活动间的关系，画出正确的网络图（双代号或单代号网络图），制订出合理的项目计划。

（2）要对项目计划的执行进行及时监控，并要有一个执行标准来及时纠偏。

（3）设定项目的里程碑，对每个里程碑进行评审，以确定是否进入下一阶段。

（4）要有一个好的变更控制系统来控制变更控制流程，做好变更管理。

（5）要使用项目管理的工具软件，提高项目管理的工作效率。

3.8.3　参考答案

【问题 1】

（1）明确定义项目的 WBS。

（2）由于是升级项目，所以部分工作的工期估计方法可以采用"类比估算法"。

（3）对于新增的"移动接入"模块，可以联系业界专家，采用"德尔菲法"进行估算。

（4）对于 WBS 进行足够细化后，可依据历史数据采用"参数估算"或"三点估算"进行进一步历时估算。

【问题 2】

（1）与客户进行沟通，梳理业务需求中的关键需求，与客户进行协商能否在期限前先完成关键需求，其他部分分期交付。

（2）制订出合理可靠的技术方案，对其中不熟悉的部分，可以采用外包的方法。

（3）清晰定义各模块之间的接口，然后可以加大并行工作的程度。

（4）明确目标、责任和奖惩机制，提高员工的工作绩效。

（5）必要时进行赶工。

【问题 3】

（1）基于 WBS 和工时估算制订活动网络图，制订项目工作计划。

（2）建立对项目工作的监督和测量机制。

（3）确定项目的里程碑，并建立有效的评审机制。

（4）对项目中发现的问题，及时采取纠正和预防措施，并进行有效的变更管理。

（5）使用有效的项目管理工具，提升项目管理的工作效率。

3.9 网络计划图技术的应用

阅读下列关于程序测试计划的叙述，回答问题 1 至问题 4，将解答填入答题纸的对应栏内。

3.9.1 案例场景

某程序 P 包括 A～H 这 8 个模块，其结构如图 3-23 所示，其中模块 D 与 G 需要调用公共模块 E。

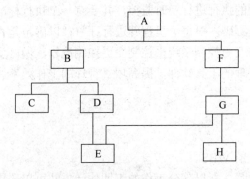

图 3-23　模块结构图

现计划采用自顶向下方法执行程序 P 的测试项目，该项目包括多个作业。设作业 A 的任务是对模块 A 进行测试，作业 B 的任务是对模块 B 进行测试，依此类推。作业 P 的任务是对程序 P 进行整体测试。表 3-8 列出了该项目各作业计划所需的天数、至少必须的天数（即再增大花费也不能缩短的天数）以及每缩短 1 天测试所需增加的费用。

表 3-8 作业计划表

作 业	计划所需天数	至少必须的天数	每缩短 1 天所需增加的费用（元）
A	2	1	500
B	5	3	1000
C	7	4	2500
D	4	3	2000
E	4	2	2000
F	3	2	1500
G	5	4	2500
H	4	2	2000
P	5	5	

图 3-24 是尚未完成的该项目计划图，其中，每条箭线表示一个测试作业，箭线上标注的字母表示作业名，数字表示计划测试天数。

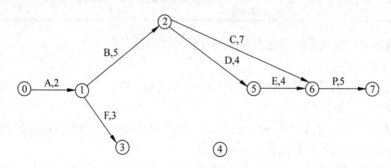

图 3-24 项目计划图

【问题 1】（6 分）

请通过填补箭线完成图 3-24 所示的该项目计划图。若为虚作业，请画成虚箭线；若为实箭线，请在箭线上注明作业名以及计划测试天数。

【问题 2】（4 分）

完成该测试项目计划需要多少天？

【问题 3】（9 分）

（1）如果要求该测试项目比原计划提前 1 天完成，则至少应增加多少费用？应将哪些测试作业缩短 1 天？

（2）如果要求该测试项目在（1）的基础上再提前 1 天完成，则至少应再增加多少费用？应再将哪些测试作业缩短 1 天？

【问题 4】（6 分）

假设该测试项目已按原计划部署，到了第 7 天末，发现模块 A 与 B 已按计划测试完成，但模块 F 却刚测试完，比原计划延迟了 2 天。为了保证该项目仍能在原计划总天数内完成，则至少应增加多少费用？应缩短哪些作业多少天？

3.9.2　案例分析

本题是网络计划图技术在程序测试项目管理方面的应用。

按案例场景中的描述，采用自顶向下方法执行程序 P 的测试项目，则图 3-23 可以理解为表示各项测试工作之间的依赖关系，如表 3-9 所示。

表 3-9　工作依赖关系

工 作 代 号	工作时间（天）	紧前工作	工 作 代 号	工作时间（天）	紧前工作
A	2	——	F	3	A
B	5	A	G	5	F
C	7	B	H	4	G
D	4	B	P	5	C, E, H
E	4	D, G			

根据表 3-9 可以直接画出这个项目的双代号网络图。

【问题 1】

根据自上而下测试方法，作业 F 的后续作业是 G，因此在计划图上，从节点③到节点④应补箭线，并标注 G，5。

作业 H 是作业 G 的后续作业，而且是作业 P（对程序 P 进行整体测试）的前导作业，因此从节点④到节点⑥应补箭线，并标注 H，4。

由于模块 E 是模块 D 与 G 的公共调用模块，按自上而下原则，作业 E 应紧随作业 D 与 G 之后，所以，从节点④到节点⑤应有虚线箭头，表示虚作业（无实际工作，只表示时间上的先后顺序），在箭线上不需要标注其他信息。

【问题 2】

从节点⑩到节点⑦有多条路径，时间总和最长的路径是⑩-①-②-⑤-⑥-⑦，这就是关键路径，决定了整个项目所需的时间，总共需要的天数为 2+5+4+4+5=20 天。

【问题 3】

为了提前完成项目，必须在关键路径上缩短某些作业的时间。为了节省成本，应选择增加费用最少的作业，缩短其时间。由于缩短某作业的时间后，可能引起关键路径的变化，所以缩短多天的做法需要一次次逐步仔细考虑。

在计划基础上，为缩短项目 1 天，就在关键路径上选择最省钱（增加费用最少）的作业缩短 1 天。在关键路径⓪-①-②-⑤-⑥-⑦上，有 A、B、D、E、P 共 5 个作业，根据题中给出的表，作业 A 的费用率最低，应选择作业 A 缩短其 1 天，增加费用 500 元。这样做后，关键路径尚没有变化，但作业 A 已经不能再缩短了。

在此基础上，为再缩短该项目 1 天，由于作业 A 不能再压缩，应从 B、D、E、P 这 4 个作业中选择费用率最低的作业 B，缩短其 1 天，增加费用 1000 元。注意，此时以下三条路径都是关键路径。

⓪-①-②-⑤-⑥-⑦。

⓪-①-③-④-⑥-⑦。

⓪-①-③-④-⑤-⑥-⑦。

此时的工期为 1+4+4+4+5=18 天。

【问题 4】

在作业 F 延迟两天的情况下，关键路径发生了变化，沿路径⓪-①-③-④-⑤-⑥-⑦以及⓪-①-③-④-⑥-⑦所需的天数均为 2+5+5+4+5=21 天。两条路径变成了新的关键路径，如图 3-25 所示。

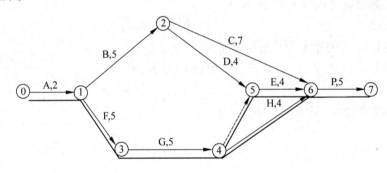

图 3-25 项目计划图

为了能按原计划 20 天完成任务，应将这两条路径均压缩 1 天。

注意，作业 P 是不能压缩的（至少需要 5 天）。可供压缩的作业只有 G、E 和 H。

从图 3-25 可以看出，有如下两种时间压缩方案。

（1）作业 G 是两条路径上共有的，所以可以将作业 G 压缩 1 天，作业 E 和 H 不变。

（2）如果作业 G 不变，则必须将作业 E 和 H 分别压缩 1 天。

再分别考虑一下这两个方案的费用。

（1）若单独将作业 G 压缩 1 天，需要增加费用 2500 元。

（2）将作业 H 压缩 1 天，需要增加费用 2000 元；再将作业 E 压缩 1 天，需要增加费用 2000 元。需要增加的费用为 2000+2000=4000 元。

从节省费用的角度看，应选择方案 1，即增加 2500 元，将作业 G 压缩 1 天。

3.9.3　参考答案

【问题1】

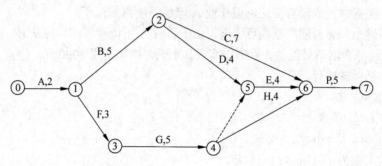

（注意：节点④到⑤为虚箭线）

图 3-26　项目计划图

【问题2】

完成该测试项目计划需要 20 天。

【问题3】

（1）将作业 A 缩短 1 天，需要增加 500 元。

（2）再将作业 B 缩短 1 天，需要再增加 1000 元。

【问题4】

应增加 2500 元，将作业 G 缩短 1 天。

第4章　项目成本管理案例

项目的成本管理是指在项目的实施过程中，为了保证完成项目所花费的实际成本不超过其预算成本而展开的项目成本估算、项目预算编制和项目成本控制等方面的管理活动。它包括批准的预算内完成项目所需要的诸过程。

按照 PMBOK2004 中的定义，这些过程包括成本估算、成本预算和成本控制。这些过程不仅彼此交互作用，而且还与其他知识领域的过程交互作用。

在许多应用领域，对项目产品未来的财务绩效的预测与分析是在项目之外完成的。在另外一些领域（如基础设施项目），项目成本管理也包括此项工作。在这种预测与分析活动中，要使用如复利、投资回报率、折现现金流量、投资回收分析和净现值等财务管理技术，以确保项目成本在可控的范围内，减少投资风险。

4.1　复利计算

阅读以下关于成本管理的叙述，回答问题 1 至问题 4，将解答填入答题纸的对应栏内。

4.1.1　案例场景

某大型钢铁公司近年来随着业务量的增加，现有作业模式很难满足生产管理的需要，迫切需要加快信息化建设，公司信息部经过分析，提出在未来几年，有计划地陆续上 ERP 和 MES 等项目，以改变现有管理流程，优化作业模式。由于项目涉及资金较大，建设周期较长，公司认为这几个项目可以以子项目的形式分阶段进行，每个子项目都安排有专门的项目经理负责管理，由公司副总经理负责对信息化项目的总体监控。项目所需经费分配了专门的资金，不足部分可以从银行贷款，以减少对生产周转资金的影响。

在办理银行贷款业务过程中，发生了如下事件。

事件 1：子项目 A 建设期为 3 年，在建设期第一年贷款 100 万元，第二年贷款 300 万元，第三年贷款 100 万元。

事件 2：在子项目 B 的贷款过程中，银行给出两个还款方案，甲方案为第 5 年末一次偿还 5000 万元；乙方案为第 3 年末开始偿还，连续 3 年每年末偿还 1500 万元。

事件 3：在实施子项目 C 时，公司年初从银行借款 200 万元，年利率为 3%。银行规定每半年计息一次并计复利。

为减少公司在项目投资方面所面临的风险，公司需要根据下一年度宏观经济的增长趋势预测决定投资策略。

宏观经济增长趋势有不景气、不变和景气三种，投资策略有积极、稳健和保守三种，通过对历史数据的收集和分析，对每种投资策略的未来收益进行预测。

各种状态的收益如表 4-1 所示。

表 4-1　各种状态的收益

经济趋势预测 预计收益（百万元） 投资策略	不景气	不变	景气
积极	50	150	500
稳健	100	200	300
保守	400	250	200

【问题 1】（5 分）

在事件 1 中，如果贷款年利率为 6%，请用复利法计算该项目在建设期中的贷款利息是多少？

【问题 2】（5 分）

在事件 2 中，如果贷款年利率为 12%，针对银行提出的还款方案，请核算一下，哪种还款方案优。

【问题 3】（5 分）

在事件 3 中，如果公司向银行所借的本金和产生的利息均在第三年末一次性向银行支付，请计算支付额是多少？

【问题 4】（10 分）

针对案例中所描述的投资策略与不同经济趋势下的收益表，在基于 MinMax 悲观准则的情况下，最佳决策是积极投资、稳健投资和保守投资中的哪一个？用 200 字以内文字叙述你做出选择的理由。

4.1.2　案例分析

根据不同的利率，对项目所需投资款项进行多角度估算，在最大程度上降低投资风险。这要求项目经理要具备一些基本的财务计算能力。

在项目选择时，以及决定项目的投资策略时，需要借助一些财务公式，来为我们的选择提供依据。常用的财务公式如下。

（1）单利计算（Simple Interest，SI）。

利息=本金×利率×时间，即 $IR=P\times i\times n$

（2）复利计算（Compound Interest，CI）。

终值=本金×（1+利率）^{n}，即 $F=P\times(1+i)^{n}$

复利的计算是对本金及其产生的利息一并计算，也就是利上有利。复利计算的特点是把上期末的本利和作为下一期的本金，在计算时每一期本金的数额是不同的。

（3）现值（Present Value，PV）。对未来收入或支出的一笔资金的当前价值的估算。

$$PV=F/（1+i）^n$$

（4）净现值（Net Present Value，NPV）。将建设项目各年的净现金流量按基准收益率折现到建设起点（建设初期）的现值之和，有时也称为累计净现值。把所有预期的未来现金收入或支出都折算成现值，以计算项目预期的净货币收益与损失。

$$NPV = \sum_{t=0}^{n}\left[\frac{C_i - C_o}{(i + i_c)^t}\right]_t$$

其中：C_i——现金流入量；

C_o——现金流出量；

C_i-C_o——表示净现金流量；

n——建设项目的计算期；

i_c——行业基准收益率，折现率，期望最低的投资回报年复利利率。

• NPV=0，说明项目刚好达到预定的收益率。

• NPV＞0，说明除达到所预定的基准收益率外，还能获得超额收益。

• NPV<0，说明项目达不到预定的收益率。

• NPV≥0 时，项目是可行的；否则项目是不可行的。

（5）内部收益率（Internal Rate of Return，IRR）。支出与收入的现值达到相等时的折现率，即使项目净现值等于 0 时的折现率，也称作内含报酬率。一般而言，内部收益率大于或等于社会折现率的项目是可以接受的，即经济上是可行的。计算 IRR 一般需要试探法和插值法。

$$NPV = \sum_{t=0}^{n}\left[\frac{C_i - C_o}{(1 + IRR)^t}\right]_t = 0$$

（6）投资回收期。通过项目的净收益来回收总投资所需的时间。用来识别可以尽快赢利的项目，缺乏强调获利的大小。

投资回收期分为静态投资回收期与动态投资回收期两种。投资回收期是评估投资项目的一个最简便的方法，这个方法关注回收投资成本所需的时间。投资回收期即表示一个资金预算项目收回所有成本的总时间。

静态投资回收期不考虑资金的时间价值，使用项目建成后年现金流量。动态回收期考虑资金的时间价值，使用项目建成后年贴现现金流量。如果以 T 作为累计现金流量首次为正值的年数，投资回收期的计算公式为：

$$投资回收期（静态）=（T–1）+ \frac{第（T–1）年累计现金流量绝对值}{第\ T\ 年现金流量}$$

$$投资回收期（动态）=（T–1）+ \frac{第（T–1）年累计折现值}{第\ T\ 年折现值}$$

还有一种观点认为，把包括建设期的返本期叫做静态投资回收期，把从建设完初年算起的投资回收期叫做动态投资回收期（从投产当年起计算）。

【问题 1】

在问题 1 中，子项目 A 建设期为 3 年，在建设期第一年贷款 100 万元，第二年贷款 300 万元，第三年贷款 100 万元。按贷款年利率 6% 来计算贷款利息。

按照复利计算公式分别计算三笔货款的本金和利息：

$$100 \times (1+0.06)^3 + 300 \times (1+0.06)^2 + 100 \times (1+0.06) = 562.18$$

其中，本金 = 100+300+100=500。

贷款利息 = 562.18–500=62.18 万元。

该项目在建设期中的贷款利息是 62.18 万元。

【问题 2】

在问题 2 中，银行给出两个还款方案，甲方案为第 5 年末一次偿还 5000 万元；乙方案为第 3 年末开始偿还，连续 3 年每年末偿还 1500 万元。贷款年利率以 12% 来计算。

比较两个方案的还款数额：

甲方案为到第 5 年末，一次偿还 5000 万元。

乙方案为需还款 $1500 \times (1+0.12)^2 + 1500 \times (1+0.12) + 1500 = 5061.6$ 万元。

5000 万元 < 5061.6 万元

到第 5 年末，甲方案还款最少，甲方案优。

【问题 3】

在问题 3 中，公司年初从银行借款 200 万元，年利率为 3%。银行规定每半年计息一次并计复利。公司向银行所借的本金和产生的利息均在第三年末一次性向银行支付。需要计算支付额。

要按照复利计算公式去计算结果。本题的难点是将 3 年分成 6 个半年来考虑。

年利率为 3%，则半年利率为 3%÷2=1.5%=0.015。

3 年就是 6 个半年，按照复利计算公式来计算本金和利息（支付额）：

支付额 = $200 \times (1+0.015)^6 = 218.69$ 万元

支付额是 218.69 万元。

【问题 4】

在问题 4 中，要做出最佳决策，需要了解不确定型决策的含义。不确定型决策有三个准则，分别是乐观准则、悲观准则和后悔值准则。

（1）乐观准则。也称大中取大法（MaxMax 准则），即找出每个方案在各种自然状态下的最大收益值，取其中大者所对应的方案为合理方案。它基于决策者对客观自然状态所抱有的最乐观态度。

（2）悲观准则。也称小中取大法（MinMax 准则），即找出每个方案在各种自然状态下的最小收益值，取其中大者所对应的方案即为合理方案。因为决策者对客观情况抱悲观态度，因此寻求效益小而易行的方案。

（3）后悔值准则。也称大中取小法（MaxMin 准则）。后悔值又称"机会损失值"，是指在一定自然状态下由于未采取最好的行动方案，失去了取得最大收益的机会而造成的损失。

在本题的悲观准则中，对于任何行动方案，都认为将是最坏的状态发生。先取每个投资策略的最小值，即每行的最小值，积极、稳健、保守分别为 50、100、200，三个值中最大值为 200（即保守投资策略所在的那一行），最佳决策是保守投资策略。

4.1.3　参考答案

【问题 1】

按照复利计算公式分别计算三笔货款的本金和利息：

$$100×（1+0.06）^3+300×（1+0.06）^2+100×（1+0.06）=562.18$$

其中，本金=100+300+100=500。

贷款利息=562.18–500=62.18 万元。

该项目在建设期中的贷款利息是 62.18 万元。

【问题 2】

甲方案为到第 5 年末，一次偿还 5000 万元。

乙方案为需还款 $1500×（1+0.12）^2+1500×（1+0.12）+1500=5061.6$ 万元。

5000 万元<5061.6 万元

到第 5 年末，甲方案还款最少，甲方案优。

【问题 3】

将 3 年分成 6 个半年来考虑，年利率为 3%，则半年利率为 3%÷2=1.5%=0.015。

3 年就是 6 个半年，按照复利计算公式来计算本金和利息（支付额）：

支付额=$200×（1+0.015）^6$=218.69 万元。

支付额是 218.69 万元。

【问题 4】

在基于悲观准则的情况下，最佳决策是保守投资策略。

在悲观准则中，对于任何行动方案，都认为将是最坏的状态发生。先取每个投资策略的最小值，即每行的最小值，积极、稳健、保守三个投资策略所对应的最小值分别为 50、100、200，三个值中最大值为 200（即保守投资策略所在的那一行），即最佳决策是保守投资策略。

4.2　净现值与投资评估方法

阅读下述关于项目成本/效益的说明，回答问题 1 至问题 3，将解答填入答题纸的对应栏内。

4.2.1　案例场景

2007 年年底，某国有企业拟实施 MES 项目，以改革现有生产执行流程，优化产品的结构和增加销售收入。经过初步分析，MES 项目需要投资 1000 万元，建设期为 1 年，投入运行后，预计当年企业的生产销售成本为 900 万元，可以实现销售收入 1000 万元。此后，企业每年的生产销售成本为 1500 万元，可以实现年销售收入 2000 万元。

总会计师按 12% 的贴现率，制作出公司从 2008 年到 2012 年的现金流量表。如表 4-2 所示。

表 4-2　现金流量表

年度 项目	建　设　期	经　营　期			
	2008	2009	2010	2011	2012
投资					
成本					
收入					
净现金流量					
12%的贴现系数	0.8929	0.7972	0.7118	0.6355	0.5674
净现值					
累计净现值					

【问题 1】（8 分）

请将现金流量表补充完整。

【问题 2】（8 分）

请列出算式，计算 MES 项目自投产当年起的动态投资回收期。如果该行业的标准投资收益率为 20%，请问该项目的投资是否可行。

【问题 3】（9 分）

（1）请在 200 字以内，指出净现值法的缺陷及纠偏方法。

（2）在对多个投资方案进行投资决策分析时，净现值法、现值指数法、投资回收期和内含报酬率的侧重点是不同的，请在 300 字内，叙述你对这 4 种评估方法的认识。

4.2.2　案例分析

本题考查对项目成本管理中净现值及其他评估方法的掌握程度。

净现值法是评估方法中的重点。净现值是未来现金流量的当前值，其中已经包含了时间因素（时间的货币价值），在对多个项目或方案做选择时，净现值最高的就是最好的。

净现值法也有它的缺点，在实际应用中，根据不同的情况或需求，也可能使用净现值指数法和内含报酬率等评估方法。

【问题 1】

根据案例场景中的描述，在现金流量表中依次填入建设期和经营期的投资、成本和收入的金额值。如表 4-3 所示。

表 4-3 现金流量表

项目 ＼ 年度	建 设 期	经 营 期			
	2008	2009	2010	2011	2012
投资	1000	—	—	—	—
成本	—	900	1500	1500	1500
收入	—	1000	2000	2000	2000
净现金流量	–1000	100	500	500	500
12%的贴现系数	0.8929	0.7972	0.7118	0.6355	0.5674
净现值	–892.9	79.72	355.9	317.75	283.7
累计净现值	–892.9	–813.18	–457.28	–139.53	144.17

净现金流量的计算公式：净现金流量=收入–成本

按如下公式计算出每年的净现值和累计净现值：

净现值=净现金流量×贴现系数

累计净现值=净现值+上年度累计净现值

【问题 2】

投资回收期是指从项目的投建之日起，用项目所得的净收益偿还原始投资所需要的年限。投资回收期分为静态投资回收期与动态投资回收期两种。

（1）动态投资回收期。投资引起的现金流入净现值累计到与投资额相等所需要的时间，考虑了资金的时间价值（时间的货币价值，利率因素），一般不包括建设期。

（2）静态投资回收期。投资引起的现金流入净现金累计到与投资额相等所需要的时间，不考虑资金的时间价值（时间的货币价值），一般包括建设期。

有如下计算公式：

动态投资回收期=（T–1）+第（T–1）年度的累计净现值的绝对值/第 T 年的净现值

动态投资收益率=1/动态投资回收期

T 是累计净现值首次出现正值的年头数。

在本题中，在经营期的第 4 年（2012 年年末），累计净现值首次出现正值，T=4。

动态投资回收期=（4–1）+第 3 年度的累计净现值的绝对值/第 4 年的净现值=3+139.53/283.7=3.49 年。

动态投资收益率=1/动态投资回收期=1/3.49=28.65%＞20%，大于标准投资收益率，项目是可行的。

【问题 3】

净现值法的缺陷和纠偏方法如下。

净现值法是一种动态评估法，考虑了资金的时间价值，对于企业现实的投资决策表面看来是十分科学的，但还是有一定的缺陷，主要是人为因素的影响。首先是现金流量是人为估出来的，正确性依赖于评估人的经验；其次项目的使用寿命，还有内部收益率或贴现率，许多数据都是基于对未来预测的基础之上的，而预测的准确性又取决于预测者的经验、态度及对风险的偏好，即存在诸多人为因素，可能出现判断的失误。可以通过约当系数法、风险调整贴现率法来纠偏。

（1）净现值法（Net Present Value，NPV）。在贴现了所有的成本和收益之后，贴现后的收益与贴现后的成本之和就等于净现值。如果结果为正，则投资就是可行的；结果为负，则投资就不够好。具有最高正净现值的方案就是最佳投资方案。净现值是未来现金流量的当前值，其中已经包含了时间因素（时间的货币价值），在对多个项目或方案做选择时，净现值最高的就是最好的。

如果每个方案的投资额度不同，单单依据净现值的大小不一定能得出正确决策，还需要结合现值指数进行分析。

（2）现值指数法（Present Value Index Method，PVI 法）。是指某一投资方案未来现金流入的现值同其现金流出的现值之比。具体来说，就是把某投资项目投产后的现金流量，按照预定的投资报酬率折算到该项目开始建设的当年，以确定折现后的现金流入和现金流出的数值，然后相除。

现值指数法的计算公式：现值指数=未来现金流入量的总现值÷原始投资额

① 若现金流入的现值对现金流出的现值之比大于 1，表明投资在取得预定报酬率所要求的期望利益之外，还要获得超额的现值利益，这在经济上是有利的。

② 与此相反，若二者之间的比值小于 1，则意味着投资回收水平低于预定报酬率，投资者将无利可图。

现值指数法的优点是通过现值指数指标的计算，能够知道投资方案的报酬率是高于或低于所用的折现率。

现值指数法的缺点是无法确定各方案本身能达到多大的报酬率，因而使管理人员不能明确肯定地指出各个方案的投资利润率可达到多少，以便选取以最小的投资能获得最大的投资报酬的方案。

可以通过如下这个例子来理解现值指数。

项目经理有三个方案可供选择，其中：

甲方案的净现值为 8.95 万，现值指数为 1.08。

乙方案的净现值为 10.8 万，现值指数为 1.03。

丙方案的净现值为 9 万，现值指数为 1.05。

正确的决策应该是什么呢？

答案是选择甲方案。因为甲方案的现值指数为 1.08，在三个方案中最大，且大于 1。该数值越大，投资收益率越高，方案也就越可行。

现值指数是一个相对指标，反映投资效率，而净现值指标是绝对指标，反映投资效益。净现值法和现值指数法虽然考虑了货币的时间价值，但没有揭示方案自身可以达到的具体的报酬率是多少。

（3）内含报酬率。内含报酬率是支出与收入的现值达到相等时的折现率，即使项目净现值等于 0 时的折现率。内含报酬率是根据方案的现金流量计算的，是方案本身的投资报酬率。如果两个方案是相互排斥的，那么应根据净现值法来决定取舍；如果两个方案是相互独立的，则应采用现值指数或内含报酬率作为决策指标。

内含报酬率就是使未来现金流入的现值等于投资时的现值的折现率，也就是使净现值等于 0 的那个折现率。如果投资期限较短（一般在一年以内）不用折现，超过一年，因为资金具有时间价值，在计算收益率的时候就必须进行折现。具体的折现方法要看现金流入是何种形式，分别采用年金现值系数或复利现值系数（也可能二者同时使用）进行折现，如果每年现金流入数额相同，计算比较简单，采用内插法（等比例的原则）计算出内含报酬率；如果每年现金流入数额不相同，依然采用内插法求值，但在折现时要分段计算现值，然后累加。计算内含报酬率首先要有净现值，内含报酬率与净现值在决策的结果上是一致的，内含报酬率大于基准的折现率，则净现值一定大于 0。

（4）投资回收期。通过项目的净收益来回收总投资所需的时间。用来识别可以尽快赢利的项目，缺乏强调获利的大小。

回收期法的优点是简单直观，缺点是不能表现钱的时间价值，也不能表现项目在计算期后的获利趋势，即不能表现回收期后项目的获利情况。主要用来测定方案的流动性而非盈利性。

4.2.3 参考答案

【问题 1】

表 4-4 现金流量表

项目 \ 年度	建 设 期	经 营 期			
	2008	2009	2010	2011	2012
投资	1000	—	—	—	—
成本	—	900	1500	1500	1500
收入	—	1000	2000	2000	2000
净现金流量	−1000	100	500	500	500
12%的贴现系数	0.8929	0.7972	0.7118	0.6355	0.5674
净现值	−892.9	79.72	355.9	317.75	283.7
累计净现值	−892.9	−813.18	−457.28	−139.53	144.17

【问题 2】

动态投资回收期=（T–1）+第（T–1）年度的累计净现值的绝对值/第 T 年的净现值

动态投资收益率=1/动态投资回收期

T 是累计净现值首次出现正值的年头数。

在本题中，在经营期的第 4 年（2012 年年末），累计净现值首次出现正值，T=4。

动态投资回收期=（4–1）+第 3 年度的累计净现值的绝对值/第 4 年的净现值=3+139.53/283.7=3.49 年。

动态投资收益率=1/动态投资回收期=1/3.49=28.65%＞20%，大于标准投资收益率，项目是可行的。

【问题 3】

（1）净现值法的缺陷和纠偏方法如下。

净现值法是一种动态评估法，它的缺陷主要是受人为因素的影响。首先是现金流量是人为估出来的，正确性依赖于评估人的经验；其次项目的使用寿命，还有内部收益率或贴现率，许多数据都是基于对未来预测的基础之上的，而预测的准确性又取决于预测者的经验、态度及对风险的偏好，即存在诸多人为因素，可能出现判断的失误。可以通过约当系数法、风险调整贴现率法来纠偏。

（2）对 4 种评估方法的认识如下。

① 净现值法。在贴现了所有的成本和收益之后，贴现后的收益与贴现后的成本之和就等于净现值。如果结果为正，则投资就是可行的；结果为负，则投资就不够好。具有最高正净现值的方案就是最佳投资方案。净现值是未来现金流量的当前值，其中已经包含了时间因素（时间的货币价值），在对多个项目或方案做选择时，净现值最高的就是最好的。

② 现值指数法。是指某一投资方案未来现金流入的现值同其现金流出的现值之比。具体来说，就是把某投资项目投产后的现金流量，按照预定的投资报酬率折算到该项目开始建设的当年，以确定折现后的现金流入和现金流出的数值，然后相除。

现值指数是一个相对指标，反映投资效率，而净现值指标是绝对指标，反映投资效益。净现值法和现值指数法虽然考虑了货币的时间价值，但没有揭示方案自身可以达到的具体的报酬率是多少。

③ 投资回收期。通过项目的净收益来回收总投资所需的时间。用来识别可以尽快赢利的项目，缺乏强调获利的大小。

回收期法的优点是简单直观，缺点是不能表现钱的时间价值，也不能表现项目在计算期后的获利趋势，既不能表现回收期后项目的获利情况。主要用来测定方案的流动性而非盈利性。

④ 内含报酬率。内含报酬率是支出与收入的现值达到相等时的折现率。即使项目净现值等于 0 时的折现率。内含报酬率是根据方案的现金流量计算的，是方案本身的投

资报酬率。如果两个方案是相互排斥的，那么应根据净现值法来决定取舍；如果两个方案是相互独立的，则应采用现值指数或内含报酬率作为决策指标。

4.3 净现值与投资回报率计算

阅读下列关于项目成本/效益的说明，回答问题 1 至问题 3，将解答填入答题纸的对应栏内。

4.3.1 案例场景

某企业准备开发一个信息管理系统，其生存期为 5 年。该系统的预计开发成本、预计的年运行/维护成本，以及预计的收益如表 4-5 所示（其中带括号的数据表示负值）。

表 4-5 预计的收益

项目 \ 年度	第 0 年	第 1 年	第 2 年	第 3 年	第 4 年	第 5 年
开发成本	(300 000)					
运行/维护成本		(15 000)	(16 000)	(17 000)	(18 000)	(19 000)
折现系数	1.000	0.893	0.797	0.712	0.636	0.567
成本的现值	(300 000)	13395	12752	12 104	11 448	10 773
累计的成本现值	(300 000)					
收益		150 000	170 000	190 000	210 000	230 000
折现系数	1.000	0.893	0.797	0.712	0.636	0.567
收益的现值	0	133 950	135 490	135 280	133 560	130 410
累计的收益现值	0					
累计的成本现值+收益现值	(300 000)					

【问题 1】（12 分）

（1）目前许多管理人员将投资的净现值作为首选的成本效益分析。用 100 字以内文字，说明什么是净现值。

（2）根据表中给出的数据，第 5 年的累计成本现值+收益现值是多少？利用净现值技术分析该项目是否具有经济可行性？并解释原因。

【问题 2】（5 分）

投资回收分析技术用于确定投资是否可以收回以及什么时候收回。在自然增长的收益超过自然增长和持续付出的成本之前的那一段时间被称为投资回收期。根据表 4-5 中给出的数据，该项目的投资回收期为_____年（从 A、B、C、D 这 4 个选项中选择一个）。

    A. 1~2   B. 2~3   C. 3~4   D. 4~5

【问题 3】（8 分）

一个项目的投资回报率（Return on Investment，ROI）是度量企业从一项投资中获得的回报总量与投资总量之间关系的百分率。根据表 4-5 给出的数据，计算该项目的全生存期的投资回报率（lifetime ROI）和年平均投资回报率（annual ROI）。

4.3.2　案例分析

本题考查对净现值、投资回收期和投资回报率的掌握程度。

本题的难点是对累计净现值概念的理解。试题中"累计的成本现值+收益现值"就是指累计净现值，是同一个概念。

对于负值的表示，在案例场景中有这样的描述：其中带括号的数据表示负值。这是在财务报表中的负数表示方式。"累计的成本现值+收益现值"在都用正值表示的情况下，实际上是指"累计的收益现值–成本现值"。

可以通过如下公式计算出累计成本的现值、累计收益的现值。

累计成本的现值=上年度累计成本的现值+本年度成本的现值。

累计收益的现值=上年度累计收益的现值+本年度收益的现值。

累计净现值=累计收益的现值–累计成本的现值。

可以计算出，第 5 年的累计净现值是 308218。

为了比较方便，可以按如下公式计算出每年度的净现值。

净现值=收益的现值–成本的现值。

新增的两行用虚框表示，便于比较。

结果如表 4-6 所示。

【问题 1】

通过表 4-6 可以看出，第 5 年的累计净现值是 308 218。

（1）净现值分析：在贴现了所有的成本和收益之后，贴现后的收益与贴现后的成本之和就等于净现值。如果结果为正，则投资就是可行的；结果为负，则投资就不够好。具有最高正净现值的方案就是最佳投资方案。

净现值是未来现金流量的当前值，其中已经包含了时间因素（时间的货币价值），在对多个项目或方案做选择时，净现值最高的就是最好的。

（2）第 5 年的累计净现值是 308 218。

该项目具有经济可行性。其最终的净现值为正，说明项目能够收回所投入的成本。

表 4-6 计算的结果

年度 项目	第 0 年	第 1 年	第 2 年	第 3 年	第 4 年	第 5 年
开发成本	(300 000)					
运行/维护成本		(15 000)	(16 000)	(17 000)	(18 000)	(19 000)
折现系数	1.000	0.893	0.797	0.712	0.636	0.567
成本的现值	(300 000)	13 395	12 752	12 104	11 448	10 773
累计成本的现值	(300 000)	313 395	326 147	338 251	349 699	360 472
收益		150 000	170 000	190 000	210 000	230 000
折现系数	1.000	0.893	0.797	0.712	0.636	0.567
收益的现值	0	133 950	135 490	135 280	133 560	130 410
累计收益的现值	0	133 950	269 440	404 720	538 280	668 690
累计的成本现值+收益现值	(300 000)	(179 445)	(56 707)	66 469	188 581	308 218
净现值	–300 000	120 555	122 738	123 176	122 112	119 637
累计净现值	–300 000	–179 445	–56 707	66 469	188 581	308 218

【问题 2】

动态投资回收期=（T–1）+第（T–1）年度的累计净现值的绝对值/第 T 年的净现值。

T 是累计净现值首次出现正值的年头数。

可以看出，在第 3 年，累计净现值首次出现正值为 66 469，T=3。

动态投资回收期=3–1+56 707/123 176=2.46 年。

该项目的投资回收期是 2.46 年。

如果不想精确计算投资回收期，则可以通过表 4-6 中的累计净现值进行判断，在第 3 年首次出现正值 66 469，而第 2 年是–56 707，那么投资回收期肯定在 2～3 年之间。

【问题 3】

投资回报率是指通过投资而应返回的价值，企业从一项投资性商业活动的投资中得到的经济回报。它涵盖了企业的获利目标。利润和投入经营所必备的财产相关，因为管理人员必须通过投资和现有财产获得利润。

其计算公式为：投资回报率=年利润或年均利润/投资总额×100%。

从公式可以看出，企业可以通过降低销售成本提高利润率；提高资产利用效率来提高投资回报率。

投资回报率的优点是计算简单；缺点是没有考虑资金时间价值因素，不能正确反映建设期长短及投资方式不同和回收额的有无等条件对项目的影响，分子、分母计算口径的可比性较差，无法直接利用净现金流量信息。只有投资利润率指标大于或等于无风险投资利润率的投资项目才具有财务可行性。

投资回报率往往具有时效性，因为回报通常是基于某些特定年份的。在本题中，回报率的时间范围是指"项目的全生存期"，即项目的全生存期的投资回报率和年平均投资回报率。计算公式如下：

ROI=年平均利润总额/总投资额=（收入–成本）/成本=（累计收益现值–累计成本现值）/累计成本现值=累计净现值/累计成本现值。

年平均投资回报率=全生存期的投资回报率/ 年限。

从表 4-6 中取出全生存期的累计净现值和累计成本现值进行计算，结果如下：

全生存期的投资回报率=累计净现值/累计成本现值=308 218/360 472=85.5%。

年平均投资回报率=全生存期的投资回报率/年限=85.5% / 5 =17.1%。

4.3.3　参考答案

【问题 1】

（1）净现值分析：在贴现了所有的成本和收益之后，贴现后的收益与贴现后的成本之和就等于净现值。如果结果为正，则投资就是可行的；结果为负，则投资就不够好。具有最高正净现值的方案就是最佳投资方案。

（2）第 5 年的累计的成本现值+收益现值是 308 218。

该项目具有经济可行性。其最终的净现值为正，说明项目能够收回所投入的成本。

【问题 2】

由表 4-6 中计算出的数据可知，在第 2～3 年时，收益已经超过了所投入的成本。所以，该项目的投资回收期为 2～3 年。选择 B。

【问题 3】

全生存期的投资回报率=（预计的全生存期收益+预计的全生存期成本）/ 预计的全生存期成本

=（668 690–360 472）/360 472

=85.5%

年平均投资回报率=全生存期的投资回报率 / 软件的生存期

=85.5%/5

=17.1%

4.4　挣值分析

阅读以下关于成本管理的叙述，回答问题 1 至问题 3，将解答填入答题纸的对应栏内。

4.4.1　案例场景

一个预算 100 万的项目，为期 12 周，现在工作进行到第 8 周。已知成本预算是 64 万，实际成本支出是 68 万，挣值为 54 万。

【问题 1】（8 分）

请计算成本偏差（CV）、进度偏差（SV）、成本绩效指数（CPI）和进度绩效指数（SPI）。

【问题 2】（5 分）

根据给定数据，近似画出该项目的预算成本、实际成本和挣值图。

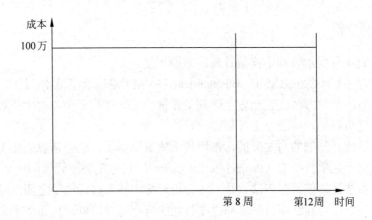

图 4-1　挣值图模板

【问题 3】（12 分）

对以下 4 幅图表，分别分析其所代表的效率、进度和成本等情况，针对每幅图表所反映的问题，可采取哪些调整措施？

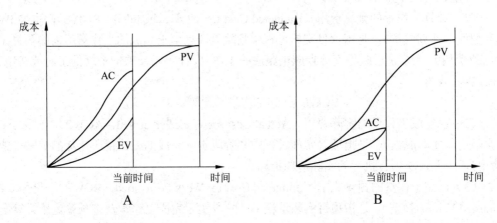

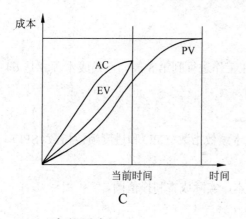

C

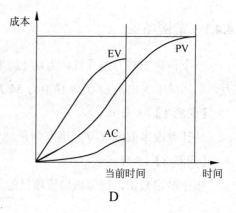

D

4.4.2 案例分析

本题考查项目成本管理中挣值管理的掌握程度。

挣值管理系统（Earned Value Management，EVM）是综合了范围、进度计划和资源，测量项目绩效的一种方法。它比较了计划工作量、实际挣得多少与实际花费成本，以决定成本和进度绩效是否符合原定计划。

所有的价值，计划的与实际的，都用货币值表示偏差。这会使我们认为挣值与钱有关，但它反映的是项目绩效（Project Performance）。它也是沟通管理的一个重要工具。

挣值分析法又称偏差分析法，是一种分析目标实施与目标期望之间差异的方法。挣值法的优点是能同时判断项目预算和进度计划的执行情况，以预算和费用来衡量工程的进度。

【问题1】

要求根据给出的三个挣值管理参数 EV、AC 和 PV，计算成本偏差、进度偏差、成本绩效指数和进度绩效指数。需要了解这些参数的含义及其计算公式。

挣值法的三个基本参数如下。

（1）计划工作量的预算费用（Budgeted Cost for Work Scheduled，BCWS），也称 PV（计划值，计划成本）。是指项目实施过程中某阶段计划要求完成的工作量所需的预算工时（或费用），主要是反映进度计划应当完成的工作量，而不是反映应消耗的工时或费用。其计算公式为：

$$BCWS=计划工作量 \times 预算定额$$

（2）已完成工作量的实际费用（Actual Cost for Work Performed，ACWP），也称 AC（实际值，实际成本）。是指项目实施过程中某阶段实际完成的工作量所消耗的工时（或费用），主要反映项目执行的实际消耗指标。

（3）已完工作量的预算成本（Budgeted Cost for Work Performed，BCWP），也称 EV（Earned Value，挣值）。是指项目实施过程中某阶段实际完成工作量及按预算定额计算出来的工时（或费用），其计算公式为：

BCWP=已完成工作量×预算定额

注意挣值公式中，不同的表示方法有相同的意义。

$$EV=BCWP；AC=ACWP；PV=BCWS$$

挣值法的 4 个评价指标如下。

（1）进度偏差（Schedule Variance，SV）。SV 是指在某个检查日期，EV 与 PV 之间的差异，其计算公式为：

$$SV=EV-PV$$

当 SV 为正值时，表示进度提前；当 SV 为负值时，表示进度延期。

（2）费用偏差（Cost Variance，CV）。CV 是指在某个检查日期，EV 与 AC 之间的差异，其计算公式为：

$$CV=EV-AC$$

当 CV 为正值时，表示实际消耗人工（或费用）低于预算值，即有节余或效率高；当 CV 为负值时，表示执行效果不佳，即实际消耗人工（或费用）超过预算值，即超支；当 CV 为 0 时，表示实际消耗人工（或费用）等于预算值。

（3）成本绩效指数（Cost Performed Index，CPI）。CPI 是指 EV 与 AC 之比。计算公式为：

$$CPI=EV / AC$$

当 CPI>1，表示低于预算，即实际成本低于挣值；当 CPI<1，表示超出预算，即实际成本高于挣值；当 CPI=1，表示实际成本与挣值正好吻合。

（4）进度绩效指数（Schedule Performed Index，SPI）。SPI 是指项目 EV 与 PV 之比。计算公式为：

$$SPI=EV / PV$$

当 SPI>1，表示进度提前，即实际进度比计划进度快；当 SPI<1，表示进度延误，即实际进度比计划进度慢；当 SPI=1，表示实际进度等于计划进度。

本题已经给出三个基本参数的值：

$$EV=54；AC=68；PV=64$$

可以根据下列公式分别计算出 CV、SV、CPI、SPI。如下所示：

CV=EV-AC=54-68= -14 万元

SV=EV-PV=54-64= -10 万元

CPI=EV / AC=54 / 68=0.794

SPI=EV / PV=54 / 64=0.843

【问题 2】

本题要求画出挣值法评价曲线。

挣值法评价曲线的坐标已经在试题中给出（如图 4-1 所示），横坐标表示时间，纵坐标表示费用。

　　PV 曲线为计划工作量的预算费用曲线，表示项目投入的费用随时间的推移在不断积累，直至项目结束达到它的最大值，所以曲线呈 S 形状，也称为 S 曲线。如图 4-2 所示。

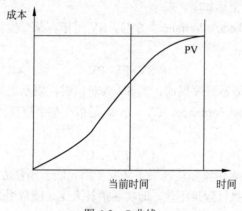

图 4-2　S 曲线

AC 和 EV 也随项目的推进而不断增加，也是呈 S 形的曲线。

利用挣值法评价曲线可以进行费用进度评价。

在本题中，在第 8 周末检查日期，PV=64 万元，AC=68 万元，EV=54 万元。

依次画出 PV、AC、EV 曲线，可以大体完成如下挣值法评价曲线，如图 4-3 所示。

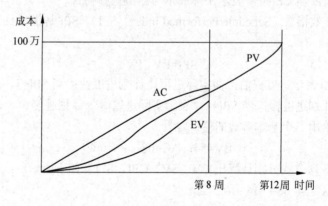

图 4-3　挣值法评价曲线

【问题 3】

　　本题所给出的 4 幅图表，EV、PV 和 AC 三个基本参数在某个检查时间，位置不同，其实就是让考生通过比较这三个参数的大小，来判断项目的进展情况，来有针对性地采取措施。

可以通过 CV 和 SV 是否大于 0 进行判断。

利用公式 CV=EV–AC；SV=EV–PV。

CV＞0，表明成本节约；CV<0，表明成本超支。

SV＞0，表明进度拖期；SV<0，表明进度拖期。

4.4.3　参考答案

【问题 1】

该项目的成本偏差（CV）、进度偏差（SV）、成本绩效指数（CPI）、进度绩效指数（SPI）的计算结果如下：

CV=EV–AC=54–68= –14 万元

SV=EV–PV=54–64= –10 万元

CPI=EV / AC=54 / 68=0.794

SPI=EV / PV=54 / 64=0.843

SV 和 CV 均小于 0，表明目前项目拖期，并且超支。

【问题 2】

该项目的预算成本、实际成本和挣值图如图 4-3 所示。在图 4-3 中，在第 8 周末检查日期，PV=64 万元，AC=68 万元，EV=54 万元。

【问题 3】

（1）在图 A 中，EV、AC、PV 三个参数之间的关系为 EV<PV<AC。

表明：进度拖延，成本超支，项目的进展很低效。

应采取的措施：提高效率，例如用工作效率高的人员更换一批工作效率低的人员；采用赶工、工作并行等方式追赶进度；同时要加强成本监控。

（2）在图 B 中，EV、AC、PV 三个参数之间的关系为 EV≤AC<PV。

表明：进度拖延，成本支出与预算相差不大。

应采取的措施：增加高效人员；采用赶工、工作并行等方式追赶进度。

（3）在图 C 中，EV、AC、PV 三个参数之间的关系为 PV<EV≤AC。

表明：进度提前，成本支出与预算相差不大。

应采取的措施：提高效率，减少人员成本；加强人员培训和质量控制。

（4）在图 D 中，EV、AC、PV 三个参数之间的关系为 AC<PV<EV。

表明：进度提前，成本节约，项目在可控范围内高效进行。

应采取的措施：密切监控，将现在的良好状态保持下去；加强质量控制。

4.5　完工估算

阅读以下关于成本管理的叙述，回答问题 1 至问题 3，将解答填入答题纸的对应栏内。

4.5.1 案例场景

某小型软件外包项目的各项工作费用预算如表 4-7 所示。项目经过一段时间实施之后，现在进入第 5 周，在第 5 周初，项目经理小王对前 4 周的实施情况进行了总结，有关项目各项工作在前 4 周的执行情况也汇总在表 4-7 中。

表 4-7　各项工作费用预算及前 4 周计划与执行情况统计表

工作代号	预算费用（美元）	实际完成的百分比	AC（美元）	EV（美元）
A	250	100%	280	
B	300	100%	300	
C	150	100%	140	
D	300	100%	340	
E	150	100%	180	
F	350	0%	0	
G	900	100%	920	
H	250	100%	250	
I	700	50%	400	
J	550	100%	550	
K	350	100%	340	
L	400	20%	100	
M	200	0%	0	
N	450	0%	0	
总费用	5300			

【问题 1】（8 分）

计算前 4 周各项工作的挣值，并计算出项目在第 4 周末的挣值，填入表 4-7 中。

【问题 2】（5 分）

前 4 周计划完成项目总工作量的 65%，请计算项目第 4 周结束时的计划成本（PV）和实际成本（AC），分析项目的进度执行情况。

【问题 3】（12 分）

（1）假设项目目前的执行情况可以反映项目未来的变化，请估计项目完成时的总成本（EAC）。（8 分）

（2）由于项目出现了超支，小王对项目的费用支出情况进行了分析，发现工作 I 仅执行了一半，但是该工作的固定费用 300 美元已经全部支付；另外一项工作 M 还未开始，但已经事先支付了一笔 50 美元的测试工具费用。请根据这一情况重新分析项目的执行情

况。（4 分）

4.5.2　案例分析

本题考查项目成本管理中挣值管理的掌握程度。

需要了解几个概念。

- 完工总预算（Budget at Completion，BAC）：原计划的工作总成本应为多少。
- 完工估算（Estimate at Completion，EAC）：现在期待工作总成本则变为多少。也称为预估完工成本，由过去对未来的总预算，项目进行若干时间后，以当日为基准对整个项目所需总成本的预算。
- 完工尚需估算（Estimate To Complete，ETC）：以当日为基准对剩余项目活动所需要的成本预计。

在挣值分析法中，对于完工估算有三种不同的形式，含义不同。

完工估算是根据项目绩效和风险量化对项目总成本的预测。最常用的预测技术就是下述方法的不同形式。

（1）EAC=截止目前的实际成本+所有剩余工作的新估算。

这种方法通常用于以下两种情况：过去的实施情况表明原来所作的估算彻底过时了；或由于条件的变化，原来的估算已不再适合。

公式：EAC=AC+ETC

（2）EAC=截止目前的实际成本+剩余的预算（BAC–EV）。

在目前的偏差被视为一种特例，并且项目团队认为将来不会发生类似的偏差情况下，常采用这种方法。

公式：EAC=AC+（BAC–EV）

（3）EAC=截止目前的实际成本+经实际成本绩效指数（CPI）修改的剩余项目的预算。

这种方法通常在把目前的偏差视为将来偏差的典型形式时使用。

公式：EAC=AC+（BAC–EV）/CPI

或 EAC=BAC/CPI

这里 CPI 是累积的 CPI。

【问题 1】

按如下公式计算各项工作的挣值和项目的挣值：

挣值=费用预算×实际完成工作量百分比

项目的挣值（EV）=各工作挣值之和=3630 美元。

【问题 2】

前 4 周计划完成项目总工作量的 65%，则项目第 4 周结束时的计划成本（PV）为：

PV=项目总费用×65%=5300×65%=3445 美元。

表4-8　计算结果

工作代号	预算费用 BAC	实际完成的百分比	实际消耗费用 AC	挣值 EV
A	250	100%	280	250
B	300	100%	300	300
C	150	100%	140	150
D	300	100%	340	300
E	150	100%	180	150
F	350	0%	0	0
G	900	100%	920	900
H	250	100%	250	250
I	700	50%	400	350
J	550	100%	550	550
K	350	100%	340	350
L	400	20%	100	80
M	200	0%	0	0
N	450	0%	0	0
总费用	5300			3630

实际成本（AC）为：

AC=各项工作实际费用之和=280+300+140+340+180+0+920+250+400+550+340+100=3800美元。

分析项目的进度执行情况：

成本偏差（CV）=EV–AC=3630–3800= –170，小于0，费用超支。

进度偏差（SV）=EV–PV=3630–3445=85，大于0，进度超前。

【问题3】

（1）由于将项目目前的偏差视为将来偏差的典型形式，则有：

CPI=EV/AC=3630/3800=0.9553。

EAC=BAC/CPI=5300/0.9553=5548.2美元。

（2）修正后的 AC'=3800–（300/2）–50=3600美元，因此：

CV=EV–AC'=3630–3600=30，大于0，项目的费用略有节支。

CPI=EV/AC'=3630/3600=1.008。

EAC=BAC/CPI=5300/1.008=5256.2美元，项目的总体情况良好。

4.5.3　参考答案

【问题1】

前4周各项工作的挣值和项目在第4周末的挣值如表4-8所示。

【问题 2】

PV=项目总费用×65%=5300×65%=3445 美元。

AC=各项工作实际费用之和=280+300+140+340+180+0+920+250+400+550+340+100=3800 美元。

CV=EV–AC=3630–3800= –170，小于 0，费用超支。

SV=EV–PV=3630–3445=85，大于 0，进度超前。

【问题 3】

（1）由于将项目目前的偏差视为将来偏差的典型形式，则有：

CPI=EV/AC=3630/3800=0.9553。

EAC=BAC/CPI=5300/0.9553=5 548.2 美元。

（2）修正后的 AC'=3800–（300/2）–50=3600 美元，因此：

CV=EV–AC'=3630-3600=30，大于 0，项目的费用略有节支。

CPI=EV/AC'=3630/3600=1.008。

EAC=BAC/CPI=5300/1.008=5256.2 美元，项目的总体情况良好。

4.6　赶工成本与工期优化

阅读以下关于项目管理的叙述，回答问题 1 至问题 3，将解答填入答题纸的对应栏内。

4.6.1　案例场景

希赛信息集成公司承揽了一个机房建设工程项目，张工是这个项目的总负责人。张工对工作进行了分解，估算了各项工作的历时，并明确了各项工作的依赖关系。他得出如下一张双代号网络图，如图 4-4 所示。

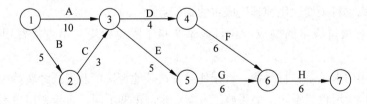

图 4-4　双代号网络图

在图 4-5 中，数字为工作历时的天数。

为了在有限的资金内加快进度，张工认为应该对工期进行优化，计划对A、B、C 三项工作进行赶工，D、E、F、G、H 工作由于受客观条件的限制，无法赶工。通过项目组的调查分析，得出如下赶工费用表，如表4-9所示。

表4-9　赶工费用表

工作代号	最初历时（天）	经过最大赶工后的历时（天）	节省的时间（天）	总共增加的赶工费（千元）
A	10	6	4	16
B	5	4	1	2
C	3	2	1	2

张工认为，工期优化不一定是使工期压缩到最短，在项目总工期允许的范围内，在赶工费用允许的范围内，适当缩短工期还是可以的。本项目的要求工期是在26天范围内完成，提前完成可以提前结项。

项目组提出4个工期优化方案可供选择：

（1）工作A用7天，B用5天，C用2天。

（2）工作A用10天，B用5天，C用2天。

（3）工作A用6天，B用4天，C用2天。

（4）工作A用8天，B用5天，C用3天。

该工程项目间接费用每天5 000元。

【问题1】（4分）

该项目的最初工期是多少天？能否满足26天的要求工期的需要？

【问题2】（6分）

什么是工期优化？叙述你对工期优化的理解。

【问题3】（15分）

如果你是张工，你将选择哪个工期优化方案？叙述你选择方案的理由。

4.6.2　案例分析

本题考查项目工期优化和赶工成本的知识点。

需要了解项目成本的构成，项目成本是指工程总费用，由直接费用和间接费用组成。

直接费用由人工费、材料费、机械使用费、其他直接费及现场经费等组成。施工方案不同，直接费用也就不同；如果施工方案一定，工期不同，直接费用也不同。直接费用会随着工期的缩短而增加。例如赶工时需要的加班越多，需要支付的加班工资就越多。

间接费用包括企业经营管理的全部费用，它一般会随着工期的缩短而减少。在考虑工程总费用时，还应考虑工期变化带来的其他损益，包括效益增量和资金的时间价值等，但在本题中并没这方面的描述。

【问题 1】

项目的最初工期就是指在工期优化之前的关键路径的历时，通过枚举法对所有路径比较后得知，该项目的关键路径为①→③→⑤→⑥→⑦。

总工期=10+5+6+6=27（天）。

要求工期是 26 天，小于总工期 27 天，不能满足要求工期的需要。

当计算工期（总工期）大于要求工期时，需要对网络图进行优化，或对关键任务进行赶工。

【问题 2】

工期优化就是压缩计算工期，以达到要求工期的目标，或在一定约束条件下使工期最短的优化过程。要注意对约束条件的理解，在本题中，没有对赶工的总成本进行说明，约束条件只是一个要求工期。工期优化的目的是在符合要求工期的条件下，支付尽可能少的赶工成本，还包括对间接费用的最大节约。

工期优化是指采用某种方法使工程总费用与工程进度达到最佳经济效果。

参见第 3 章案例 3.1 中问题 3 的案例分析。

【问题 3】

在本题中，要满足要求工期，就必须对关键路径上的工作进行赶工，按照案例场景中的描述，只有 A、B、C 三项工作可以赶工，其中关键路径为①→③→⑤→⑥→⑦，只有 A 工作在关键路径上，是赶工的重点。

工期优化方案已经确定，要从 4 个方案中进行选择。可以对这 4 个方案分别计算发生的成本和压缩的时间。在计算成本时要考虑发生的直接费用（赶工费）和节约的间接费用。注意每个工作可压缩的时间是有限制的，工作 A 最多只能压缩 4 天，工作 B 和 C 最多只能压缩 1 天。一般认为，当一个工作的历时只有 1 天时，是不能再进行压缩的，这就是它的压缩点，是刚性的。

从赶工费用表中，计算出各项工作的赶工成本。

每天的赶工费=总共增加的赶工费/节省的时间

计算结果如表 4-10 所示。

表 4-10　计算结果

工作代号	最初历时（天）	经过最大赶工后的历时（天）	节省的时间（天）	总共增加的赶工费（千元）	每天的赶工费（千元）
A	10	6	4	16	4
B	5	4	1	2	2
C	3	2	1	2	2

（1）在方案 1 中，工作 A 用 7 天，B 用 5 天，C 用 2 天。

工作 A 压缩的天数=10–7=3（天）。

压缩工作 A 发生的赶工费用=3×4=12（千元）。

工作 B 的历时不变，不产生赶工费用。

工作 C 压缩的天数=3–2=1（天）。

压缩工作 C 发生的赶工费用=1×2=2（千元）。

此时，出现①→③→⑤→⑥→⑦和①→②→③→⑤→⑥→⑦两条关键路径，工作 A、B、C 均在关键路径上，工期为 24 天，缩短了 3 天。

增加的赶工费=12+0+2=14（千元）。

节约的间接费=3×5=15（千元）。

增加的总成本=增加的赶工费–节约的间接费=14–15=–1（千元）。

这说明，这个方案压缩了 3 天时间，满足了要求工期，节约了 1 千元费用。

（2）在方案 2 中，工作 A 用 10 天，B 用 5 天，C 用 2 天。

工作 A 和 B 历时不变，不产生赶工费用。

工作 C 压缩的天数=3–2=1（天）。

压缩工作 C 发生的赶工费用=1×2=2（千元）。

此时，关键路径没变，工期也没变，仍为 27 天。

增加的赶工费=0+0+2=2（千元）。

节约的间接费=0×5=0（千元）。

增加的总成本=增加的赶工费–节约的间接费=2–0=2（千元）。

这说明，这个方案没有压缩关键路径上的历时，不满足要求工期，增加了 2 千元费用。

（3）在方案 3 中，工作 A 用 6 天，B 用 4 天，C 用 2 天。

这个方案已经最大程度地压缩了 3 项工作。

工作 A 压缩的天数=10–6=4（天）。

压缩工作 A 发生的赶工费用=4×4=16（千元）。

工作 B 压缩的天数=5–4=1（天）。

压缩工作 B 发生的赶工费用=1×2=2（千元）。

工作 C 压缩的天数=3–2=1（天）。

压缩工作 C 发生的赶工费用=1×2=2（千元）。

此时，出现①→③→⑤→⑥→⑦和①→②→③→⑤→⑥→⑦两条关键路径，工作 A、B、C 均在关键路径上，工期为 23 天，缩短了 4 天。

增加的赶工费=16+2+2=20（千元）。

节约的间接费=4×5=20（千元）。

增加的总成本=增加的赶工费–节约的间接费=20–20=0（千元）。

这说明，这个方案压缩了 4 天时间，满足了要求工期，费用没有变化。

（4）在方案 4 中，工作 A 用 8 天，B 用 5 天，C 用 3 天。

工作 A 压缩的天数=10–8=2（天）。

压缩工作 A 发生的赶工费用=2×4=8（千元）。

工作 B 和 C 历时不变，不产生赶工费用。

此时，出现①→③→⑤→⑥→⑦和①→②→③→⑤→⑥→⑦两条关键路径，工作 A、B、C 均在关键路径上，工期为 25 天，缩短了 2 天。

增加的赶工费=8+0+0=8（千元）。

节约的间接费=2×5=10（千元）。

增加的总成本=增加的赶工费–节约的间接费=8–10= –2（千元）。

这说明，这个方案压缩了 2 天时间，满足了要求工期，节约了 2 千元费用。

对比这 4 个方案可以发现，方案 2 不满足要求工期，不用考虑；方案 1、3、4 均满足要求工期，但方案 4 节约的费用 2 千元是成本最节约的，故该方案最优。

除了上面的分析，还可以设想一下，既然工作 A 在关键路径上，只要将工作 A 压缩 1 天，总工期就变成了 26 天，就满足了要求工期 26 天，为什么要多压缩 1 天呢？

分析在工作 A 只压缩 1 天情况下的成本变化：

增加的总成本=增加的赶工费–节约的间接费=4×1–5×1= –1（千元）。

与方案 4 进行比较，还是方案 4 节约的成本多，最优。因为在项目的成本预算中，不仅要考虑直接费用，还要考虑间接费用。这也许就是一些项目在能按期交付时，仍要赶工的原因。

4.6.3　参考答案

【问题 1】

该项目的关键路径为①→③→⑤→⑥→⑦。

总工期=10+5+6+6=27（天）。

要求工期是 26 天，小于总工期 27 天，不能满足要求工期的需要。

【问题 2】

工期优化就是压缩计算工期，以达到要求工期的目标，或在一定约束条件下使工期最短的优化过程。

工期优化是指采用某种方法使工程总费用与工程进度达到最佳经济效果。

【问题 3】

选择第 4 个工期优化方案，即工作 A 用 8 天，B 用 5 天，C 用 3 天。

经过分析计算，这 4 个方案的结果如下。

（1）方案 1 压缩了 3 天时间，满足了要求工期，节约了 1 千元费用。

（2）方案 2 不满足要求工期，增加了 2 千元费用。

（3）方案 3 压缩了 4 天时间，满足了要求工期，费用没有变化。

（4）方案 4 压缩了 2 天时间，满足了要求工期，节约了 2 千元费用。

采用方案 4，不仅工程进度可提前 2 天，满足了要求工期，而且可节约总成本 2 千元。方案 4 在所提供的 4 个方案中是最优的。

4.7　决策树与成本决策

阅读以下关于项目投资成本管理的叙述，回答问题 1 至问题 3，将解答填入答题纸的对应栏内。

4.7.1　案例场景

某大型百货公司根据市场需求，拟进行电子商务系统的建设，以扩大销售渠道和优化现有的销售模式。经过专家分析，共有如下 4 种方式可以选择。

（1）企业自行从头开发。

（2）复用已有的构件来构造。

（3）购买现成的软件产品。

（4）承包给专业公司开发。

针对这几种方式，项目经理提供了图 4-5 所示的决策树，供总经理选择建设方式。

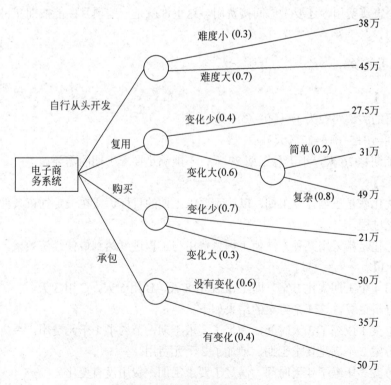

图 4-5　决策树

【问题 1】（8 分）

请根据决策树中所列的成本，计算出这 4 种方式的期望成本。

【问题 2】（5 分）

请问根据成本最小化原则，哪种方式是最佳决策？为什么？

【问题 3】（12 分）

在项目管理中，对将来要发生的成本数据都需要进行估算。该公司信息技术力量雄厚，曾经在公司内部信息化工作中研发过若干信息系统，假如这次采用"复用已有的构件来构造"这一建设方式，请从如下三种方式中选出一种合适的成本估算方法，并解释原因。

成本估算方法：A．类比估算法　　　B．资源单价法　　　C．自下而上的成本估算

4.7.2　案例分析

本题考查决策树分析技术和成本决策的相关知识点。

在软件应用领域，直接获取（购买）计算机软件常常比自行开发的成本要低得多。软件工程管理者面临着做出自行开发还是购买的决策问题，而且由于存在多种可选的获取方案使得决策更加复杂。这些决策包括从头开始构造系统；复用已有的"具有部分经验"的构件来构造系统；购买现成的软件产品，并进行修改以满足当前项目的需要；将软件开发承包给外面的开发商。

可以采用决策树分析来帮助管理者进行决策。

决策树（decision tree）一般都是自上而下的来生成的。每个决策或事件（即自然状态）都可能引出两个或多个事件，导致不同的结果，把这种决策分支画成图形很像一棵树的枝干，故称决策树。

决策树由决策节点、机会节点与节点间的分枝连线组成。通常，人们用方框表示决策节点，用圆圈表示机会节点，从决策节点引出的分枝连线表示决策者可作出的选择，从机会节点引出的分枝连线表示机会节点所示事件发生的概率。

在利用决策树解题时，应从决策树末端起，从后向前，步步推进到决策树的始端。在向前推进的过程中，应在每一阶段计算事件发生的期望值。需特别注意，如果决策树所处理问题的计划期较长，计算时应考虑资金的时间价值。

计算完毕后，开始对决策树进行剪枝，在每个决策节点删去除了最高期望值以外的其他所有分枝，最后步步推进到第一个决策节点，这时就找到了问题的最佳方案。

决策树分析技术不仅用于成本决策，也用在风险管理中。

【问题 1】

题目图中路径上的数字是出现该情况的概率，"树叶"金额是出现该情况的成本，成本的预期值 $=\sum$（路径概率）$_i\times$（估算的路径成本）$_i$，其中，i 是决策树的某条路径。

根据决策树中所列的成本，分别计算出这 4 种方式的期望成本。

期望成本=∑（发生概率×发生成本）

（1）企业自行从头开发所需成本=38×0.3+45×0.7=42.9（万元）。

（2）复用已有的构件来构造所需成本=27.5×0.4+（31×0.2+49×0.8）×0.6=38.24（万元）。

（3）购买现成的软件产品所需成本=21×0.7+30×0.3=23.7（万元）。

（4）承包给专业公司开发所需成本=35×0.6+50×0.4=41（万元）。

【问题2】

成本决策的前提是必须遵循一定的原则，也就是决定某项备选方案是否可行的标准。

一般地说，应遵循的原则如下。

（1）收益大于成本的原则。无论何种方案，必须看它的可实现收益是否大于其投入的成本。不能达到这一点，该方案即不可行。

（2）边际效益原则。有些方案在执行过程中可通过追加一定的支出而使其可提供效益越来越高，在这种情况下，就要考虑投入多少成本时，它所提供的收益减去成本值达到最大化，即边际效益最大化。

（3）成本最小化原则。当一项经济业务的收益难以确定时，应考虑在达到既定目标的前提下，如何使投入的成本最小化。

购买现成的软件产品所需预期成本为23.7万元，在4种方式中，预期成本最低，符合成本最小化原则，因此管理者选择建设方式的最佳决策是购买现成的软件产品。

【问题3】

常用的成本估算方法如下。

（1）类比估算法。成本类比估算是指利用过去类似项目的实际成本作为当前项目成本估算的基础。当对项目的详细情况了解甚少时（如在项目的初期阶段），往往采用这种方法估算项目的成本。类比估算是一种专家判断，又称"自上而下估算法"。

类比估算的成本通常低于其他方法，而且其精确度通常也较差。此种方法在以下情况中最为可靠：与以往项目的实质相似，而不只是在表面上相似，并且进行估算的个人或集体具有所需的专业知识。

（2）资源单价法。估算单价的个人和准备资源的小组必须清楚了解资源的单价，然后对项目活动进行估计。确定资源费率就必须知道每种资源的单位费率，如每小时的人工费或每立方米土方的成本，从而来估算活动成本。如"项目管理师"每小时150元，"系统分析师"每小时100元，"软件设计师"每小时60元等。收集报价是获得费率的一种方法。

在执行合同项目的情况下，标准单价也可以写入合同中。如果不能知道确切的单价，也要对单价进行估计，完成成本的估算，不过这是没有办法的办法。

（3）自下而上的成本估算。自下而上估算方法是指估算单个工作包或细节最详细的活动的成本，然后将这些详细成本汇总到更高层级，以便于报告和跟踪目的。自下而上估算方法的成本，其准确性取决于单个活动或工作包的规模和复杂程度。一般来说，需要投入量较小的活动，其活动成本估算的准确性较高。但是这种方法实际操作起来非常耗时，成本估算工作本身也要大量经费支持。自下而上估算方法也叫"工料清单法"。

假如采用"复用已有的构件来构造"这一建设方式，建议采用类比估算法，因为复用技术的可比性较强，使用以前的构件，有经验可参考，对以前的开发技术可以做到相对准确的估算。

4.7.3　参考答案

【问题1】

（1）企业自行从头开发所需成本=38×0.3+45×0.7=42.9（万元）。

（2）复用已有的构件来构造所需成本=27.5×0.4+（31×0.2+49×0.8）×0.6=38.24（万元）。

（3）购买现成的软件产品所需成本=21×0.7+30×0.3=23.7（万元）。

（4）承包给专业公司开发所需成本=35×0.6+50×0.4=41（万元）。

【问题2】

成本最小化原则是指当一项经济业务的收益难以确定时，应考虑在达到既定目标的前提下，如何使投入的成本最小化。

购买现成的软件产品所需预期成本为23.7万元，在4种方式中，预期成本最低，符合成本最小化原则。因此，选择建设方式的最佳决策是购买现成的软件产品。

【问题3】

假如采用"复用已有的构件来构造"这一建设方式，建议采用类比估算法，因为复用技术的可比性较强，使用以前的构件，有经验可参考，对以前的开发技术可以做到相对准确的估算。

成本类比估算是指利用过去类似项目的实际成本作为当前项目成本估算的基础。此种方法在以下情况中最为可靠：与以往项目的实质相似，而不只是在表面上相似，并且进行估算的个人或集体具有所需的专业知识。

第 5 章　项目质量管理案例

　　质量是一个项目的生命，是项目三要素之一，是评价项目成功与否的一个重要方面。而信息系统项目对象的特殊性又决定了质量管理（Quality Management）是一件非常繁杂而又重要的工作，质量将很大程度上影响项目投资的回收及收益率问题，也影响着项目成果的交付，以及项目成果在投入使用后的运行维护等工作。

　　质量是项目交付成果在使用期内直接或间接对使用者需求指标的满足情况。按照PMBOK2004 中的定义，项目质量管理的过程包括质量计划编制、执行质量保证和执行质量控制。在信息系统项目管理中，质量管理包括项目质量启动、项目质量规划、项目质量保证、项目质量控制及项目质量的结束和收尾工作。

5.1　客户为什么没有信心

　　阅读以下关于项目质量管理方面问题的叙述，回答问题 1 至问题 3，将解答填入答题纸的对应栏内。

5.1.1　案例场景

　　某信息技术有限公司中标了某大型餐馆连锁企业集团的信息系统项目，该项目包括单店管理、物流系统和集团 ERP 等若干子项目。由该信息技术有限公司的高级项目经理张工全面负责实施。张工认为此项目的质量管理的关键在于系统地进行测试。

　　张工制订了详细的测试计划用来管理项目的质量。在项目实施过程中，他通过定期发给用户的测试报告来证明项目质量是有保证的。可是客户总觉得有什么地方不对劲，对项目的质量还是没有信心。

　　【问题 1】（6 分）

　　客户对项目的质量没有信心的可能原因是什么？

　　【问题 2】（10 分）

　　项目的质量管理计划一般应该包括哪些内容？

　　【问题 3】（9 分）

　　张工应该如何实施项目的质量保证？项目的质量控制和质量保证有哪些区别与联系？

5.1.2　案例分析

　　本题的主要内容是考查项目质量管理的基本知识，如质量管理的重要性、主要内容以及项目质量管理的一般过程与步骤，及项目质量管理中两个极其重要的概念，即质量保证和质量控制的相关知识。

【问题 1】

质量是项目交付成果的一个重要因素。质量是相对于需求的，而需求又包括已经被表达的显性需求和尚待发现的隐性需求，就算是显性需求，也有没有合理表达的可能。因此质量问题不仅是个大问题，还是个很难解决的问题。

与质量相关的概念还有范围和等级。范围是质量的前提，主要是指项目完成后交付成果应该具有的直接或者间接的需求指标，即范围是对质量的圈定。而等级是对具有相同功能的项目交付成果按照其具有的技术特征进行分类和分级，即等级是一个硬性标准，对于不同的组织，同一等级的交付成果，对于不同的客户，质量是有一定差别的。

朱兰（Joseph Moses Juran）提出"质量是一种适用性（Fitness for Use），即产品在使用期内对使用者的需求的满足情况"。这也强调了质量并不是所有指标都达到最优，而是在有限的时间内，对使用者本身需求的满足情况，质量最终是一种适用性，而不是仅仅的"高指标"，甚至会在弱需求的情况下实行满足要求的低指标。

Juran 提出的这个概念主要是针对产品的，但项目的交付成果也是同样的道理。

质量管理在信息系统项目的建设中，是指在建设中指导和控制项目干系人对与质量有关活动的协调。与项目交付成果的质量相关的活动很多，主要有以下几个方面。

（1）质量方针与目标的建立。

（2）质量计划。

（3）质量控制。

（4）质量保证与改进。

对于项目的质量管理，有很多相应的理论。例如将质量与劳动生产率和成本进行综合研究的戴明理论，上面介绍到的以适用性为质量中心的朱兰理论，提高质量管理中对组织认识的克鲁斯比理论，注重过程的田口玄一理论，以 QC（Quality Control，质量控制）小组和鱼刺图闻名的石川馨理论，提出全面质量管理的费根堡姆理论，摩托罗拉公司的建立在统计学基础上的 6σ（六西格玛）理论等。

很多组织也都在自己的工作中加入了对质量管理的认识，例如，PMI（Project Management Institute，项目管理协会）、IEC（International Electrotechnical Commission，国际电工委员会）、ASQC（American Society of Quality Control，美国质量管理协会）、ISO（International Organization for Standards，国际标准化组织）以及国内的中国质量管理协会。其中，PMI 发布的 PMBOK 对质量管理的活动、过程、输入、工具与方法、输出等都有较为明确的建议和措施。

在项目质量管理的过程中，还会用到下面的这些工具。

（1）配置管理（Configuration Management）。配置管理是一整套的理论、方法以及工具。贯穿系统的整个生命周期，涉及各配置项的设置及变更，对其进行监控、记录，确保其完整性和正确性。在软件项目里，配置项包括整个项目中的各种文档、程序代码（包括不同的版本）、测试计划和测试报告等。配置管理会使用到各种技术手段和行政手段，注重各项工作和活动的文档化。工具包括 Microsoft 公司的 Visual Source Safe，IBM 公司的 Rational Clear Case，INTERSOLV 公司的 PVCS 等。

（2）软件测试技术（Software Test）。软件测试针对项目的中间结果进行是否满足需求的逆向验证。它是信息系统项目建设过程中一个重要的过程，占开发总工作量的 40% 甚至更多。测试有多种分类，按测试方法可分为针对功能的黑盒测试和针对结构的白盒测试；按照生命周期的划分，软件测试可分为单元测试、集成测试、系统测试和验收测试。

（3）QFD 法（Quality Function Deployment）。质量功能分布图可以帮助项目组织有效地实现需求，通过 QFD 可将需求进行细分，并在过程推进中逐一实施。

（4）帕累托分析（Pareto Analysis）。意大利经济学家 Vilfredo Pareto 提出了 80/20 法则，后人将其发展为帕累托法则，并引申出帕累托分析。通过 Pareto Analysis，可以找出对象诸多问题和因素中最主要的几个，在进行质量计划时，可抓住影响质量的关键因素，而在后期进行回归时，也可找出引发问题的主要诱因。

在本案例中，张工通过制订测试计划来应对项目的质量管理，把测试报告看作是质量的证明，是一种缺乏对项目质量管理重要性认识的突出表现，虽然完备的测试可以提高项目交付成果的质量，但仅仅使用测试就能保证项目的质量却又是不可能的，而且，质量除了项目交付成果的质量外，还包括项目管理的质量，如项目所消耗的时间、成本等。而质量是客户关心的一个重要方面，张工的做法势必会引起客户对交付成果质量的担心。

【问题 2】

PMBOK2004 对项目质量管理过程的描述中，指出其第一步就是质量计划（Quality Planning）的编制。质量计划，也可称之为项目管理质量计划。

质量计划是进行质量管理的依据和规划，是整个质量管理的重要组成部分，它是对质量方针和目标的分解和具体化。

项目质量管理计划主要是指出在本次项目实施中，交付成果必须具有哪些标准，达到的程序如何等。信息系统项目的交付成果的质量标准有很多，诸如功能性、稳定性、可靠性、可扩展性、安全性和可维护性等，对于某一个项目来讲，对这些标准的依赖程序是不一样的，在进行项目质量管理计划编制时，就是要根据需求分析交付成果所需要满足的标准及满足的程度。

项目质量管理计划以质量方针、项目范围陈述、标准和规则等为编制依据，通过了解项目的基础情况，确定项目的目标树，并依照项目的特点、规划以及实施组织制订项目质量控制程序。项目质量管理计划编制后，必须有一个严格的实施、检查、反馈和调整过程。

一般的，项目质量计划要达到以下几个方面的要求。

（1）识别项目干系人，并进行定义和限制。

（2）明确信息系统项目建设的整个过程，以及项目建成后的运行情况。

（3）项目实施组织能够对需求做出及时的调整，并反馈到质量计划中。

（4）对整个质量管理过程进行从计划到收尾的跟踪、保证和控制。

按照上述要求和过程制订的项目质量管理计划，一般会包括以下几方面的内容。

（1）质量政策。质量政策主要是项目干系方的领导和决策部门根据需求制订的对交付成果质量的期望以及相关的方针政策。它主要是对项目质量目标的描述，并在行政手段上对达到这一目标而做出的准备和保证。质量政策的颁布应该由项目相关方的决策层完成，以保证能够自上至下地执行。它包括总纲领、责任分工及权限、管理程序等。

（2）质量目标。质量目标是质量计划的重要内容，它为交付成果制订必须达到的技术指标。对于某些硬性技术指标，可通过测试来进行验证；而对于软指标，则通过过程的控制来完成。例如，对于 Web 系统的承受能力，可在既定的硬件环境中通过进行负载测试和压力测试来验证。而对于可维护性，则只有通过对实施过程中执行严格的文档化和用良好的代码组织习惯来进行提高。此外，还包括对项目管理成果的目标，例如相应的成本和时间。

（3）质量管理活动。对项目质量管理的各个活动进行划分，并使用专门的工具进行表示和度量。

【问题 3】

项目质量保证（Project Quality Assurance）是项目管理的关键过程之一。按照朱兰理论，质量保证是对产品的质量进行担保和保证。通常，它由实施方中专门的人或者部门来执行。完备的质量保证体系是信息系统项目建设方正规化的重要标志之一。

项目保证建立在实施所需要的相关组织机构、责任明晰、程序过程、资源分析等的基础上，按照一定的度量标准，对控制过程进行测量，并进行记录，再对结果进行统计、分析和反馈。

质量保证有以下几个基础活动。

（1）制订质量标准。上文提到质量是相对需求而言的，因此，不同的需求会对应不同的质量标准。主要是对相应的国际、国家、行业和公司标准进行选择，并进行相应的适应性修改。

（2）制订质量控制流程。控制流程相对稳定，除了与项目相关外，它还与实施方的整个组织的质量管理体系有很大关系。

（3）建立质量保证体系。质量保证体系一般与实施方有关，在单个项目中，一般是套用组织的质量保证体系，只是针对项目的需求进行适当的增改删减即可。

（4）质量审计。它是质量保证的主要工具和技术，通过组织内外的技术人员对项目进行审计，以需求为标杆进行审计和监理。

项目质量控制是对项目的交付成果和项目管理结果结合已制订的质量标准进行度量的一组活动。对于二者的区别，可参见表 5-1（来自 PMBOK2004）。

表 5-1　质量控制与质量保证

类　别	质 量 保 证	质 量 控 制
输入	质量管理计划、质量测量指标、过程改进计划、工作绩效信息、批准的变更请求、质量控制衡量、实施的变更请求、实施的纠正措施、实施的预防措施、实施的缺陷补救	质量管理计划、质量测试标准、质量核对表、工作绩效信息、组织过程资产、批准的变更请求、可交付的成果
工具和技术	质量计划工具与技术、质量审计、过程分析、质量控制工具与技术	流程图、控制图、流程图、直方图、帕累托图、趋势图、散点图、统计抽样、检查、缺陷补救审查
输出	请求的变量、推荐的纠正措施、组织过程资产（更新）、项目管理计划（更新）	质量控制衡量、确认的缺陷补救、质量基准（更新）、推荐的预防措施、推荐的纠正措施、请求的变更、推荐的缺陷补救、组织过程资产（更新）、确认的可交付成果、项目管理计划（更新）

从表 5-1 中可以看出，质量保证主要是按照既定的质量计划来对过程进行追踪，并且还包含质量改进；而质量控制则监控项目的具体结果，确定其是否符合项目的质量标准，并进行不合格情况的追踪。

5.1.3　参考答案

【问题 1】

客户对项目的质量没有信心的原因如下。

张工对项目质量的认识过于简单，把重要的项目质量仅用一个测试来进行。项目的质量除了交付成果的质量外，还包括项目管理的质量，而测试仅仅可以对交付成果的部分质量进行保证，而且，测试也只是一个证明，并不能保证质量真正符合用户需求，也不能对过程进行监控、控制和改善等。

可以归纳如下。

（1）张工没有为项目制订一个可行的质量管理计划并积极地实施。

（2）仅向用户提交测试报告而没有提交全面质量管理进展情况的报告（或实施报告），沟通方式单一（或不全面），容易误导用户、导致客户/用户不必要的担心。

【问题 2】

项目的质量管理计划一般会包括以下几个方面的内容。

（1）质量政策。由项目干系方的决策部门提出的关于质量的期望及方针。

（2）质量目标。项目管理质量和项目交付成果应达到的各种指标。

（3）质量管理活动。项目重要的质量管理活动，如质量管理工作流程等。

可以归纳如下。

（1）质量责任与人员分工（或职责）。

（2）组织结构。

（3）程序与过程（或项目的各个过程及其依据的标准）。

（4）质量控制的方法、工具与重点（或质量评审、质量保证方法）。

（5）质量管理所需的资源。

（6）验收标准。

【问题 3】

张工应该使用如下的方法实施质量保证。

（1）制订质量标准。质量标准因需求不同而要求不同。因此，要根据本项目的质量政策和方针进行相应的质量标准制订。

（2）制订质量控制流程。项目进行中的不同阶段和过程，质量相关活动会采取不同的控制流程。

（3）建立质量保证体系。通过一定的质量方针，制订一个对项目所有干系人进行职责明晰的体系，并将这一体系制度化、规范化、文档化。

实施质量保证的方法可以归纳如下。

（1）首先执行项目的质量管理计划。

（2）采用质量保证的工具和技术（如编制质量计划时所采用的工具和技术、质量审计、质量控制、过程分析与基准分析）等。

（3）提出相应质量整改措施，如建议的纠正措施、对项目计划可能的更新、对组织资产可能的更新、变更请求。

质量保证主要是按照既定的质量计划来对过程进行追踪，并力图进行质量改进，而质量控制则对项目的具体成果进行是否符合质量标准的判断并做出相应的决策。二者都是项目质量管理的重要过程和手段。

项目的质量控制和质量保证的区别与联系归纳如下。

（1）质量计划是质量控制与质量保证的共同依据。

（2）达到质量要求是质量控制与质量保证的共同目的（目标）。

（3）质量保证的输出是下一阶段质量控制的输入。

（4）一定时间内质量控制的结果也是质量保证的质量审计对象。质量保证的成果又可以指导下一阶段的质量工作，包括质量控制和质量改进。

（5）质量保证一般是每隔一定时间如阶段末进行的，主要通过系统的质量审计来保证项目的质量（或质量保证是按质量管理计划正确地做）。

（6）质量控制是实时监控项目的具体结果，以判断它们是否符合相关质量标准，制订有效方案，以消除产生质量问题的原因（或质量控制检查是否做得正确并纠错）。

5.2　如何提高信息系统项目质量

阅读以下关于信息系统项目管理中如何提高信息系统项目质量的一些材料，回答问题 1 至问题 3，将解答填入答题纸的对应栏内。

5.2.1　案例场景

某信息系统集成公司在完成了一个中型项目后，公司副总康工召开了一个由该项目成员组成的茶话会，会上，大家谈到了有关项目质量的一些问题。

康工说："质量就是命根，在这个项目中，大家对质量有什么新的看法没有啊？"

小林是刚刚毕业的大学生，这是他全程参加的第一个项目，是在座最兴奋的一位，康工话刚落音，小李就站起来说道："的确，质量太重要了。对于客户来讲，质量代表着投资的效率，而对于我们来讲，代表着我们的信誉。因此我觉得，质量一定是第一位的，无论做哪个项目，一定要按照规范，力求做到最好"。

康工笑而不语，又问道"大家对提高质量有何看法？"

赵工是有 8 年开发经验的老员工，在这次项目实施中，他担任系统分析师这一角色，赵工发言道："以我多年的经验来看，要提高质量，文档化是一个很重要的事情，而且，像我们做项目，项目的实施者是开发人员，还必须做好开发人员的激励和考核工作。"

【问题 1】（6 分）

如何理解信息系统项目建设过程中质量的概念？

【问题 2】（9 分）

赵工提到了提高项目的文档化水平，请问项目中的文档有何作用？

【问题 3】（10 分）

提高信息系统项目质量的方法有哪些？请列举并简单介绍几点。

5.2.2　案例分析

在项目三角形中，质量处于中心。因此，如何提高信息系统项目质量，是项目经理事先就要考虑的问题，这也是用户最关心的问题。

【问题 1】

对于质量的解释，目前最能接受的还是朱兰提出的 Fitness for Use，这一说法有以下几层意思。

（1）质量是建立在需求的基础之上的。

（2）适用性是建立在某个时间段的（即项目问题定义阶段所制订的项目）。

（3）质量不仅仅是交付成果，还同时针对整个过程，如项目管理的成果也是项目质量的重要一部分。

一个项目的交付成果并不是越优越好，当然，在条件允许的情况下，尽量提高质量是肯定有必要的，但一方面要看项目的成本和时间消耗，另外就是客户到底有没有相应的需求，没有需求的质量是没有意义的，而没有满足需求的质量又是致命的。质量也不能仅仅只考虑当前需求，还必须考虑到交付成果使用期内可能会产生的一些新需求，例如，用户数目的增长，或者数据在可能范围内的积累等。此外，系统的可维护性也非常重要。

对于客户的需求，要分为显性需求和隐性需求两部分来认识。另外，还包括一些通常情况下需要满足的指标。

同一个交付成果，对于不同的用户，质量是不一样的，因为不同的用户会有不同的需求。另外，质量也不是在交付之后就不变的，随着时间的推移，用户的需求会发生变化，这也导致项目的质量随之变化。在信息系统使用的过程中，还会对其进行各种维护，这也会影响其质量，维护一般是针对功能和性能上的质量改善，但往往会对其他方面的质量产生不利影响，如文档质量等。

【问题 2】

文档（Documents）是信息系统工程中的一个重要概念和工具，它是指具有固定和统一的用以供人对各种情况和问题进行描述、记录和阅读的数据或者数据载（媒）体。信息系统项目的工作对象往往是复杂而又不可见的逻辑实体，而且历时长，为了使系统建设和使用更规范，更方便，在整个过程中往往会组织以下一些文档。

（1）用户文档。包括软件需求规格说明书、用户手册、操作手册、质量报告以及各类建议。通常使用对于用户来说更容易的理解方式表达，如用户的专业术语和简单的操作规程。

（2）开发文档。包括可行性研究报告、软件需要规格说明书、项目开发计划、设计说明书（包括概要设计说明书和详细设计说明书）和数据要求说明书等。一般使用开发人员易于理解的方式组织。

（3）管理文档。包括项目开发计划、各类周报月报、测试文档（包括测试计划、测试报告、测试总结）。

文档通常用来回答以下几个方面的问题（简称 5W1H）。

（1）What：对描述对象的内容进行记录。

（2）Who：对与描述对象有关的操作者及相关人员进行指定。

（3）Why：指出描述对象产生相关现象及进行相应操作的原因。

（4）Where：找出描述对象产生相关现象及进行相应操作的位置和情境。

（5）When：指出描述对象产生机关现象及进行相应操作的时机。

（6）How：指出描述对象进行相关操作的具体方法。

除了以上 6 个方面外，对于文档的描述对象，需要对其进行优先级划分，例如，针对用户的需求，不同的功能肯定会有不同的质量、性能要求，因此为了利用有限的资源在开发和测试中更好地满足需求，对不同的功能进行优先级划分就很有必要了。

在信息系统项目中，文档通常具有以下几方面的作用。

（1）桥梁和交流作用。信息系统项目中干系人较多，而且十分复杂，包括客户、需求分析人员、软件设计人员、编码人员、测试人员、管理人员以及在项目成果交付之后的运营维护人员等，这些人员面对的都是同一个系统，而系统又是复杂的，文档有利于各方面的人员对系统构成一个统一的认识。

（2）明晰责任。通过文档可以回顾到整个过程的每一个环节，成文的东西更容易成为规范，也有利于回溯。

（3）更好地理解系统。信息系统项目是个庞杂的工作和过程，当需要回溯进行系统认识，或者让新人员接触系统时，完备的文档更容易还原到相应阶段对系统的概括。

（4）进行项目质量管理。信息系统项目的质量、成本和进度都是较难控制的，重要原因之一就是量化困难。文档是一种对各种指标进行量化的工具。

在文档化的过程中，需要注意文档的标准化，但同时还需要注意防止文档的形式化，保证文档处在合适的粒度，并使文档成为项目建设的一种常规性工作。高质量的文档通常具备表 5-2 所示的一些特性。

表 5-2　高质量文档的特性

特　　性	描　　述
针对性	文档一般是面向人的，但不同的干系人有不同的类型和水平，因此在组织文档时必须进行考虑，有时需要对不同的人开发不同的文档，例如，有人提出针对用户和开发人员，组织不同的软件需要规格说明书等
清晰性	保证文档的简单易懂，并配合以图表等工具
完整性	对被文档化的对象，要进行全面的记录
灵活性	应该根据需求对文档进行适当的剪裁
可追溯性	文档应该成一套体系，并随着项目的进行不断更新
精确性	文档所使用的语言文字，尽量避免产生歧义

在进行文档撰写和组织时，注意以下几个方面的内容可以提高文档的质量。

（1）采用主动句和主动语气，并注意语言的组织。

（2）掌握好文档的粒度，进行适当的细化，通常情况下，涉及人员越多的文档，越应进行更好的细化。

（3）对于多个描述对象，一定要明晰其之间的关系。

（4）文档组织和撰写完成后，一定要进行审查，可让系统分析员和领域专家共同进行。

（5）对文档的版本进行良好的管理。

（6）使用优先级对文档的重要性进行分级。

（7）文档涉及人员较多，且专业水平（包括计算机方面和专业领域方面）有明显差异时，一定要对文档具有针对性的再组织，如针对开发人员和用户组织不同的软件需求规格说明书。

（8）既要注重格式和标准的统一，又要避免文档的形式化。

【问题 3】

提高项目质量是项目干系人最关心的问题之一。当项目的成本和时间被限定后，接下来的事情就是要在保证投资和进度的情况下尽量提高项目质量了。一般的，以下几方面的措施可提升项目的质量。

（1）领导与管理。在信息化的过程中，最需要强调的是高层领导的支持，只有这样，整个相关的安排和计划才能够顺利地进行。统计发现，质量出现问题最主要的原因之一往往就是缺乏有力的领导，质量问题往往就发生在管理上。强有力的领导可以实现从上至下的执行力。质量管理的观念也需要从高层领导开始转变。

（2）组织项目管理体系。这主要包括合理的组织机构安排，高效的工作流程扭转，以及一个融洽的内部项目环境。

（3）项目质量管理体系。项目质量管理体系主要是信息系统建设和集成方内部组织级的项目管理环境，是将相关的标准和规范与企业自身情况相结合，以体系质量文件为表现，在实施过程中不断改进和优化的过程。

（4）项目级激励制度。信息系统项目实施对人有着极大的依赖性，尤其是项目开发和管理人员，相关人员的工作效率、质量甚至情绪状态都会影响到项目的质量，因此，设法使其处于最佳工作状态就十分必要了。其中一个有效办法就是设立适当的项目级激励机制，针对项目的实施情况，分阶段、分绩效地对其进行各方面激励。激励也需要掌握好方法，对相关人员进行公平公正的物质和精神激励，使全员都参与到管理工作中也是有效的激励方法。

（5）项目文档质量。在项目实施的过程中，一定要将文档化提到一定的认识高度，掌握好文档的粒度，并在标准的基础上进行文档建设。

（6）成熟度模型。通过不断的项目积累，信息系统集成和建设企业总会在经验和体系建设上有一定的积累，当条件成熟后，就可以考虑使用一些比较成功的模型来规范以后的项目建设工作了。例如，使用 CMMI 或者 SQFD（软件质量功能模型）来指导项目建设和组织体系建设。

（7）质量与成本。通常情况下，高质量意味着更多的成本消耗和进度拖延，这又会影响项目管理的结果。因此，把握好质量与成本的关系，让质量建立在可以接受的成本范围内也是非常重要的。而且，在需求一定的情况下，过高的质量也是一种浪费。

（8）形成质量改进的习惯。质量改进是一个持续的过程，也是一个演进的过程，而对于执行者来讲，又是较为烦琐的，因此质量改进要成为组织内部的一种习惯和规程，才能够真正发挥质量改进的作用。要使组织在发现错误和改正错误之后，能够对整个流程进行梳理，找出问题的原因，总结出需要注意的问题，并在下一次进行相关操作时能够查阅以前的经验并具有可操作的建议。

随着系统运营时间的推移，客户的需求会不断变化，对系统的维护次数也会增加，维护过程中也要同样注重系统的质量。如果仅仅把维护作为一种修修补补，那会给后期工作带来巨大的麻烦。例如，在进行新系统的开发过程中，往往会通过对旧系统再工程和反向工程的方法来降低开发成本，因此必须做好维护阶段的质量管理工作。

5.2.3　参考答案

【问题 1】

质量包括项目交付成果和项目管理成果，是相对于用户需求的概念。它是对范围所圈定的标准所需要达到的程度而进行的规定。同一成果对不同用户来讲，质量不同。另外，质量强调在一定的时间范围内满足需求。

【问题 2】

文档在信息系统项目中，有以下几个作用。

（1）桥梁和交流作用。是项目成员对系统看法达成的一种共识。

（2）明晰干系人责任。文档都有相应的责任人，另外对问题进行回溯时也可以做到有据可依。

（3）方便对系统进行理解。尤其是对于维护人员来讲，理解系统往往关系到系统维护的效率和成败。

（4）进行质量管理。对项目中的各种不可见指标进行量化。

除此之外，系统的使用手册还是用户在使用过程中的指导。

【问题 3】

通过以下几个方面，可以有效提高项目交付成果的质量。

（1）通过强有力领导，从上至下贯彻质量观念。

（2）建立组织项目管理体系。

（3）建立组织级的项目质量管理系统。

（4）建立项目级的激励制度，并设法和鼓励全员参与管理。

（5）着力提高项目实施过程中产生的各种文档的质量。

（6）用规范的成熟度模型来指导自身的组织和体系结构建设。

（7）掌控好成本与质量的关系，在有限的成本下尽量通过良好的管理来实现更高的质量。

（8）形成质量改进的习惯。质量改进要成为一个组织内部的一种习惯和规程，真正发挥质量改进的作用。

5.3　项目质量管理的启动

阅读以下关于信息系统项目管理过程中项目质量管理启动工作方面问题的叙述，回答问题 1 至问题 3，将解答填入答题纸的对应栏内。

5.3.1　案例场景

某信息技术公司中标了某省级部门信息系统的第三期工程，本期工程预计耗资千万以上，且部分为省级财政拨款，因此在项目实施中引入了监理机制，该单位聘请某具有部级临时资质的监理公司全程参与到信息系统的建设工作中来。

项目启动后，公司总工程师季工程师安排在招标过程中负责质量文件的侯工程师负责整个项目的项目质量管理工作。侯工接手后，第一时间开始了项目质量管理的启动工作。

侯工首先对招标文件进行了分析，并对公司以前项目实施过程中的质量管理总结进行了收集，于是召开了一个由公司项目组成员组成的质量工作启动会。

【问题 1】

信息系统项目质量管理的启动工作中，如何理解项目的干系人？

【问题 2】

项目的质量文件和质量计划工作一般有哪些内容？

【问题 3】

对于这个项目来讲，侯工所召开的项目质量工作启动会还有哪些问题？

5.3.2　案例分析

一切有序的行动都是始于计划的，质量管理和控制也不例外。在项目质量管理中，项目管理师要明确质量目标，以及达到目标的措施。

【问题 1】

项目最开始是对项目的相关问题进行定义，并进行一些可行性分析，在此期间，项目的质量管理工作就可以开始启动了。质量是一个贯穿整个项目生命周期的过程，讲究事中控制和事后的处理，在必要的情况下，还需要在项目中引入监理机制，在项目完成后引入审计机制。

项目的质量管理工作的启动过程一般分为以下几个步骤。

（1）制订项目干系人，尤其是实施方内部的质量运行原则。

（2）完成整个项目的质量管理流程图。

（3）对可能的问题，尤其是风险进行识别，并做出相应的预警机制。

（4）项目正式开始后，制订相关的质量方针和政策。

（5）收集相关信息资料，并结合以前工程实施中质量管理的相关经验和积累，建立相应的知识库。

对于项目干系人，主要包括以下几方面的人员。

（1）项目的建设方。通称为甲方，即系统的最终用户和使用者，往往是信息系统运行的管理者，是信息系统项目需求的来源，也是项目干系人中最复杂的部分。因为甲方中不同部门的不同人员会在信息系统中扮演不同的角色，而这些角色又有职位、年龄、专业能力和计算机能力等各方面的差距，具有针对性的分析与需求提炼非常重要，当然也要注意甄别，通常情况下，做到以岗位为单位进行需求分析及提炼和质量管理，建设方的满意程度在项目质量高低优劣评价中非常重要，一定要注重项目建设各人员在质量管理中的作用。

（2）项目的承建方。通称为乙方，即信息系统的建设者。一般会组织针对某个项目的组织，并视情况进行人员和资源的调度分配，承建方的工作决定了质量的高低优劣，一般的，由承建方对质量管理工作负责，并牵头完成相关工作。质量保证和质量控制等工作也大都在承建方内部完成。项目初期必须加强承建方内部对质量管理的认识，尤其是上层领导对质量管理的认识。

（3）项目的监理方。信息系统监理是近几年国家推行的一项新政策，是对投资的一种有力保护，可以有效提高项目的质量。在传统的信息系统建设过程中，建设方一般都缺乏相关的技术人员，虽然有咨询提供服务，但仍然无法做到全程的项目参与。有监理机制后，监理在建设过程中发挥第三方的专业作用，对项目承建方的各项工作进行监督，并定期做出监理报告。监理方是项目质量的关键因素，可以大大提高质量工作的力度。

（4）系统的维护方。通常情况下，在项目的初期都不会确定系统的维护方，但也不排除这种情况，例如，技术能力不足的建设方在大型系统建设的初期，会考虑到以后的运行和维护问题。大多数情况下，系统的维护方就是承建方，或者建设方内部的 IT 部门。维护工作中最繁杂的部分就是对系统的理解问题，这直接影响到维护工作。对系统理解的最好方面就是完备的项目文档，另外也可以通过让维护人员参与到建设中来的方法加深对系统的理解。

（5）项目的投资方。在有些情况下，项目的投资方可能并不是建设方或者用户。任何投资都会考虑到效率问题，而质量直接影响到投资的效率，因此信息系统的质量也是投资方关心的重要问题。有必要在质量管理方面取得投资方的信任和支持。投资方对质量的关注，可以在很大程度上提升整个项目干系人对质量的认识和重视。

质量管理要对参与人的相关职责进行分析，并进行质量量化和分工，使其明确在质量工作中的责任及规范。将项目的质量目标进行分解，并明确到相应的干系人，设立质量管理的里程碑。

【问题 2】

质量文件一般包括质量技术文件和质量计划两部分。质量技术文件又包括质量保证大纲、技术文件、质量工作计划和质量成本分析等。质量计划主要包括质量计划的输入要素、制订的方法和技术以及输出。

项目建设开始后，为了提高项目实施的适用性和更好地完成项目，降低问题发生的概率，提供基本的质量信息，并保证项目在既定的时间和成本上完成，制订了质量保证大纲。内容包括根据需求来提出交付成果和项目管理成果的各项指标，对实施中用到的技术、方法和工具进行规定，并根据实施的情况和需求来建立质量控制点，并以此作为某一阶段的工作目标，还包括目标完成的标志，及完成的评价方法和标准。对于前期来讲，需求可能会不断地调整，质量保证大纲也要根据需求和变更进行相应的调整。到了后期，应该尽量避免对大纲的调整，否则会使质量管理的效果大打折扣。

质量工作是一个保证性工作，也是一个"挑刺"工作。因此，在实施过程中肯定会存在排斥的情况。为了指导质量工作，也为了规定质量管理的相关程序，于是制订了质量工作计划，它针对特定的项目和需求制订相应的质量措施、资源分配和活动顺序，还包括一些质量目标，各干系人应承担的质量工作项目、要求、责任以及各质量目标完成的时间线（Time Line）。

技术文件是与项目相关的技术因素的集合，它包括对整个信息系统的初步设计文件，对相应的技术目标进行详细规定的指标文件，还包含项目前期所快速完成的一些原型及类似项目的技术文件。也可以加入以前实施项目的过程中的一些经验总结，甚至测试报告等。与项目相关的国际、国家、地方和行业标准也可以列入。

质量成本分析是对项目三要素情况的综述，通常项目都会有紧张的工期和有限的资金，在这些条件已经限制的情况下，质量可能会有一些缺陷，质量成本分析就是针对这一情况进行分析，并指出有可能出现的质量问题以及相应的解决方案等。此外，质量成本分析还要对资金的分配情况进行规划，按照需求对所有的质量指标进行重要性排列，并根据排列进行成本分配。

质量计划的输入要素主要有质量方针、从需求中提取的功能列表、对交付成果各方面的描述等。质量计划中会使用到利益成本分析、基准和流程图（因果图、系统流程图、处理流程图）等方法进行处理。经过这些处理，会输出质量管理计划、具体的操作说明和检查表格。

【问题 3】

质量工作启动会是整个项目启动的一个重要会议，会前，各干系人先按照需求对自己的职责进行初步划分，然后通过这个划分来认识自己的质量目标。承建方的质量管理人员是会议的主角，监理方则应该对承建方的方案和措施进行技术上的认定，而建设方则考虑需求是否被明确表达，各质量指标是否能够满足自己的需求等。

质量工作的特殊性和重要性决定了质量工作必须强制执行，因此质量工作启动会议强调全员参加，尤其是各干系人的高层领导和项目组织的管理人员必须参加，质量工作只有通过从上至下强有力的推行，才可能得到保证。

会上，各干系人对质量目标进行达成共识的讨论，并将相关问题形成决议，发布成本次项目的质量政策和方针，并明晰各方面的质量目标和工作职责，形成一套项目质量管理的工作体系，将质量管理流程化。

在本项目中，召开的项目质量工作启动会中存在的问题如下。

（1）侯工的会前准备做得不充分，这次的会前准备至少要有可行性分析报告、需求分析说明、初步的质量计划和质量目标的分解等内容。

（2）质量管理启动会议只限于承建方内部，这是极其不负责的，而且，在本项目中还涉及到监理方，监理方不参加这个会议，相关的决议文件是不可能得到通过并在所有干系人中被承认的，因此此次会议至少要有建设方、承建方和监理方的高层领导及管理人员参加。

5.3.3　参考答案

【问题1】

在信息系统项目建设中，往往涉及到以下几方面的干系人。

（1）系统的建设方。是需求的来源，是质量的最终验证方。

（2）系统的承建方。项目质量目标在承建方的各项活动中得以实现，是质量的实现者。

（3）项目的监理方。监理是执行监督作用的第三方，站在技术的角度对承建方的各项工作进行考核考查。

（4）项目的维护方。是系统建成后对系统进行修改和升级的单位，质量中的一部分是为维护方负责的。

（5）项目的投资方。项目的投资方出于对其投资安全性的考虑，对项目的质量进行问责，项目质量管理人员必须取得其信任和支持。

【问题2】

项目质量文件一般包括如下内容。

（1）质量保证大纲。

（2）技术文件。

（3）质量工作计划。

（4）质量成本分析。

项目质量计划一般由以下几个方面组成。

（1）输入要素。质量政策与方针、功能列表、交付成果描述。

（2）处理。借助利益成本分析、基准和各种流程图进行。

（3）输出。质量管理计划、具体操作说明、检查用表格。

【问题3】

在本项目中，召开的项目质量工作启动会中存在的问题如下。

（1）侯工的会前准备做得不充分，这次的会前准备至少要有可行性分析报告、需求分析说明、初步的质量计划和质量目标的分解等内容。

（2）质量管理启动会议只限于承建方内部，这是极其不负责的，而且，在本项目中还涉及到监理方，监理方不参加这个会议，相关的决议文件是不可能得到通过并在所有干系人中被承认的，因此此次会议至少要有建设方、承建方和监理方的高层领导及管理人员参加。

5.4　质量控制

阅读以下关于在信息系统项目质量管理过程中质量控制方面问题的叙述，回答问题 1 至问题 3，将解答填入答题纸的对应栏内。

5.4.1　案例场景

某信息技术公司是一个只有二十来个技术人员的小型信息系统集成公司。公司已经运营了好几年，也积累了十多个项目的项目经验，但由于各项工作都不规范，以致公司陷入了"救火队"角色的困扰中。

公司领导决定改变现状，成立了以孟总为组长的质量改进小组，首先扩充了公司的技术人员队伍，并在招聘时注意人员结构，尤其是系统分析人员和项目管理人员的招聘。在招聘人员基本熟悉了公司环境后，开始了一系列的质量改革步骤。孟总委托新进的贺工程师负责公司的质量控制工作。

【问题 1】
为什么该公司会陷入"救火队员"的角色？

【问题 2】
什么是质量控制？质量控制的基本方法有哪些？

【问题 3】
对于贺工程师来讲，他应该怎样着手开始质量控制工作？

5.4.2　案例分析

IT 从业人员对"救火"有着特别的理解，水平比较高的工程师通常都充当过"救火队长"的角色，这是与国内项目管理不规范、企业规模小等因素密切相关的，也是一项"国情"。

【问题 1】
公司成了"救火队"，是指随着公司业务的不断积累，客户越来越多，投入运行的各种系统也越来越多，随之而来，客户所提出的问题也越来越多，为了解决客户所提出的问题，不得不派出大量的维护人员进行响应，以致公司一大部分技术人员陷入无法开展新工作的状态。

通常情况下，用户所提出的问题有以下几方面。

（1）客户对系统的了解有限，而又没有详细的用户手册指导使用，因此在使用过程中遇到麻烦时也会寻求系统建设方的帮助。

（2）信息系统在运行的过程中，经常出现不稳定的情况，或者某些功能根本就有缺陷以致影响使用。这与系统没有进行严格的测试有关，也就是没有进行严格的质量保证和质量控制。

（3）系统不具备用户所期望的功能。需求本来就是非常难以表达的，很有可能有大量的需求没有被提炼和挖掘到。而到底哪些需求是应该被表达到系统中的，哪些又是无理的要求，这就需要一套严格的文档来进行界限划定了。

（4）随着时间的推移，用户的需求发生了改变，这也引发了需求的改变，用户因而觉得系统不够用，进而有了维护的需求。

对于用户提出的维护需求，部分是必须响应的，但有些维护也是可以拒绝的。这就需要在项目实施的过程中进行完备的质量管理，并有可利用的文档。

对于该公司来讲，除了以上几个方面的原因外，还包括由于项目实施过程中的随意性而带来的麻烦，因没有遵循一定的规范规则，也没有完备的文档可供使用，使得维护工作本身就具有一定的难度。

【问题 2】

质量控制是依照订立的相关质量标准，对项目的具体结果进行监控，在出现不符合的情况时，还要找出产生差距的原因，并提出一些解决方案。ISO 9000：2000 标准中对质量控制做了如下的定义。

质量控制是质量管理的一部分，其致力于满足质量要求。

可通过以下几方面对其进行理解。

（1）质量控制的目的是为了使项目交付成果和项目管理成果达到规定的要求，满足订立的质量目标以及客户的需求。

（2）质量控制的工作内容主要包括实施技术和活动。对实施过程进行监控，以发现其与质量目标和标准的差异，并找出原因，着力解决。

（3）质量控制工作是全生命周期的活动。

影响质量的因素众多，而且项目是随着时间推进的，充满了可预见和不可预见的因素，因此质量控制的难度是很大的。质量控制也是分阶段进行的。

质量控制的方法主要有以下几个。

（1）数据统计法。运用调查表、直方图、散布图、排列图、因果图和控制图等工具对已有项目的交付成果以及工作质量等进行整理加工并统计以期作为以后工作的参考的方法。

（2）语言描述法。主要是使用关联图、系统图、KJ、矩阵图、矩阵数据分析、过程决策程序和箭条图等方法。

（3）过程能力法。利用过程能力指数对各过程加以评估的方法。

（4）动态控制法。利用控制图，动态地掌握质量的状态，实现对过程中的质量控制。通过使用控制图，可大大地规范质量管理，提高生产率。

（5）合格控制法。合格控制是为了保证各项工作符合质量标准，及时判断其合格与否，防止将不合格的成果交付到下一阶段或者客户的手中。

在进行质量控制的过程中，需要注意以下几方面的工作。

（1）预防与检查。前者是杜绝问题的产生，而后者是在问题产生后找出问题的工作。

（2）属性抽样与变量抽样。前者是对是否合格进行判断，后者是按量度合格度的连续尺度衡量所得结果。

（3）特殊原因与随机原因。前者是异常情况，后者是正常情况，是可以接受的。

（4）允差和控制范围。前者是可以接受其为合格的一个范围，后者是处于控制之内的情况。

【问题 3】

对于该公司来讲，由于之前基本处于一个混乱的状态，因此贺工要注意从当前开始做起，对于以后的工作，都要着手进行质量控制，例如，对于以往系统的维护工作，在维护的过程中，也要注意对于以前项目质量的提高，如丰富用户手册等。

贺工要想办法得到最高领导的支持和信任，在全公司范围内开展一些质量控制相关的培训工作，把质量控制融入到工作的方方面面，并建立一套适合该公司的质量控制体系和一套相应的标准和规范。

对于以后的项目，一定要注意带入质量控制，做好实施工作的文档化，也要培养客户的质量控制意识。

5.4.3　参考答案

【问题 1】

该公司陷入"救火队"的角色的原因可能有以下几方面。

（1）项目交付成果本身有缺陷，例如不稳定或者功能不完美。

（2）项目交付成果没有实现预定的功能需求。

（3）项目在需求分析阶段对用户的需求分析提炼精度不够，没有挖掘到部分重要的需求。

（4）随着时间和环境的变化，客户产生了新的需求。

（5）由于文档的不完备，一方面导致用户不能解决一些使用问题，另一方面还使得维护工作的效率提不高。

归根结底，是以前的项目不注意质量管理问题。

【问题 2】

质量控制是项目质量管理的一部分，主要是对项目结果进行评估，以判断其是否符合质量目标，并对不符合的情况找出原因进行分析。

质量控制工具主要有以下几方面。

（1）数据统计法：调查表、直方图、散布图、排列图、因果图、控制图。

（2）语言描述法：关联图、系统图、KJ、矩阵图、矩阵数据分析、过程决策程序和箭条图。

（3）过程能力法：过程能力指数。

（4）动态控制法：控制图。

（5）合格控制法。

【问题 3】

对于贺工来讲，他需要做好以下几方面的内容。

（1）对维护工作进行质量控制，并做好相关的文档工作。

（2）在有条件的情况下，开始对已交付系统进行文档建设，尤其是用户手册的建设工作。

（3）建立组织级的质量管理体系和相关的标准及规范，取得高层领导的支持和信任，开展整体的质量控制观念培养，并在以后的工作中实施严格的质量控制工作。

5.5 质量保证

阅读以下关于在信息系统项目质量管理过程中质量保证方面问题的叙述，回答问题1至问题3，将解答填入答题纸的对应栏内。

5.5.1 案例场景

某公司拥有多个中大型项目的实施经验，且内部形成了较成体系的项目管理体系。年初承接了某政府部门的信息化项目。公司指派厍工程师负责整个项目的质量保证工作，厍工程师考虑到该部门的信息中心建设较为薄弱，且平时事务较为繁忙，就将质量保证工作的外部质量保证工作省去了。厍工程师按照公司以往项目的经验进行适当调整，制订了质量保证的流程，建立了相应的质量保证体系。

项目进行到后期，该政府部门开始向承建公司问责，称对整个建设过程了解不够，且对项目的质量产生了疑问。

【问题 1】

什么是项目质量保证？其基本内涵是有什么？

【问题 2】

项目质量保证有哪些作用？

【问题 3】

对于库工程师来讲，他没有注意到质量保证工作中的哪些问题？

5.5.2　案例分析

ISO 9000：2000 将质量保证定义为各方面提供的所有质量要求都会被反映到项目交付成果的信心。另外，质量保证还讲究对质量进行不断的改进。

希赛教育专家提示：质量保证和保证质量是不同的概念，保证质量是质量保证的一个重要内容，但除此之外，质量保证还要对各项目干系人提供对于质量的信任和信心。

【问题 1】

信息系统项目管理是一个极其复杂的过程，耗资巨大，且进度难以把握，而交付成果一般都是逻辑实体，其质量的评估较为困难。因此，在项目实施的过程中，要不断地对质量进行跟踪反映，并向各方面提供对于交付成果质量的信心。另外，对于质量，还要有不断改进的概念。质量保证工作就是为了达到上述目的而生的。

通过质量保证所面向的对象，将质量保证分为外部质量保证和内部质量保证。内部和外部是按照质量保证提供者所处的组织来区分的。由于一般的质量保证是由承建方内部完成的，所以，一般的外部质量保证是指向承建方以外的各项目干系人提供信心，而内部质量管理则是向组织内的中高层管理人员提供对于交付成果质量的信心，以及对质量的不断改进，不断改进一方面是指对本项目的质量进行改进，另一方面还包括对组织整体质量的改进。

外部质量保证在复杂系统的建设中尤为重要。较长的工期会对客户的信心产生较大的影响。因此，必须通过质量保证来进行加强，在有些情况下，用户也会提出关于质量保证的要求，在项目后期，用户也会通过一些检测来对质量保证进行检查。质量保证以保证为基础，为用户提供实施中的项目的信任，这可以通过加强质量管理、完善质量体系、严格质量控制等方法来实现。对实施过程也要分阶段地验证，确保其有效性。

内部质量保证主要是作为一种管理手段，目的是为了向组织内部的中高层管理人员提供对于项目质量的信任，使其相信本企业所完成的项目是符合客户需求的，使其对项目具有信心。

【问题 2】

随着社会整体信息化程度的提高，各企业在进行信息系统建设时，也对信息系统有越来越高的质量要求，实施项目质量管理是非常有必要的，而其中质量保证又是十分重要的。其重要性主要是通过质量的重要性来体现的，主要有以下几个方面。

（1）是保证质量的一个重要环节。

（2）为持续的质量改进提供基础和方法。

（3）为项目干系人提供对于质量的信任。通常质量是信息系统项目较难把握的一个因素，质量保证对这个最难把握的因素进行量化，并展示在各干系人面前，以提供其对质量的信心。

（4）是项目质量管理的一个重要内容。

（5）与质量控制共同构成对质量的跟踪和保证。

【问题3】

质量保证通过下面的几个依据来开展。

（1）质量管理计划。包括组织结构、责任分工、程序和流程、过程与资源等。

（2）质量控制的测量结果。通过对质量控制产生的记录和表格进行比对和分析，提出有关质量改进的方法和建议。

（3）质量标准。是对质量进行评价的一个参考。

在质量保证中，主要有以下几个基本活动。

（1）确定质量标准。确定标准是质量保证的初始工作内容，这一内容主要通过对客户的需求进行分析，结合当前技术发展的现状，对目标系统的各技术参数和指标进行衡量，并建立一个用来对其进行质量评价的标杆。确定时，可参考相应的国际、国家、地方、行业和企业标准，再结合承建方自身的实力进行综合选择。

（2）确定质量保证流程。质量保证是一个不停重复的过程，在不断重复的过程中又螺旋上升，对于流程，主要是质量的监控、问题发现后的处理流程、处理之后的改进流程等。

（3）建立质量保证体系。在项目实施之前，一般企业内部都建立了相应的质量保证体系，但在项目实施后，还必须针对项目，参考已有的质量保证体系进行定制。这包括制订项目的质量保证方针、对各干系人进行职责分工和明晰、对所有的干系人进行质量保证知识的培训、建立相应的质量保证体系评估制度和规范、制订具体的执行措施等。

通过以下的环节，可以建立相应的质量保证体系。

（1）统一认识和决策。

（2）进行组织落实。

（3）对相关人员进行质量保证的培训。

（4）制订工作计划。

（5）制订质量保证方针和质量保证的目标。

（6）明确过程和流程。

（7）进行质量保证体系的设计。

（8）编制与质量保证体系相关的一系列文档。

质量保证体系实施中主要有以下几个方面的工作。

（1）组织的协调。

（2）质量监督与监控。

（3）质量信息反馈。

（4）质量保证体系本身的审核和评审。

5.5.3　参考答案

【问题 1】

质量保证是在信息系统项目实施的过程中，建立项目各干系人对项目质量的信息，对于用户，使他们相信目前的工作都是在为其目标系统靠近；对于承建方内部，则主要是对中高层领导保证，目前所进行的工作将会满足用户的需求。另外，质量保证还具有质量改进的作用，通过对质量控制数据的对比和分析，得出质量改进的方法和建议。

质量保证包括两方面的内容：一是使用户对项目质量建立信任的外部质量保证；二是对承建方内部中高层领导保证有对目前各工作的信任。

【问题 2】

信息系统项目管理的质量保证主要有以下几方面的作用。

（1）是保证质量的一个重要环节。

（2）为持续的质量改进提供基础和方法。

（3）为项目干系人提供对于质量的信任。

（4）是项目质量管理的一个重要内容。

（5）与质量控制共同构成对质量的跟踪和保证。

【问题 3】

对于库工程师来讲，他没有意识到以下几方面的内容。

（1）质量保证的内涵。除了通常意义上的内部质量保证，即为内部的中高层领导建立对于质量的信任外，还包括一个重要方面，即用户对于项目质量的信任，尤其是在大型项目的建设上，这点显得尤其重要。

（2）质量保证的基本活动。在进行质量保证时，库工程师没有意识到客户需求对于质量标准的建立有多大的作用，质量标准是相对于客户需求而言的，在制订时必须综合考虑客户需求、自身实力、行业现状和各类相关标准等来建立。

5.6　信息系统监理与质量管理

阅读以下关于在信息系统项目建设中质量管理与信息系统监理方面问题的叙述，回答问题 1 至问题 3，将解答填入答题纸的对应栏内。

5.6.1　案例场景

某事业单位委托某信息技术公司建设该单位的信息化项目。整个信息化项目中很重要的一部分之一就是其网上办公系统的建设。由于整个项目的规模较大，因此该单位还聘请了某信息监理公司参与到系统的整个建设过程中来。

项目开始初期，监理方也召集了相关单位的中上层领导，对监理的作用及办事流程进行了沟通，提出了"四控三管一协调"的具体措施。项目进行到中期时，该单位的上级主管部门根据国家颁布的一些新制度，对部分办公流程进行了调整。后该单位的信息化小组对相应的信息系统需求进行了调整，并将变更提交给承建方，要求其按照新流程进行系统建设。承建方负责该功能的组长声称由于项目已经到了后期，对系统的更改将会引起大量的返工，因此拒绝接受变更。

【问题1】

请问什么是信息系统监理？它有什么作用？什么是"四控三管一协调"？

【问题2】

对于质量管理来讲，信息系统监理有何作用？

【问题3】

针对本项目的变更，在整个变更过程中存在一些什么样的问题？正确的做法又是什么？

5.6.2　案例分析

作为项目管理师，必须要对信息系统监理知识有所了解。要知道监理的职责、工作任务、范围和流程，要知道如何与监理单位协作，共同完成项目的目标。

【问题1】

信息系统监理是指已经在政府工商管理部门注册的，具有信息系统监理资质的单位，接受建设方的委托，依照相关法律法规、行业与技术标准及监理合同，对信息系统建设实施的整个过程进行监督管理的过程。从这个解释可以看出，信息系统监理行为的成立需要以下几个方面和条件。

（1）合法的监理方。一方面要在相关单位注册，具有独立法人资格的实体。另一方面，要具有信息系统监理的资格，而获得这个资格，又需要有注册资金、必要的软硬件设施和一定数量的监理工程师作为必要条件。资质按照以上条件的不同分为甲、乙、丙三个等级。目前，只有部级临时资质和地方临时资质。

（2）依据。依据有相关的法律法规，国际、国家、地方、行业和公司标准，以及签订的监理合同中的相应条款。

（3）委托。监理单位只有在接受了建设方的委托之后，才能对整个工程进行监理管理。

与信息系统监理相关的，还有建筑行业的监理，二者在性质上有一定程度的相似，但由于二者监理对象的不同，使得其工作内容和难易程度有很大的差别。例如，建筑行业监理的监理对象是可见的，且其度量较为容易，但信息系统监理的监理对象往往是软硬件结合，可度量性较差。建筑工程是劳动密集型的，而信息系统工程却是技术密集型的。建筑工程监理一般是不介入招标和设计的，但信息系统监理却是全过程的。最大的区别就是，建筑工程一旦设计方案定下来后，就基本不会变更，但信息系统建设变量却非常频繁，需求也不能被完全地挖掘。

监理具有较好的专业知识，且处于第三方的位置，可以为业主单位（建设方）在以下几方面提供帮助。

（1）监理的专业素质，加上对行业和技术的熟悉程度，可以使得项目的质量得到有效的提高。通过对前期承建方的技术方案进行审查、中期的施工情况进行跟踪、后期的质量进行检查等，可以为质量提供专业的保证。

（2）监理单位是站在第三方的位置对建设过程进行监督，并将情况向相关方面进行通报，对问题进行预测，提出相应的建设解决方案，并对最终的解决方案进行技术审核等。

（3）可以对业主单位（建设方）和承建方的关系进行协调，对于出现的争议进行评价，对责任进行划分，对过程进行规范，并为业主单位的决策提供专业的技术支持。

一般的，一个项目在实施的过程中，监理会经历以下几个步骤。

（1）选择监理单位。最理想的情况是，一旦建设单位提出建设的需求，就开始寻找监理单位，并让监理单位参与到最开始的可行性研究、招标等一系列过程。

（2）签订监理合同。选定之后，通过与监理单位签订合同，对监理业务的内容、业主单位和监理单位的权利和义务、责任与争议的解决以及取费等各方面进行约定。

（3）三方会议。在各方都已确定之后，需要召开一个由各方中高层领导参加的三方会议，对整个项目的实施及监理工作进行协商。

（4）组建监理项目组。针对项目建立一个由一名总监理工程师和多名监理工程师及监理员组成的监理项目组。

（5）编制监理规划（计划）。对整个监理工作进行计划，并与建设单位进行协商和确认。

（6）实施监理业务。依据监理规划，开始对整个项目进行监理管理。

（7）参与工程监理。主要是协助业主单位对承建单位的项目交付成果进行验收等操作。

（8）整理监理文档。监理文档是对整个监理工作的总结，它包括监理过程中产生的大多数文档以及监理总结等内容。

"四控三管一协调"是信息系统监理中的一个简称，主要是指如下内容。

（1）质量控制。监理单位根据相关法律法规和行业技术标准，对项目的方案、设计、计划、设备、操作规程和开发等各方面进行质量控制，以减少业主单位的投资风险。

（2）进度控制。审查项目建设的计划和规划，并按照确认的计划进行进度监控，当实施情况出现偏差后进行相应的调整。

（3）变更控制。通过组建的变更控制委员会对各方提交的变更请求进行审查，并监督通过审查的变更的执行及跟踪和反馈。

（4）投资控制。对进度进行监控，并计算当前进度是否与相应的投入（成本消耗）

相符合。

（5）合同管理。包括对项目过程中建设方、承建方、相关设备与材料的供应商等方面合同的签订管理、履行管理和档案管理等。

（6）安全管理。包括对项目建设中各种信息的安全管理，如对信息的可用性、保密性和完整性进行管理。

（7）信息管理。对项目建设中的各类数据、文档等进行分类、存档、整理等。

（8）协调各方关系。监理的协调对象包括承建单位、业主单位以及各相关方，例如设备的提供方、上级主管单位等。

【问题 2】

总的来讲，信息系统监理就是为了保证信息系统项目建设的质量而出现的，而且它针对的还是广义的质量，即一方面包括项目的交付成果，另一方面还包括信息系统项目管理的成果。

信息系统监理过程中，通常会在以下几个方面确保提升质量。

（1）控制成本。监理方会对项目的计划和设计进行优化，对隐性费用进行预测，并将技术分析形成报告提交给业主以供参考。在项目实施中还会对奖金的使用情况进行监督，并形成现金流量表，对项目的预决算进行分析。

（2）交付成果的质量控制。通过对整个实施过程的跟踪监督管理，确保系统的建设能够满足需求，并达到合同的约定要求。在实施中，监理要对承建方的实施情况进行监控，对于不合要求的情况，一定要进行记录、汇报、并做好问题处理的监督，对问题比较严重的，甚至可以下达停工指令，以保证整体的质量控制。

（3）通过详细的流程规范所有操作，并通过详细的监理文档（包括日报、周报和月报等）进行记录，保证有据可查。

（4）对项目管理的成果进行质量监督，通过对进度控制、投资控制和变更控制项目管理的成果，确保项目三要素（质量、成本、进度）在可接受的范围内。

【问题 3】

变更控制是一套针对项目实施中的变更管理而建立的一套相关的操作规范和流程。监理方主要负责对变更的初审以及对执行的变更进行过程的监督。

监理方关于变更控制的详细工作内容如下。

（1）接受承建方和业主提出的变更请求。

（2）对变更请求进行初审。

（3）召集承建方和业主对变更请求进行分析。

（4）监督变更的实施。

（5）对变更效果进行评估。

通常，变更会涉及到以下几方面的内容。

（1）需求变更。

（2）进度变更。

（3）成本变更。

（4）合同变更。

在信息系统建设中，变更是经常会碰到的事情，这也是信息系统监理存在的必要性，也是监理工作难度之所在。变更也应该是非常谨慎的问题，通常情况下，变更都意味着成本的增加和进度的拖延。

在进行变更控制的过程中，需要考虑以下几方面的因素，以确定是否执行变更。

（1）组织。为了对变更进行控制，需要成立变更控制委员会（CCB）。

（2）技术。变更审查时，需要从技术方面进行评估，并做好技术管理，如配置管理等，变更时要做好系统本身、相关文档等各方面的管理。

（3）成本。变更往往都会增加成本，这时就需要严格进行控制，并做好变更前的预测及变更后的审查等。

（4）合同。变更都必须在合同允许的范围内进行，在超出合同的情况下，必须会同各方面进行协商再做出决定。

变更控制流程如图 5-1 所示。

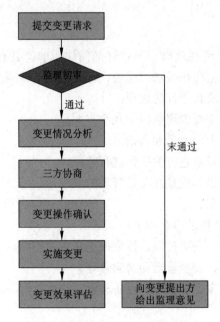

图 5-1　变更控制流程

在本项目中，出现了由业主提出的特殊的变更，而且采取了如下的流程进行处理。

（1）发现问题，由业主的技术人员提出了需求变更。

（2）业主方的技术人员将需求变更的要求提交给了承建方中相应模块的负责人，并要求其进行变更。

（3）承建方相应模块负责人否决变更请求。

可以看出，在整个变更中，监理方基本没有接触，由于该需求变更涉及的面较大，各干系人的中高层领导也没有介入，这是导致变更失败的直接原因。就算承建方相关人员接受了变更，这个变更也是不合理的。

应该按照如下的步骤进行变更。

（1）业主的技术人员提出变更，并形成文档，由业主的信息化项目负责人进行审查，并签字确认。

（2）把变更请求提交给监理方，由监理方对变更进行初审，由于造成该需求变更的原因基本上是不可抗因素，因此该变更也就应当被批准的。

（3）监理方召集业主和承建方高层领导对变更进行商讨，变更被批准后，要拿出具体的变更实施方案，并做好成本预算、进度安排的相应调整。

（4）开始变更的实施，监理方对变更的实施进行监督。

（5）变更完成后，对变更的效果进行审查，并组织变更报告，向各方进行通报。

5.6.3　参考答案

【问题1】

信息系统监理是指已经在政府工商管理部门注册的，具有信息系统监理资质的单位，接受建设方的委托，依照相关法律法规、行业与技术标准及监理合同，对信息系统建设实施的整个过程进行监督管理的过程。

信息系统监理的作用主要表现在以下几个方面。

（1）为业主提供技术上的参考和咨询。

（2）站在技术的角度对承建方的操作进行监督。

（3）保证项目交付成果的质量和项目管理的成果。

（4）协调各方面的关系。

"四控三管一协调"所指的内容如下。

（1）四控：质量控制、变更控制、投资控制和进度控制。

（2）三管：信息管理、安全管理和合同管理。

（3）一协调：协调业主、承建方、设备和材料的供应商等之间的关系。

【问题2】

对于项目质量管理来讲，信息系统监理可以在以下几个方面对质量产生影响。

（1）控制成本。这主要包括三个方面，首先对承建方提出的系统设计和建设计划进行评审；实施中对过程进行监督，形成现金流量表；项目实施完成后，进行整体的评估和分析。

（2）交付成果的质量控制。保证系统能够尽量满足需求，并符合要求的可靠性、安全性、易用性和可移植性等。

（3）对整个建设流程进行记录，并做到有据可查。

（4）对项目管理的成果进行质量监督。

【问题3】

在本项目的整个变更过程中，存在的问题如下。

（1）在整个变更中，监理方基本没有接触。

（2）由于该需求变更涉及的面较大，各干系人的中高层领导也没有介入，这是导致变更失败的直接原因。

正确的变更流程如下。

（1）业主的技术人员提出变更，并形成文档，由业主的信息化项目负责人进行审查，并签字确认。

（2）把变更请求提交给监理方，由监理方对变更进行初审，由于造成该需求变更的原因基本上是不可抗因素，因此该变更也就应当被批准的。

（3）监理方召集业主和承建方高层领导对变更进行商讨，变更被批准后，要拿出具体的变更实施方案，并做好成本预算、进度安排的相应调整。

（4）开始变更的实施，监理方对变更的实施进行监督。

（5）变更完成后，对变更的效果进行审查，并组织变更报告，向各方进行通报。

第6章 项目人力资源管理案例

在信息系统项目中，所有的活动都由人来完成。人力资源的管理在信息系统项目中至关重要，甚至于决定和影响着项目的成败。由于项目具有暂时性特征，项目组成员在人力资源的管理中将扮演双重角色。一方面作为公司员工，受职能经理管理；另一方面作为项目组成员，受项目经理管理。这样的角色使项目的人力资源管理变得更加复杂和困难。

项目人力资源管理就是有效发挥每一个项目参与人作用的过程，包括组织和管理项目团队所需的全部过程。按照PMBOK2004中的定义，项目人力资源管理的过程包括人力资源计划编制、组建项目团队、项目团队建设和管理项目团队。项目团队成员是项目的人力资源，项目经理需要在项目中尽量发挥项目团队人员的积极性，组建和融合项目团队，激发项目团队士气，活跃团队气氛，以成功完成项目并为公司培养项目团队。

6.1 项目为什么失控

阅读下列人力资源管理问题的叙述，回答问题1至问题3，将解答填入答题纸的对应栏内。

6.1.1 案例场景

M是负责某行业一个大型信息系统集成项目的高级项目经理，因人手比较紧张，M从正在从事编程工作的高手中选择了小张作为负责软件子项目的项目经理，小张同时兼任模块的编程工作，这种安排导致了软件子项目失控。

【问题1】
请用150字以内的文字，分析导致软件子项目失控的可能原因。

【问题2】
请用200字以内的文字，说明你认为M事先应该怎么做才能让小张作为子项目的项目经理，并避免软件子项目失控？

【问题3】
请用400字以内的文字，概括典型的系统集成项目团队的角色构成？叙述在组建项目团队、建设项目团队和管理项目团队方面所需的活动，结合实例说明。

6.1.2 案例分析

这是一道关于人力资源管理的试题，从案例背景中可以知道，本案例主要考查人力资源管理的过程和在实际项目中的实施方法。

IT 行业从业人员具有高素质，高流动性的特点，在 IT 企业中，人力资源管理比其他行业的人力资源管理显得更为重要。IT 项目所有活动都是人的活动，对于项目经理来说，如何组织、使用、发挥每个团队成员的作用和积极性，进而提高整个团队的绩效，显得更为重要。

【问题 1】

从案例背景中可以获得对问题 1 的很关键的一些信息。小张在项目中需要兼任编程工作和项目管理工作。一个人的精力和时间是有限的，项目管理和编程工作都需要花费很多的时间来完成，小张在项目中兼任了两个极为重要的角色，那么可能存在资源超负荷的情况。

资源负荷是指在特定的时间内现有的进度计划所需要的各种资源的数量，项目经理可以通过资源柱状图获得对项目所需资源的总体了解，通过资源柱状图，项目经理可以知道什么时候需要哪种资源以及所需资源的数量。资源柱状图和项目分配的资源情况相结合，可以反映出某个员工或者小组是否超出了他们的负荷。资源超负荷是指在特定的时间内分配给某项工作的资源超过了项目的可用资源。资源超负荷是一种资源冲突的现象，为了消除超负荷，项目经理可以修改进度表，或者申请更多资源来获得资源的平衡。资源平衡的目的是更加合理地分配使用的资源，使项目的资源达到最有效的利用。当资源平衡的时候，资源的利用也就达到了最佳的状态。案例中的小张兼任了项目经理和编程人员的双重任务，那么在小张的身上将可能出现资源超负荷的情况。

在小张作为项目经理之前，一直从事编程的工作，从编程高手这个称谓可以看出，小张更适合于编程工作，并且小张之前没有项目管理经验，那么在项目管理工作和编程工作中可能会出现更专注于编程工作，而忽视了项目管理的工作。

项目管理是一个复杂的管理工作，不仅要求项目经理要对技术精通，还要求具有很强的管理能力。一般情况下，项目经理需要对项目进行整体管理，包括对项目范围、项目时间、项目成本、项目质量、项目人力资源、项目沟通、项目风险、项目采购和项目的变更进行管理等。从以上所述可以看出，项目经理是一个对管理能力要求很高的角色。要胜任项目经理这个取位，不仅需要技术背景、行业知识，还需要具备较强的管理能力和管理经验。很明显，小张不具有这样的管理经验。那么在小张进入项目管理岗位之前，应该对其进行项目管理方面的培训，让其获得项目管理的相关知识，通过学习和培训，提高项目管理能力。

上面提到过，小张从事项目管理工作之前，是公司的技术高手，而技术出身的管理者，在管理过程中有思维转换和角色转换的问题。技术人员在刚转换为管理者时，大多数情况下会从技术人员的角度看待问题和处理问题。而从管理者的角度更全面全流程地看待问题、处理问题的思维方式还没有起主导作用。如果此时的管理者还兼任以前的工作，将会使这种转换更加困难。

从人的思维惯性来说，当某人既要完成自己熟悉的工作，又要完成自己不熟悉的工作，那么他将更倾向于完成自己所熟悉的工作，以自己熟悉的工作所取得的成绩来掩盖不熟悉的工作中出现的问题。

很多高级管理者会忽视对优秀技术人员进行管理方面的培训。这将导致在选用优秀技术人员作为管理人员时，技术人员可能发生入职困难或者不适合于做管理工作的情况。而高级管理者对于这些转为管理岗位的技术人员也过于相信他们的技术和忽视对其管理过程的监控和跟踪，导致高级管理者对于项目中出现的问题不能及时发现和处理，造成项目的失控。

【问题 2】

项目人力资源管理包括组织和管理项目团队。项目人力资源包括项目团队、项目的客户、项目的出资者、项目的子承包商和项目的供货商等。换句话说，项目的人力资源包括所有和项目有关的干系人。

在项目之初，项目经理应该对人力资源进行计划编制，以决定项目的角色、职责和报告关系。一般常用层次结构图、责任分配矩阵和文本格式的角色描述来表达人力资源计划编制。

图 6-1 所示为层次结构图。

层次结构图能够以图示的方式从上到下地描述团队中的角色和关系。

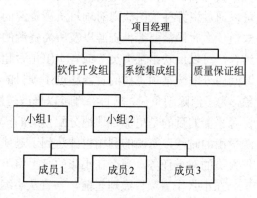

图 6-1 层次结构图

表 6-1 所示为职责分配矩阵（Responsibility Assignment Matrix，RAM）。

表 6-1 使用 RACI 格式的职责分配矩阵

RACI 表	人　员				
活动	赵大	钱二	孙三	李四	周五
定义	A	R	C	C	I
设计	R	I	A	A	C
开发	C	A	A	I	R
测试	R	C	I	I	I

R 对任务负责，A 负责执行任务，C 提供信息辅助执行任务，I 拥有既定特权，应及时得到通知

RACI 表示的含义：Responsible，有责；Accountable，负责；Consult，征询意见，Inform，通报。

职责分配矩阵被用来表示需要完成的工作和团队成员之间的联系。

文本格式通常用于需要详细描述团队成员职责。一般提供如下信息：职责、权力、

能力和资格。

在本案例中，M 作为高级项目经理，应在项目之初对项目角色进行制订，具体化任职条件，尽可能选择合适的人员担任项目经理。如人力资源不允许，可预先进行招聘，或对选出的人员进行培训，在工作中监督指导其工作。

分配工作应量力而行，高级项目经理应对初任项目经理的小张分配较为少量的工作，全面考虑其承担的工作总量，确保分配的工作都能按质按量地完成。

对于兼任多个角色的项目经理，应明确其角色定位。小张作为项目经理，应以项目经理的工作为主，M 应强调其项目经理的职责和重要性，在项目中强调全局性，当项目管理工作完成后，才应兼任编程人员的工作。高级项目经理应帮助项目经理完成角色转换，从技术人员的思维方式转换到管理者的思维方式。

对于没有经验的项目经理，高级项目经理应对其工作进行指导和监督，避免分配工作以后丢开不管的现象，避免项目失去控制。

【问题 3】

（1）典型的系统集成项目团队的角色一般有如下几类。

- 管理类：如项目经理。
- 工程类：如分析师、架构师、软件工程师、网络工程师、测试工程师和实施员。
- 行业专家。
- 辅助支持类：如文档管理员、系统管理员。

（2）组建项目团队、建设项目团队和管理项目团队方面的活动如下。

① 组建项目团队的活动。制订组织结构图和职位描述，可借助人力资源模板完成。事先分派、谈判、采购和虚拟团队。

② 建设项目团队的活动。一般管理技能、培训、团队建设活动、制订基本原则、同地办公（集中）、认可和奖励。

③ 管理项目团队的活动。观察和对话、项目绩效评估、冲突管理和问题日志。

6.1.3　参考答案

【问题 1】

（1）小张身兼二职，精力和时间不够用，顾此失彼。

（2）小张缺乏足够的项目管理能力和经验。

（3）小张没有进入管理角色，专注于编程工作而忽视了管理工作。

（4）高级项目经理 M 对小张的工作缺乏事先培训和全程跟踪与监控。

【问题 2】

（1）事先制订岗位的要求、职责和人员选用标准，挑选合适的人员。

（2）高级项目经理 M 应对小张的工作进行全面估算，避免负荷过重，在需要时找人代替小张的编程工作。解决负载平衡问题。

（3）在小张兼任项目经理之前对其明确要求，促使小张尽快完成角色转换。

（4）上级应注意对人员进行培训和培养。对人员工作进行监控。

【问题3】

（1）典型的系统集成项目需要的角色如下。

- 管理岗位：如项目经理。
- 工程岗位：如系统分析师、系统架构师、软件设计师、程序员、测试工程师、界面（媒体）设计师、网络工程师和实施人员。
- 行业专家。
- 辅助支持岗位：文档管理员、系统管理员和会议秘书。

（2）结合实际项目，所需活动如下。

① 组建项目团队，明确角色职责（职责分配矩阵图）。

② 建设项目团队，提高项目团队成员个人绩效，提高项目成员之间的凝集力和信任感。通过团队合作提高工作效率。

③ 管理项目团队，跟踪个人和团队的执行情况，协调变更以提高项目绩效、保证项目进度，解决冲突，评估团队成员绩效，作出奖励和惩罚。

6.2 项目经理的素质

阅读下列说明，回答问题1至问题3，将解答填入答题纸的对应栏内。

6.2.1 案例场景

D公司是一家系统集成商，章某是D公司的一名高级项目经理，现正在负责某市开发区的办公网络项目的管理工作，该项目划分为综合布线、网络工程和软件开发三个子项目，需要三个项目经理分别负责。章某很快找到了负责综合布线、网络工程的项目经理，而负责软件开发的项目经理一直没有合适的人选。原来由于D公司近年业务快速发展，承揽的项目逐渐增多，现有的项目经理人手不够。章某建议从在公司工作2年以上的业务骨干中选拔项目经理。结果李某被章某选中负责该项目的软件开发子项目。在项目初期，依照公司的管理规定，李某带领几名项目团队成员刻苦工作，项目进展顺利。

随着项目的进一步展开，项目成员的逐步增加，李某在项目团队管理方面遇到很多困难。他领导的团队经常因返工而效率低下、团队成员对发生的错误互相推诿、开会时人员从来没有到齐过，甚至李某因忙于自己负责的模块开会时都迟到过。大家向李某汇报项目的实际进度、成本时往往言过其实，直到李某对自己负责的模块进行接口调试时才发现这些问题。

【问题1】

请分析项目中出现的这些情况的可能原因。

【问题 2】

你认为高级项目经理章某应该如何指导和帮助李某？

【问题 3】

请说明李某作为项目经理要承担哪些角色。要成为一名合格的项目经理要具备哪些知识与技能？

6.2.2　案例分析

本题主要查考项目经理的选拔和培养，建设项目管理团队，传授项目管理经验，以提高整个项目管理团队的管理水平和领导水平。

【问题 1】

仔细查看案例场景中提供的信息，可得到如下信息。

李某在选拔为项目经理之前，并没有项目经理的管理经验。项目经理是项目的灵魂，需要一定的管理能力和行业经验，而李某在担任项目经理岗位之前，并没有这方面的经验。从项目实践中可以知道，对于项目中没有经验的人员，一般采取项目前培训，可以在较短时间内提高该人员的技能和经验，让其能胜任该工作。而在项目进展过程中，没有经验的项目成员可能会遇到各种各样的问题和困难，此时有经验的成员应对其进行指导和传授，协助其完成工作。老人带新人已成为各行各业中不可抛弃的经验。

在案例中可以看到，在项目开始的时候，李某的工作进展顺利，表明章某选拔李某并没有错。其后，随着项目的进一步展开和项目成员的增加。李某在管理方面遇到了困难。说明此时李某的管理能力出现了问题。有句俗语叫做：韩信点兵，多多益善。其中可以看出韩信的管理能力之强。管理一个人，管理两个人，管理十个、百个人难度是不一样的。这些都需要经验的积累和前辈的指导传授。案例中并没有再提到章某，说明章某对李某的管理工作并没有"传帮带"，而公司也没有进行过项目管理方面的培训，也可能是公司对项目经理的培养不重视、对项目经理的选拔不规范。

李某领导的团队陷入返工、推诿的状态，说明团队的沟通出现了问题，责任不明确。而到后来需要李某自己调试时才能发现问题，说明在项目成员工作中缺乏监督和跟踪反馈，也说明项目中并没有执行或者设置有效的绩效管理机制。

【问题 2】

李某在作为项目经理之前，是公司的业务骨干，从事软件开发工作。在技术人员到管理者的角色转换中，兼任原工作会影响或延迟其思维方式的转换。此时高级项目经理应帮助李某完成思维转换，从管理者的角度去看待和处理问题。

李某的例会出现很多问题，而李某只能摸索前进，作为提拔李某的章某应发现该情况，参加李某的例会，及时发现问题并指导李某决策。

例会应解决实际问题，明确参会人员和会议主题，项目经理更应该以身作则，规范团队组织纪律。

冲突管理是团队管理中重要的部分，项目团队成员应负责解决他们自己的冲突，如果冲突升级，项目经理应帮助团队找出满意的解决方案。

冲突的产生原因如下。

（1）项目的高压环境。由于项目有明确的开始和结束时间，有有限的预算成本，这些都会造成项目的紧张和高压环境。

（2）责任模糊。项目经理如果没有明确项目成员的责任，将会形成责任模糊的情况，导致出问题时出现互相推诿的现象。

（3）多个上级的存在。项目成员一般来源于职能部门，项目经理需要和职能经理或其他项目团队谈判协商以获得内部资源。项目成员存在多重报告关系，同时向多个上级汇报。

（4）新科技的流行。IT 行业的一个重要特点是新技术发展较快，当新技术出现时，项目团队成员对新技术会有不同的态度和观点。

冲突解决对于项目经理意义重大，一般常用的冲突解决办法有如下几种。

（1）问题解决。即双方一起积极地定义问题、收集问题信息、开发并分析解决方案，直到找到最合适的方法来解决问题。

（2）妥协。即双方协商并寻找一种能够使矛盾双方都有一定程度的满意，双方没有任何一方完全满意，需要互相让步。其方法有求同存异、撤退和强迫。

【问题 3】

项目经理是管理者和项目的领导者，其工作包括计划、组织、协调、领导和控制。

一名合格的项目经理，应具备管理能力和一定的专业技能，具有丰富的经历与经验，对客户行业有一定的了解，并具备良好的沟通和表达能力，良好的协调和领导能力。需要具备项目管理知识、IT 知识和客户行业知识。

6.2.3 参考答案

【问题 1】

（1）李某缺乏项目经理所需的项目管理能力和经验。

（2）章某对李某的"传帮带"做得不够或不到位。

（3）公司对项目经理的培养不重视，对项目经理的选拔任命不规范，缺乏相关技能的培训。

（4）公司对项目经理的工作缺少指导和监督。

（5）项目中没有有效地解决冲突和建立沟通机制。

（6）缺乏有效的项目绩效管理机制。

【问题 2】

（1）章某应明确李某的工作职责，帮助其思维方式由技术人员向管理者转变。

（2）参加李某的例会，及时发现问题并指导李某的管理工作。

（3）对李某提供项目管理方面的培训或指导。

（4）加强对子项目的日常监督，要求项目经理以身作则。

（5）对子项目中出现的问题，及时提出纠正和预防措施。

【问题 3】

（1）作为项目经理，需要承担管理者和项目领导者的角色。

（2）项目经理应具备管理能力和一定的专业技能，包括广博的知识，如项目管理知识、IT 知识、客户行业知识；并有丰富的项目管理经历和经验；良好的领导能力和协调能力；良好的沟通和表达能力。

6.3　项目中的新技术要求

阅读下列说明，回答问题 1 至问题 3，将解答填入答题纸的对应栏内。

6.3.1　案例场景

钱某新接手一个信息系统集成项目的管理工作，根据用户的业务需求，该项目要采用一种新的技术架构，项目团队没有应用这种架构的经验，钱某的管理风格是 Y 型的，在项目启动之初，为了调动大家的积极性，宣布了多项激励政策，如"按启用该新技术架构搭建出系统原型有奖，按时保质保量完成任务者有奖"，并分别公布了具体的奖励数额；在项目实施期间，为了激励士气，经常请大家聚餐。由于单位领导属于 X 型管理风格，很多餐票都不予报销。而在项目实施现场，因施工人员技术不过关导致一台电源烧坏，钱某也悄悄地在项目中给予报销。负责新技术架构的架构师经历多次失败之后，总算凭自己的经验和探索搭建出了系统原型。最后，虽然项目实际的进度、成本和质量等目标大体达到了要求，钱某自我感觉尚可，项目好歹也通过了验收，但他当初关于奖励的承诺并没有兑现，有人甚至认为他跟领导一唱一和，钱某有苦难言。

【问题 1】

请概括出钱某在人力资源管理方面存在的问题。

【问题 2】

针对本案例，项目经理钱某应该用哪些措施进行项目团队建设？如何应用自己的 Y 型管理风格有效地管理项目？

【问题 3】

请用 200 字以内文字，叙述钱某的单位及钱某应该如何处理新技术开发和项目管理之间的关系。

6.3.2　案例分析

本题主要考查项目中新技术对人力资源管理的影响。在现实中，很多客户都指定了项目必须使用何种技术，本题是一个比较典型的案例。

【问题1】

从案例背景可以获知，钱某在项目中使用了新的架构，而项目团队对此新架构没有相关经验。从人力资源管理的角度看，项目需要具有该架构经验的角色，或者说，具有该架构经验是项目角色的一个必要要求。很直观地看，当缺少相关要求的人员时，第一种做法应该是通过招聘以获取这方面的人才；第二种做法是对项目成员进行培训，使项目成员获得关于新架构的知识和技能。新架构的使用将给项目带来相应的技术风险。

钱某在知道项目需要使用新架构时，并没有把新架构作为角色要求定义下来，以至于项目在新架构上经历了多次失败，虽然钱某使用了奖励的激励方式，但技术风险的爆发给项目带来了多次失败的经历。在项目开始之初，人力资源计划包含了项目对人员的要求。项目经理应按照项目需要的人力资源计划对人员进行挑选和配置，尽可能获得符合项目要求的人员。

钱某在项目中属于Y型管理风格，使用了奖励作为激励手段，然而在项目结束后对奖励的承诺并没有兑现。在项目中，使用奖励制度可以有效激励团队，能让团队更好地完成任务。

在项目实施过程中，由于施工人员技术不过关导致一台电源被烧坏。说明钱某在挑选项目成员时并没有一个具体的挑选标准，不合格的人员也进入了项目组。对于不合格项目成员没有及时识别和培训，造成了项目成本的增加。

【问题2】

针对案例中出现的人力资源管理问题，钱某应改进其人力资源管理方式，认真制订人力资源计划，并认真落实人力资源配置。对于项目需要而公司无储备的人员可以采取预先招聘的办法获得，对于能力不能达到要求的项目成员，应对其进行培训和考核，让其达到项目要求。对于承诺过的阶段性奖励，应在该阶段完成后对该奖励进行落实。

Y理论是McGregor理论的一部分。McGregor理论分为两部分：X理论和Y理论。

X理论认为，通常来说，只要员工有机会在工作时间内不工作，那么他们就不想工作，只要有可能他们就会逃避为公司付出努力去工作。所有的活动都是基于他们自己的意愿，员工宁愿被管理者指导完成工作，而不愿意承担责任，并且会尽力避免承担工作中的责任。员工们没有一点雄心报复，只是想要一个安逸稳定的工作环境。管理者必须时刻注意管理员工，分配工作到个人，安排每一位员工的每一段时间的工作。员工没有很强的紧迫感。一般情况下，X理论的管理者会对员工采取两种措施：一种为软措施，即给予员工奖励、激励和指导；另一种为硬措施，即给予员工以惩罚和严密的管理，给员工强压力，强迫其努力工作。

Y理论和X理论相反，认为员工是积极的，在适当的环境下，员工会努力工作，尽力完成公司的任务，在工作中得到满足感和成就感。Y理论的管理者认识到学习对于员工的影响，如果管理者给员工一个适当的环境，员工会自动地接受并且勇于承担工作中的责任。在项目过程中给予员工以宽松的工作环境，并提供其自主发展的空间，让员工展现自己的才华，给员工以成功的感觉。

X 理论和 Y 理论各有长处和不足。X 理论强调管理，项目成员会比较被动地工作；Y 理论可以激发主动性，但很难把握住工作原则。在实际项目中应因人而异，因阶段而异，灵活应用。

除 McGregor 理论外，还有马洛斯需求层次理论，这里简单提一下。马洛斯需求层次理论以金字塔的形式表示人们的行为受到一系列需求的引导和刺激。在需求层次的最低层是生理需求，一旦生理需求得到满足后，安全需求就将引导人们的行为。一旦安全需求得到满足，就会上升到社会需求。社会需求满足后会上升到受尊重需求。再上一级为自我实现需求。

本案例中钱某属于 Y 型管理风格。Y 型管理风格取决于系统的大小，小系统容易故步自封，而当系统足够大时，Y 型管理风格的管理者会成为最好的团队领袖，使他人获得成功和成就感。钱某可以在项目中对内适当授权、鼓励和激励团队成员努力工作，对外尽力为团队争取更多的资源。

【问题 3】

新技术对于项目来说是一种技术风险，在项目中使用新技术时，单位应为钱某配备相关的技术人员，而钱某也需要对单位提出人员需求，争取获得项目所需人员。对于不能达到要求的项目成员，钱某应要求单位提供培训机会，使新技术对于项目来说不再是"新"技术，通过降低技术风险，保证项目按质按量完成。

技术和管理并不是互相排斥的，项目经理在人力资源管理上应当协调好技术和管理工作，发挥每一位项目团队成员的特长，把好钢用在刀刃上。IT 企业的管理者大多为技术人员出身，而人的精力和时间是有限的，在有限的精力和有限的时间下，一般只能做好一件事。优秀的技术人员不一定是一个好的管理者，而转型为管理者的技术人员可能没有足够的时间去研究技术，而好的管理者不一定是技术骨干。应根据个人的实际情况进行合理安排，在项目中发挥其最大作用，让项目获得更多的绩效。

6.3.3　参考答案

【问题 1】

钱某在人力资源管理中存在的问题如下。

（1）奖励政策没有得到领导的同意（或支持、沟通）。

（2）Y 型的管理风格没有与切实可行的规章制度（或措施、机制）相结合。

（3）钱某的管理风格没有与直接领导的管理风格相协调。

（4）没有对员工进行培训。

（5）没有配备有经验的人员（或人力资源获取方式单一）。

【问题 2】

（1）钱某应在项目初期认真制订人力资源计划，落实人力资源配置，对于缺少的人员应采取招聘等手段获得，对于能力不足的人员应对其进行培训和提高。对于阶段性奖励应落实。

可归纳如下。

① 一般管理技能（如沟通、交流）。

② 培训。

③ 团队建设活动（如周例会、共同解决问题、拓展训练）。

④ 共同的行为准则（或基本准则、规章制度）。

⑤ 尽量集中办公（或同地办公、封闭开发）。

⑥ 认可奖励（或恰当的奖励与表彰措施）。

（2）应用 Y 型风格时，对外应争取更多的资源，改善工作环境，落实奖励制度；对内适当放权、授权，鼓励和激励团队成员努力工作。不断为团队成员搭建良好的工作平台和环境，使团队成员更容易成功和获得成就感。

可归纳如下。

① Y 型的管理风格，要与切实可行的规章制度（或措施、机制）相结合，与领导的管理风格相一致（或相适应）。

② 加强对项目团队成员的培训（教育）。

③ 强调激励与约束并重，进化自己的管理风格。

【问题 3】

新技术的使用将会给项目带来技术风险，单位应为钱某配备相关的技术人员，避免过多的时间用在摸索和学习上，钱某应当向单位争取所需的资源。对于不能达到项目要求的人员，单位可进行预先培训后再指派到项目中，钱某也应向单位要求对项目成员进行新技术的培训。争取让专业的人做专业的事。

可归纳如下。

① 培训。

② 自制－外购分析（或自行开发、自行研发－外购、外包）。

③ 招聘掌握该新技术的人员。

④ 风险分析与防范。

6.4　人员流失对项目的影响

阅读下列问题，回答问题 1 至问题 3，将解答填入答题纸的对应栏内。

6.4.1　案例场景

杨某为某省电信分公司项目经理，在接到分公司副总的任命后，负责公司内部营账系统项目的管理工作。

为了更好地选拔项目成员，杨某制订了对项目成员的人员要求计划，从公司现有人员中选拔项目成员。杨某的选择标准依次为学历、资格证书、工作年限、技术方向。按照杨某的要求，一些公司的技术骨干由于学历原因，虽然入选了项目组，但没有被放在骨干的位置上。项目组成员到位后，杨某为量化项目团队成员工作，制订了一系列绩效考核制度，并按照百分制原则按月发放绩效工资。如员工当月绩效分为 90，则按照该员工在项目中的工作岗位，可获得该岗位 90% 的绩效工资。

随着项目的开展，一些弊端开始浮上水面。分公司资深老员工吴某为原开发部门技术骨干，但由于其学历为中专，在进入项目组后未被放在核心岗位，在架构设计阶段，吴某对杨某所采用的系统架构提出不同意见，而杨某在坚信自己的经验之际，拒绝了吴某的意见。在项目设计和编码阶段，吴某由于技术熟练和编程能力较强，连续 3 个月在绩效分中获得了 200 分以上的高分，并一直保持全项目团队绩效分第一名。按照杨某原先所定的绩效工资制度，吴某应得到其岗位 200% 的绩效工资，然而在发放项目绩效工资时，杨某认为如果一次发放项目奖金可能会为项目后期带来人员流失风险，于是对所有团队成员扣发了 30% 的绩效工资，承诺项目验收完成后一次性发放扣发的绩效工资。吴某在连续 3 个月只领到 70% 的绩效工资后，愤而辞职离开公司，随后一些绩效分超过 100 分的员工也不断辞职离开了公司，最后项目不了了之，杨某被调往其他分公司任职。

【问题 1】

请概括杨某在项目中人力资源管理方面存在的问题。

【问题 2】

在本案例中，如果你是杨某，应在项目中如何改进人力资源方面的管理？

【问题 3】

请叙述人员流失对项目的影响，并给出防止人员流失的办法。

6.4.2 案例分析

本题为项目经理的人力资源管理导致项目失败的案例，主要考查项目团队建设的知识。

【问题 1】

项目的人力资源管理主要包括如下 4 部分。

（1）组织计划编制（人力资源计划编制）。

（2）组建项目团队。

（3）项目团队建设。

（4）管理项目团队。

组织计划描述了项目团队的组织结构，项目中的角色、职责和汇报关系，包括项目人员配备管理计划。杨某在项目之初制订了相关计划，表明其对项目管理有一定的经验。完成组织计划编制后，接着是组建项目团队，以选拔公司成员进入项目团队。对于缺少的项目角色，需要进行招聘采购，对于技术能力达不到要求的成员应提供培训学习机会，努力让其达到项目角色的要求。从案例中可以看出，杨某把学历作为项目角色的第一要求，实际上是有问题的。对于公司的人员招聘，制订学历要求为基本招聘条件，是一种比较常见的做法。但在项目中，学历不应该成为第一要求，项目中的角色承担着项目的建设任务，更应该强调的是完成任务的能力，而不再是学历要求。这也是项目中人力资源管理和公司人力资源管理的区别。从案例场景的信息中可以知道，强调学历要求可能对某些个人能力较强而学历不高的员工有失偏颇，以至于有能力的人得不到重用。人力资源管理是让每一个项目成员最大限度发挥自己能力的过程。杨某的学历优先可能会成为项目成员发挥自己的障碍。

组建项目团队是项目获得人力资源的过程，项目管理团队应确保所选择的人员满足项目角色要求。组建项目团队的方法有事先分派、谈判、采购和虚拟团队。对于某些情况，项目成员可能会事先分配到项目上，一般较为常见的是事先指派行业专家或者技术骨干到项目中。在一般的项目中，项目成员在进入项目之前会属于某一职能部门或在其他项目中，此时，项目经理需要和职能经理或者其他项目经理谈判以获得项目成员，并保证项目成员的到岗时间。当公司内部缺少足够的资源以完成项目时，就需要从外部资源获得相关人员，其手段包括对外招聘，雇佣独立咨询人或与其他组织签订转包合同。在某些情况下，项目组成员并不能集中办公，这时可组建虚拟团队。虚拟团队通过电子邮件、电话会议、视频会议进行联系，虚拟团队概念的出现，跨越了地域、时差的限制，并且在虚拟团队中更强调沟通。

项目团队建设需要经历几个阶段：形成期，震荡期、正规期和表现期。各个阶段有不同的特点。在形成期，团队对项目前景充满期望，士气高昂。在震荡期，项目中困难不断出现，团队成员在高压和困难面前，对项目的理想化期望被打破，在解决问题时出现争执，互相指责，甚至开始怀疑项目经理的能力。经过震荡期后，项目团队开始进入正规期，团队逐渐成型，对于争执有了统一的处理方式，团队成员之间开始互相信任和熟悉，项目经理逐渐被认可和开始真正成为团队的领导者。在表现期，由于对项目经理的信任，团队成员开始积极工作，努力实现项目目标，团队凝集力达到最强，团队成员具有强烈的团队自豪感。

本案例中，在团队的形成期，杨某制订了奖励计划和绩效考核标准，从后来的表现看，杨某制订的项目绩效考核标准并不合理，而奖励计划未能兑现，以至在磨合期团队不能正常磨合，并出现了资源大量流失的危机。而在震荡期，项目成员的建议未被正确处理，也为后期项目失败埋下伏笔。对于激励手段的应用，在杨某未兑现后，极大地影响了团队士气。

项目团队建设常用的方法有一般管理技能、培训、团队建设活动、基本原则、同场地办公、认可和奖励。一般管理技能要求通过理解项目团队成员的情感，预测他们的行动，知道他们的担心，穷究他们的问题，增进合作。培训可以增强项目成员的能力，当项目成员缺乏相应的管理或技术技能时，可以通过培训来让项目成员获得该技能。团队建设活动主要为增加人际资源的活动，培养信任和协作。基本原则为项目团队成员应遵守的规则，当规则建立后，必须严格执行。同场地办公是指将大多数的项目团队成员置于统一工作地点，以增进他们作为一个团队的能力。认可和奖励是常用的团队建设方法，奖励制度一旦确定，必须严格执行。从以上所述可以看出，杨某缺乏一般管理技能，对认可和奖励执行不够，甚至出现反悔和自相矛盾的情况。而项目中出现 200 分以上的高分还说明了杨某对绩效考核标准把握不够。

管理项目团队是项目经理对项目团队进行的管理活动，要求管理团队跟踪个人和团队的执行情况，提供反馈和协调变更，以提高项目绩效，保证项目进度。常用的方法有观察和对话、项目绩效评估、冲突管理和问题日志。观察和对话可以保证项目经理和团队成员在工作和思想上的沟通接触。项目绩效评估依赖于项目的持续时间、复杂度、组织原则、员工的合约要求及定期沟通的数量和质量，通过项目绩效评估，可以发现一些未知和未解决的问题。成功的冲突管理可以大大提高生产力并建立积极的工作关系。问题日志是团队中对问题解决的记录，是项目管理经验的记录集。

【问题 2】

从问题 1 的分析可以得出，杨某应重新制订项目角色要求，任命技术骨干到项目的核心位置、落实奖励承诺，修正绩效考核标准，积极与项目成员沟通，了解其想法，听取项目成员意见，增强自身一般管理技能。

【问题 3】

IT 项目的所有活动都是由人来完成的，人员流失会对项目造成无可挽回的影响，甚至导致项目的失败。针对人员流失可以采取事前预防、事后弥补的办法来降低人员流失对项目的影响。

事前预防包括自上而下的沟通，项目经理应保持和项目成员的持续接触，了解其情绪和想法，对项目成员的工作应跟踪其执行情况，有错应罚、有功要奖，和项目成员建立信任关系，在未能正确建立信任关系时可采取扣除保证金的办法，但一般不推荐。

事后弥补包括流失人员原工作任务的转移，项目经理对自身管理方法进行反思和总结，发现人员流失的原因并尽量采取补救措施，修正错误的管理方式，修正规则中的错误，及时招聘新人以弥补项目角色空缺。

6.4.3 参考答案

【问题 1】

（1）项目角色要求制订存在问题。

（2）和项目成员沟通不足，缺乏一般管理技能。

（3）未能落实奖励承诺。

（4）绩效考核标准制订不合理。

（5）对于人员流失后弥补工作不到位。

【问题2】

（1）重新制订项目角色要求。

（2）积极发现和赏识技术骨干，并任命技术骨干到核心岗位。

（3）落实奖励制度。

（4）修正绩效考核标准。

（5）增进自身一般管理技能。

（6）积极于项目成员沟通、听取项目成员意见和建议，提前预防人员流失和做好事后弥补工作。

【问题3】

项目中人员流失对于项目的影响非常大，严重的人员流失可能导致项目的失败。防止人员流失的办法有事前预防和事后弥补。例如，项目经理应该经常和项目成员保持沟通，了解他们的情绪和想法、对项目成员赏罚分明，人员流失后应及时转移其工作任务，采取相应的补救措施，修改错误的管理方式和错误的规则标准，防止人员流失继续扩大，招聘新人以弥补项目角色空缺等。

6.5　如何处理项目中存在的不同派别

阅读下列说明，回答问题 1 至问题 3，将解答填入答题纸的对应栏内。

6.5.1　案例场景

关某为某 IT 私企项目经理，在接受公司董事长任命后接管了公司正在进行中的软件开发项目，该项目原先由公司总经理任命的项目经理谢某负责，谢某因故离职后，关某受董事长任命开始接替关某的项目管理工作。

关某在开展项目管理工作后，发现项目成员中分为两派，一派属于总经理亲自招聘的员工，一派为随董事长创建公司的元老。两派在项目中经常吵得不可开交，董事长派系的员工思想较为保守，以拥护稳定的技术为主，而总经理派系的员工接受新事物的能力较强，以推崇流行的新技术为主。关某在召开过几次例会后，不能说服争论双方，开始投向董事长派系，并开始支持公司元老提出的技术路线，而总经理派系的员工人数较多，在多次意见未被采纳后，开始消极怠工，以至项目进度远远落后于计划进度，公司总经理在听取关某的项目进度汇报后，对其工作极其不满意，以公司名义辞退了关某。

【问题1】

请概括关某在人力管理方面存在的问题。

【问题2】

如果你是关某，应如何解决面临的问题？

【问题 3】

请叙述项目中不同派别对项目的影响。

6.5.2　案例分析

本题为人力资源管理中的常见案例，主要考查冲突管理及项目经理影响和能力的相关知识。

【问题 1】

冲突管理是项目中人力资源管理的重点，随着项目团队的组建，项目团队成员在项目团队形成阶段和震荡阶段将出现一些争执和冲突，并且可能在整个项目团队管理中一直存在。成功的冲突管理可以大大提高生产力并建立积极的工作关系。一般情况下，在正确的管理环境中，不同的意见对于团队和项目是有益的。在冲突升级之前，项目团队成员应负责解决自己的冲突；在冲突升级后，项目经理应帮助团队找到满意的解决方案。项目中的冲突应及早被发现，在冲突持续分裂后，需要正确进行冲突处理。

冲突一般产生于项目的高压环境，由于项目有明确的开始时间和结束时间，项目预算成本有限，随着项目的进行，会使项目团队对项目感觉到紧张和高压力。

项目角色责任模糊也是冲突产生的原因之一，对于项目角色中责任不明确、授权不清晰，在遇到困难之时就会使冲突爆发和升级，对项目中出现的错误和问题互相推诿，甚至争执。

多个上级的存在也是冲突产生的又一原因，项目团队成员的多重报告关系，项目经理夹在中间有时会无法正确执行管理权力。

IT 行业的一个特点是技术发展快，技术更新快，当新技术出现或者不同技术出现时，项目团队成员会凭借自己的喜好和经验选择自己所喜欢的技术，对于不同技术各自持有观点，当这些观点碰撞在一起时，可能会导致冲突的升级。

冲突产生后，相应的冲突解决办法也就随之产生了，最有效的冲突管理办法是问题解决。问题解决就是争执的双方一起积极地定义问题、收集问题的信息、开发并分析解决方案，最后直到选出最适合的方法来解决问题。最好的结果为双方找到一个合适的办法来解决问题，获得双赢。此时冲突成功解决。

除了问题解决之外，另外一种解决冲突的办法称为妥协。妥协就是双方协商并寻找一种能够使矛盾双方都有一些满意度的解决办法。在妥协中，冲突双方没有任何一方完全满意，这是一种让步的方法。妥协处理分为三种方式：求同存异、撤退和强迫。求同存异把双方的关注点集中在一致同意的观点上，避免不同的观点。求同存异要求保持友好气氛，一般要求双方冷静下来，先把工作做完。撤退是把眼前遇到的问题先搁置，等以后再解决。强迫是一种比较强硬的方式，即专注于其中一方的观点，而不管另外一方的观点，最终的结果为一方胜利一方失败。一般不推荐使用强迫的处理方式，因为强迫有时候可能会让冲突隐蔽或加剧。

影响和能力是影响人们如何工作和更好工作的心理因素的三个方面之一。另外两个方面分别为动机和有效性。影响和能力是项目团队建设的关键心理因素。高级管理层授权给项目经理后，项目经理在项目中成为管理者，其权力和影响力的正确应用，可以处理好员工之间的关系。影响力和权力密不可分，在项目管理过程中，项目经理一般可以利用 5 种权力来管理和要求团队成员完成工作，分别是合法的权力、强制力、专家权力、奖励权力和潜示权力。合法的权力是高级管理层对项目经理正式授权后项目经理让员工进行工作的权力。强制力是指用惩罚、威胁或其他消极手段强迫员工做他们不想做的事。专家权力是指项目经理在某一领域有专长，让员工信服，并遵照项目经理的意见进行工作。奖励权力是指用一些激励措施来引导员工去工作。奖励还包括特定的奖励，如富有挑战性的工作，工作成就及认可度都可以成为奖励。潜示权力是指较为隐蔽的权力，这些权力可能借助于他人，狐假虎威就是潜示权力的例子。一般情况下，建议项目经理使用专家权力和奖励权力，而在特殊情况下，可能需要使用强制权力。

从案例中可以得到一些信息，关某并没有使用正确的冲突解决办法，导致冲突加剧。关某自己在冲突的影响下不得不投入其中一方阵营。而在行驶管理权时，关某并没有正确使用自己的专家权力和合法权力，其潜示权力在面对总经理系员工时失去作用。

【问题 2】

在对问题 1 的分析中，已经可以得到对问题 2 的解答。在冲突出现后，应着手解决冲突，本案例中可以使用问题解决的办法解决冲突，或者使用求同存异的妥协处理办法进行处理，缓和双方的矛盾。并且关某作为项目经理，可以行使专家权力说服冲突双方，让自己在项目中获得项目团队成员的信任。在对待消极怠工的员工，可以行使强制力和合法权力让其努力工作。作为公司最高领导董事长亲自指派的项目经理，关某的潜示权力应该是很大的，利用好潜示权力，可以获得事半功倍的效果。

【问题 3】

一般来说，项目团队中出现不同意见，对于项目来说是有好处的，可以从各个角度看到项目的问题，并且形成一个开放积极的沟通环境。然而，当这些不同意见上升到不同派别的程度上，那么将会对项目造成影响，分歧不太大的派别可以协调其工作，分歧太大而又针锋相对的派别会影响到项目的成败，如果不能处理好这些分歧和团队关系，那么项目将可能走向失败，本案例就是这样的一个例子。项目经理应尽量避免在项目团队中出现不同派别，尽早地发现，并对其产生的原因进行总结，针对其根源进行冲突处理，积极行使其行政权力，避免不同派别影响到项目的进度和结果。

6.5.3 参考答案

【问题 1】

（1）在例会中关某未能正确解决冲突。

（2）在出现消极怠工的情况时关某未能正确行使强制力。

（3）关某不具备专家权力或未能行使专家权力来说服争执双方。

（4）关某在冲突处理失败后未能及时上报而加入其中一方，导致冲突的加剧。

【问题 2】

（1）运用冲突解决办法正确解决双方冲突。

（2）提高自己的技术能力，并行使专家权力说服冲突双方，获得双方的信任。

（3）对消极怠工员工行使强制力让其努力工作。

（4）和团队成员增强沟通和交流，获得团队成员的信任。

（5）跟踪个人和团队的执行情况，及时反馈和协调变更。

（6）实行奖励制度以激励团队。

【问题 3】

项目中的不同派别对项目的影响可大可小，项目经理应及时分辨派别产生的根源，从根源上进行处理。在项目中出现不同派别时，冲突也随之出现，成功的冲突处理可以让派别对项目的影响降到最小，而失败的冲突处理会让项目团队分离，最终可能影响到项目进度或导致项目失败。

6.6　开放的管理会使项目出现危机

阅读下列人力资源案例，回答问题 1 至问题 3，将解答填入答题纸的对应栏内。

6.6.1　案例场景

L 为某外资软件公司高级项目经理，负责某银行数据分析项目的管理。

L 把项目成员分为需求分析及架构设计组、开发组和测试组，并任命 J 为分析架构组组长，K 为开发组组长，Z 为测试组组长。

L 属于 Y 型管理风格，项目成员可以在任何时候对项目提出自己的建议，建议被采纳后，项目将随之改变。L 希望这种模式能让开发出的软件更好，客户也能获得更好的使用体验。

随着项目的不断进行，开放的风格让整个项目团队士气高昂，例会时项目成员都会就项目提出自己的见解和看法，在建议被采纳后，软件的需求、架构、设计和测试将采纳后的建议融入软件开发中，并进行相应的变更。Z 在接受众多意见后带领组员不断加班完成这些变更，后终于不堪重负而辞职，L 任命开发组内的骨干员工 W 为新的开发组组长，一段时间后，W 也不堪重负，辞职离开。随着开发组两名骨干员工的辞职，开发组内剩余的员工工作压力越来越大，项目开始出现危机。

【问题 1】

请分析 L 在人力资源管理方面存在的问题。

【问题 2】

如果你是 L，应如何调整 Y 型管理风格以符合项目实际？

【问题 3】

请叙述开放式管理风格对项目的影响。

6.6.2　案例分析

本题为激励机制过度开放而导致人力资源超负荷，属于人力资源管理方面的问题。

【问题 1】

在项目团队建设中，正确使用激励机制可以使团队士气高昂，激发团队成员个人积极性，在项目中更好地完成项目任务。Y 理论由 McGregor 提出，和 Y 理论相对的是 X 理论。

Y 理论认为，员工是积极的，在适当的环境下，员工会努力工作，尽力完成公司的任务，就像自己在娱乐和玩一样努力，员工可以在工作中得到满足感和成就感。如果员工愿意完成他的工作，他们会在完成公司的目标活动中自己指导自己、自己鼓励自己和控制自己。他们的目标会补充公司的目标，并且对他们的委任就像给他们工作予以内在的奖励一样，而不需要外在的奖励或者惩罚。Y 理论的管理者认为如果给员工一个适当的环境，员工会去自己学习并且勇于承担工作中的责任，员工可以在工作中发挥自己的特长，释放自己的能量，给员工提供自主发展的空间，让其展现才华，给其成功的感觉。

X 理论则认为员工是懒散的、消极的、不愿意为公司付出劳动，必须规划工作，所有要完成的工作必须清晰地分配给每一个员工。X 理论管理者认为员工宁愿被管理者指导完成工作，而不愿意承担责任，甚至他们会避免承担工作中的责任。管理者必须时刻注意管理督促员工，安排每位员工每一时段的工作，并且员工没有很强的紧迫感。

案例中 L 为 Y 型管理风格，在 L 的 Y 型管理风格下，项目开始的确激励了员工士气，动员了员工的个人积极性。员工作为主人翁参与到项目中，为项目的成功努力出谋划策。但在接受了合理的建议后，案例中提到了项目变更，也就是说，通过开放的鼓励员工对项目建设提出建议并进行采纳后，这些建议将会引起一系列的变更，从需求的变更到架构设计，再到编码和测试，任何一个变更都会给项目团队带来变动，而最大的变更压力压在了开发组身上。为完成变更引起的开发任务，开发组已经需要通过加班才能完成任务，换句话说，人力资源已经出现了超负荷。

资源负荷是指在特定的时间内现有的进度计划所需要的各种资源的数量。可以通过资源柱状图获得对项目所需资源的了解。资源柱状图配合现有项目分配资源的情况，可以反映出某个员工或者某个小组是否超出他们的负荷。如果特定时间内分配给某项工作的资源超过了项目的可用资源，称为资源的超负荷。

为了解决资源超负荷，项目经理可以修改项目进度表，尽量使资源得到充分的利用，或者利用项目活动的浮动时间来实现资源平衡。

人的时间和精力是有限的，在有限的时间和精力下，人所能完成的工作量是有限的，当这个工作量超过了他的能力，员工必须通过加班来完成其工作。在项目中，如果任务量过重，可以把多余的任务分配到其他人身上，在项目所需资源不足之时，可以向外申请资源。如果资源超负荷导致资源流失，那么负荷只能被剩余人员所承担。

【问题 2】

L 作为高级项目经理，在实施 Y 型管理中应对项目变更进行有效控制，有些建议虽然是合理建议，但对于产生项目变更的建议应严格把关，制订变更管理计划，分版本处理这些变更。在资源出现超负荷时，应及时发现资源超负荷的情况，找到资源超负荷人员并加强沟通，掌握实际情况。案例中并没有提及沟通的相关信息，那么可以认为沟通存在问题。

在发现资源超负荷时，管理者应及时采取措施让资源达到平衡，如果资源不够，可以采取招聘的方式获得更多资源。Z 在超负荷离开后，L 并没有发现自己管理方面的问题，导致了 W 的离开，使项目陷入危机。

【问题 3】

开放的管理风格对项目的影响取决于系统的大小，小的系统可能会故步自封，难以控制项目进度，而大的系统可以使项目团队成员获得更好的发挥空间，使项目团队更具活力和积极性，使项目能获得更多的绩效。

对于开放的管理风格，重要的在于"度"的把握，不能过度开放或无限开放，导致工作量超过项目团队的承受量。在有变更的情况下，应对变更进行严格审核和评估，对变更影响做更为准确的估计，并在需要时适当调整项目进度表。

6.6.3　参考答案

【问题 1】

（1）L 未能及时发现人力资源超负荷的情况。

（2）L 没有建立变更管理计划和变更标准，导致资源超负荷现象日趋严重。

（3）L 和开发组成员缺乏跟踪、交流和沟通。

（4）L 对资源超负荷情况不够重视，缺乏有效的解决手段。

【问题 2】

（1）规范变更管理和变更标准，对于多个变更可以按其优先级分配到各个版本中。

（2）加强与项目团队成员的交流和沟通，对个人和团队跟踪其任务执行情况。

（3）使用资源柱状图形象化描述资源信息，对所需资源做到心里有数。

（4）及时采取资源平衡措施，如可以招聘新员工以增加可用资源。

【问题 3】

开放的管理风格能激励项目团队，比较适用于较大的系统，在项目团队受到激励后，会让项目获得更多绩效，而放在小系统中，会让项目进度难以把握。开放的管理风格应注意开放的"度"，只有在合适的"度"下，才能给项目带来更多的绩效；否则可能会出现资源超负荷的情况，使项目陷入危机。

6.7 成功的项目得不到员工的认可

阅读下列说明，回答问题1至问题3，将解答填入答题纸的对应栏内。

6.7.1 案例场景

杨某为某国有企业高级项目经理，正在负责一所大学校园数字化建设项目。

杨某的管理风格为X型管理风格，对于项目中各个子项目的项目经理汇报的项目计划，杨某总会压缩一半的时间，如负责校园点播子项目的项目经理陈某汇报子项目计划开发时间为20个工作日，杨某把计划时间压缩为10个工作日。并且杨某经常对其他子项目经理说道，"如果换成自己做这样的项目，5个工作日就可以完成了，现在有10个工作日，加上周末已经12个工作日，时间已经很宽裕了"，各个子项目经理无奈之下只得接受杨某压缩后的日程计划，项目在高压力下加班加点完成了，杨某获得了公司领导的赏识，而项目组成员却对杨某抱怨不断。

【问题1】

请分析本案例中人力资源管理可能存在的不足。

【问题2】

如果你是杨某，应如何应用X型管理风格进行管理？

【问题3】

请叙述项目完成后杨某获得不同评价的原因。

6.7.2 案例分析

案例中的相关知识在本章的案例中已经介绍了多次，本题将着重介绍案例分析的解题方法。

对于案例分析题，一般按三个步骤进行解答。

（1）理解问题。

（2）在案例场景中找出和问题相关的段落，并进行分析。

（3）整理分析结果，形成答案。

认真阅读问题1，可以知道本题实际上是人力资源方面的题。再继续阅读问题2，问题2中提到了X型管理风格，则在解答中要罗列出X型管理风格的特点。问题3要分析杨某获得不同评价的原因。对于分析原因的问题，案例背景中会出现一些提示信息，解答者需要根据这些提示信息分析。在分析的同时，还应结合相关概念，找出隐藏的可能原因，则可获得较为全面的解答。

从案例场景中，可以得到一些信息。如"杨某为某国有企业高级项目经理"，高级项目经理一般会有对应的子项目经理，当高级项目经理出现在案例中，或者出现在失败的管理案例中时，那么问题可能会出在子项目经理身上，可以考虑高级项目经理对于子项目经理的选拔、监督、跟踪和培训等是否有问题。案例中提到 X 型管理风格，那么结合问题 1，可以列出 X 型管理风格的不足之处。

X 型的管理风格中，管理者一般会针对员工的特点，采取硬措施和软措施，软措施为奖励、激励和指导等，硬措施为惩罚和监督管理。X 型管理风格会让团队成员丧失积极性，在严密的管理下和严厉的惩罚措施下，员工会感觉到很大的压力，而在项目环境的高压力下，员工会丧失创造性和积极性。举例来说，由于时间安排太急，员工积极性将受到影响，原本可以优化的算法，不愿再花时间和精力进行优化，而只是应付式地完成功能设计。虽然任务完成，但不能最优地完成任务。

案例中还提到，杨某不能听取别人意见，决策武断独断，并以现身说法的方式夸大自己能力，过分地夸大，可能失去对项目团队成员的亲和力和影响力，甚至可能会失去员工对项目经理的信任感。而在项目计划中把法定节假日作为工作日，会严重影响到员工的工作积极性。这也是后面抱怨不断的原因。一般情况下，项目经理应积极与员工取得沟通，了解其想法和兴趣，调动其积极性，让每一位项目成员在工作中发挥最大能力，努力完成其工作任务。本题中，公司高级管理层对于基层员工的交流和沟通也是存在问题的，项目并不是杨某一人完成，因为案例中提到了项目成员需要加班完成项目，公司高级管理层并没有注意到，所以公司的高级管理层和基层员工的沟通是有问题的。案例中对于奖励制度并未提到，可以认为杨某在 X 型管理风格中并没有使用软措施对员工进行激励。

经过以上分析，可以把分析结果按照题中的三个问题整理成为答案。

【问题 1】

杨某在 X 型管理风格中，软硬措施不明确；对于项目进度的武断决定，造成了项目高压，暴露出其对资源负荷概念不理解，对资源超负荷带来的影响不够重视；在项目中和项目团队成员沟通交流不够，公司领导对于项目成员的成绩未能做明确肯定。

【问题 2】

X 型管理风格需要把握好软硬措施，即有功要奖，有错要罚，在人力资源管理中强调任务的具体分配和任务执行情况的跟踪反馈。X 型管理也需要加强和项目团队成员的沟通反馈，及时识别资源超负荷情况，如果出现资源超负荷，需要及时调整项目进度计划，尽量使资源达到平衡。在管理中应注意高压环境对项目团队的影响，正确处理出现的冲突。

【问题 3】

案例的项目管理中虽然存在某些问题，但项目最终能按时完成，达到了项目目标，获得了项目预期的绩效。从高级管理层看，该项目在杨某的带领下取得成功，而项目中的具体过程对于高级管理层是透明的，在获得项目成功后，杨某获得公司领导的赏识实际上是公司领导对于项目团队努力完成项目的赏识。由于杨某在人力资源方面的管理存在问题，如缺少沟通、决策独断武断、X 型管理风格中的软硬措施不明确、给项目团队更大的压力、不注意调整资源平衡等，让项目团队成员在高压和缺乏有效激励机制的情况下执行任务，导致了项目团队对其最终的抱怨。

6.7.3 参考答案

【问题 1】

（1）杨某在项目中未能制订 X 型管理中需要注意到的软硬措施。

（2）杨某和项目团队成员缺乏沟通和交流。

（3）杨某对于资源超负荷认识不足，未能让资源达到平衡。

（4）公司高级管理层和项目团队成员缺乏沟通。

【问题 2】

（1）把握好软硬措施，有功奖，有错罚。

（2）明确任务分配和跟踪任务执行情况。

（3）和项目团队成员增强沟通，增进信任。

（4）关注资源负荷情况，灵活调整任务分配和项目进度计划，尽量让资源平衡。

（5）注意项目高压下团队成员的情绪，正确处理冲突。

（6）修改不合理和错误的项目进度计划，听取各方面意见和建议。

【问题 3】

从公司高级管理层看，项目在预期内完成，获得了预期绩效，项目是成功的，整个项目在杨某的带领下完成，此时项目团队对于公司管理层来说是透明的，所以公司高级管理层对杨某的赏识实际上是对项目团队的赏识。

从项目团队成员看，该项目进度机会存在问题，项目压力大，资源超负荷，对项目经理缺乏信任，项目中缺乏有效激励机制，导致了团队成员对杨某的抱怨。

6.8 如何避免员工被猎

阅读下列人力资源案例，回答问题 1 至问题 3，将解答填入答题纸的对应栏内。

6.8.1 案例场景

张某是某软件开发公司的项目经理，在公司中标后负责为某事业单位开发系统软件的项目管理工作，按照项目合同要求，软件公司须派人到该事业单位进行现场开发，张某在组建好项目团队后，抽调了三位技术较强的项目团队成员到事业单位进行现场开发，其余人员在公司进行团队开发。

该项目周期为 1 年，被抽调的三位成员按照事业单位的工作时间上下班，平时几乎很少回到公司，一般通过电子邮件或电话和项目团队进行沟通。张某的管理重点也放在了公司内部的项目团队身上，对被抽调的三人的管理由事业单位自行管理，而被抽调的三人的沟通也仅限于和其他开发人员的沟通。

经过长时间的相处，该事业单位领导很赏识这三位技术人员的能力，在项目结束后，这三位技术人员离开了软件开发公司，并进入该事业单位。

【问题 1】

请分析案例中人力资源管理可能存在的问题。

【问题 2】

如果你是张某，可以采取哪些有效措施防止人员被挖走？

【问题 3】

请叙述人员被猎走对公司和项目的影响。

6.8.2　案例分析

IT 行业人员流动性大，挖人与被挖在 IT 企业中非常常见，人员的高流动会给 IT 企业带来很大影响，本题就是技术人员被挖走的实例。

【问题 1】

对案例场景进行要点提取：客户要求项目团队现场开发，在派遣人员以后，项目经理对被派遣的人员沟通和管理较少，被派遣人员完全交由客户方进行管理，并且公司和被派遣人员的沟通仅限于项目团队成员，项目结束后，被派遣人员被客户挖走。

对提取出来的要点进行分析。客户要求项目团队成员进行现场开发，是否客户本来就需要软件开发人员，而又找不到合适的人员，因此提出了这个要求呢？这个可能性是存在的，对于客户现场开发的要求，在项目中属于合理的要求，毕竟现场开发可以让客户更为了解项目的进展，并且可以和客户更好地进行沟通。针对于上面提到的情况，项目经理可以在和客户的沟通时，对这些方面进行观察了解，做到防患于未然。如果客户真的需要软件开发人员，而又找不到合适的人选，那么很可能就会从长期在客户单位工作的人员里面进行挑选，而张某恰恰没有对该情况进行预防。

在项目团队向客户派遣人员以后，张某把对被派遣人员的管理权交给了客户，实际上，对于被派遣人员的管理，应该是项目经理为主、客户为辅。张某应对被派遣人员的工作情况进行监督和管理，增强和被派遣人员的沟通，了解他们的想法和工作状态，并通过他们在现场开发的有利条件，获得对客户更多的了解和项目需求的把握，增强和客户的信任关系。对于项目团队，虽然人员被派遣了，但被派遣的人员仍然是项目团队成员。对于项目团队的管理和公司所发布的公文、通知、决定、规则等，也应通知到被派遣人员，防止他们被公司"遗忘"。公司应关心被派遣人员的工作和生活，了解他们的工作状态和新的工作环境。

对于项目团队的建设，不应该遗忘被派遣的人员，如果派遣时间过长，应考虑轮换派遣。避免出现项目团队成员长时间脱离团队的情况。

对于项目团队的阶段性奖励，应予以落实。一般来说，在项目团队建设中，项目经理可能会承诺一些奖励制度，以激发项目团队成员的积极性，让其更好地工作，此时如果有外派人员，奖励制度也应该落实到外派人员的身上。

【问题2】

通过对问题1的分析，可以有针对性地做出一些防止人员被挖走的措施。

（1）需要关心和了解被派遣人员的工作和生活，让他们感觉到自己并不是被公司或项目团队忘记，而是公司和项目团队的一员。

（2）需要了解客户单位是否有人力资源方面的需求，被派遣的人员是否恰好满足这些要求。如果刚好满足客户的人力资源要求，可以考虑派遣其他人员到客户单位。

（3）对于需要长期外派人员的项目，应考虑对派遣人员进行轮换，避免客户的焦点集中在某个优秀的被派遣人员身上，也可以避免外派人员长期脱离项目团队。

（4）应加强外派人员的沟通和管理。由于外派人员不能和项目团队集中办公，对于外派人员的管理会变得更为困难，这时需要双方的沟通和理解，项目经理应经常和外派人员保持沟通，了解他们的工作状态和工作成果。

（5）对于项目团队的奖励制度，也应在外派人员身上落实，避免"遗忘"他们。

【问题3】

IT行业人员的流动性较其他行业要高得多，并且IT行业强调人员的技术要求。技术人员被猎走，对于公司来说是非常大的损失，因为IT企业中所有的活动都是由人来完成，人在IT企业中是第一重要的。核心技术人员的流失，可能导致项目的失败，甚至于导致项目团队解体。对项目管理来说，人员流失后，项目任务将会被分派到其他团队成员身上，造成资源负荷增加，项目压力变大，而技术较强的人员一旦流失，可能会面临技术困难无法攻破，无人能接替其任务等问题。

6.8.3　参考答案

【问题1】

（1）张某缺乏对客户的了解，和客户的沟通交流不足。

（2）张某和被抽调的项目团队成员缺乏沟通和了解。

（3）公司很少关心被派遣人员的工作和生活。

（4）在派遣周期过长的情况下，没有轮换派遣人员。

（5）没有落实奖励制度。

【问题2】

（1）关心被派遣人员的工作和生活。

（2）了解客户单位是否有人力资源的需求，避免派遣恰好满足其人力资源要求的人员。

（3）对于派遣时间较长的项目，应考虑轮换派遣人员。

（4）加强和被派遣人员的沟通与管理。

（5）落实相应的奖励制度，不要遗忘外派人员。

【问题 3】

IT 行业的人员流动性远较其他行业要高，IT 行业的性质决定了所有的工作都由人来完成，人是 IT 企业最重要的资源。对于项目来说，核心技术人员被猎，则被猎人员的任务将被分配到其他项目团队成员身上，造成项目团队成员资源负荷增加，项目压力变大，技术难关无法攻破，团队成员无人能接替核心人员的工作等影响，甚至可能导致项目的失败或者项目团队的解体。

第 7 章　项目沟通管理案例

IT 行业是一个年轻的行业，相对于其他行业来说，成熟的程度远远不及其他行业。IT 行业的从业人员大多为年轻人，所使用的主要工具为计算机，他们更善于面对计算机，而不善于沟通和社交。

IT 企业在经历各种教训之后，对沟通管理的认识逐渐重视起来，沟通管理不仅是企业的主观要求，也是行业标准和客户的正确要求。沟通管理在 IT 项目中有着至关重要的作用。

按照 PMBOK2004 中的定义，项目沟通管理的过程包括沟通计划编制、信息分发、绩效报告、项目干系人管理。

7.1　提高项目例会的效率

阅读下述关于项目沟通管理的叙述，回答问题 1 至问题 3，将解答填入答题纸的对应栏内。

7.1.1　案例场景

老张是某个系统集成公司的项目经理。他身边的员工始终在抱怨公司的工作氛围不好，沟通不足。老张非常希望能够通过自己的努力来改善这一状况，因此他要求项目组成员无论如何每周都必须按时参加例会并发言，但对例会具体应该如何进行，老张却不知如何规定。很快项目组成员就开始抱怨例会目的不明，时间不长，效率太低，缺乏效果等，而且由于在例会上意见相左，很多组员开始相互争吵，甚至影响到了人际关系的融洽。为此，老张非常苦恼。

【问题 1】
针对上述情况，请分析问题产生的可能原因。

【问题 2】
针对上述情况，你认为应该怎样提高项目例会的效率。

【问题 3】
针对上述情况，你认为除了项目例会之外，老张还可以采取哪些措施来促进有效沟通。

7.1.2　案例分析

问题 1 要求分析现实情况中的沟通问题，问题 2 考查项目例会的管理，问题 3 考查沟通方式的知识。

【问题 1】

针对问题 1 和案例场景，对案例进行分析，以获得解答思路。

由于员工抱怨工作氛围不好和沟通不足，老张采取了例会制度，期望在例会中加强沟通，解决员工沟通不足的问题，而结果并不如意，由于意见相左，组员开始争吵，并影响到人际关系。案例中提到了老张不知道如何进行例会，只是简单要求项目成员参加例会并发言。中间可以看出老张的例会存在很多问题，之后项目组成员对例会的抱怨也证明了这些问题。

可以看出，老张对沟通管理并不了解，只是直观地感觉到举行例会是一个沟通的方式，多发言能促进沟通，但实际上目的不明的例会并不能解决老张遇到的问题，反而带来了更多的问题。对于一个事件的解决，最好的办法是找到事件发生的原因，针对原因找到解决的办法。在案例中，对于组员的抱怨，老张并没有使用沟通手段和抱怨的组员进行进一步的交流，未能找到抱怨的原因。如对于员工提出的沟通不足，作为项目经理的老张，应该向员工进一步了解沟通不足的原因，是否由于会议周期太长，办公地点不集中，团队成员互相不熟悉、不了解，还是其他的原因。对于工作氛围不好，也应该深入了解抱怨的原因，从抱怨的员工身上获得足够的信息和建议，通过对信息进行归纳分析整理，找到解决问题的办法。可以得出结论，老张对项目团队成员的沟通需求和沟通风格缺乏分析。这个结论将成为问题 1 的一项解答要点。

例会是常见的沟通方式。但不是所有成员简单地坐在一起说说话就能称为例会，这样的例会只会耽误时间，降低效率。高效的例会有明确的会议目的，需要在会议中解决什么问题、什么分歧，需要哪些人员参加，会议在什么时候举行，在什么地点举行，如何安排会议时间和会议进程等，这些都需要在会前做明确定义，并且会议资料应该事先分发到参会人员手中。一句话，不开没有准备的会。只有明确会议目的，参会人员获得详细的会议资料，并为会议发言做好准备，会议才能高效进行。会议必须有会议主持人，没有主持人的会议将是一盘散沙，会议主持人负责主持和引导会议的进行，活跃会议气氛，让会议按照预定的流程和目的走，避免在会议上带入太多和议题无关的内容。会议主持人在引导会议的同时，还应该负责会议纪律，当会议偏题时，会议主持人应中止偏题的讨论，让会议回到正题。会议需要有总结，在所有议题讨论完毕后，会议主持人应对会议进行总结，重申会议决策。会议完毕后应有会议记录进行备案，做到有据可依。案例中老张的例会缺乏完整的会议规程，会议目的、议程、职责不清，会议缺乏控制，导致会议效率低下，没有效果。

上面的分析中提到了会议应该有会议记录，而案例中并没有提到老张在会议中有相关会议记录，那么缺少会议记录也是问题产生的可能原因之一，应列入解答要点内。

在会议讨论决策通过后，应把会议结论分发给相关人员，由相关人员按照会议决策执行。同样的，案例中并没有提到，则会后执行也应列入解答要点内。

是否只能通过会议的方式解决沟通问题呢？答案是否定的，除了会议之外，沟通方式多种多样，面对面的会议只是最有效的沟通手段，但不是唯一的沟通手段，老张除了例会以外，还可以采用其他的手段进行沟通，如非正式的会谈，电子邮件，使用即时通信软件，共享的文档或正式的书面文档，都是沟通方式。所以沟通方式单一也是问题产生的原因之一。

案例中还提到了会议中意见相左，并且发生争执，说明老张没有进行冲突管理。

【问题2】

问题2只要求说明如何提高例会效率。根据上面的分析，很容易就可以回答该问题。

（1）例会必须有目的。即例会必须明确定义要解决什么问题，要做什么事、得出什么结论。

（2）例会必须有议程和时间安排。在会议上可能会有多个议题，对于这些议题的时间估计和时间安排是必须的，如果长时间只讨论一个不能得出结果的议题，可能会使参会人员感觉疲劳，影响会议的进行。所以会议必须对各个主题所需时间进行预计，这也将成为会议时间安排的依据，会议的时间安排包括会议的召开时间和会议的持续时间。

（3）例会必须明确参会人员。会议是为了解决问题达到会议目的的沟通手段，和议题相关的人员必须参加，如果某些重要人员不能到会，那么会议必须改期举行。网络会议、视频会议、电话会议的出现，有效解决了参会人员不能在规定时间到达会议聚集点的问题。会议中需要避免非相关人员进入会议室，在某些时候，和会议不相关的人员进入会议，可能会影响到会议的效率和结论，甚至会把会议带入偏题或影响会议纪律。

（4）例会必须确定会议地点。会议需要一个面对面的集中地，某些会议要求参会人员必须到达现场并签署相关结论。

（5）例会必须有会议主持人。会议主持人负责主持和控制会议进行，很多效率低下的会议就是因为缺少会议主持人而导致大家感觉浪费了时间，合格的会议主持人需要掌握好会议时间、议程情况和会议是否偏题等。

（6）会前分发会议资料。会议的议题需要一定的背景资料，准备会议资料并在会前分发到参会人员手中是高效会议的保证。参会人员也需要准备自己的会议资料，如发言稿等。

（7）例会必须有会议记录。会议以解决问题为目的，对于会议上的决策，需要做到有据可依。当一个已经讨论过的问题被遗忘时，会议记录可以对其进行提醒，而不需要重新召开会议重新讨论。

（8）会议结论必须分发到相关人员并获得执行。会议中决定的事，必须通知到相关人员，并由相关人员执行实施。

【问题3】

例会并不是唯一的沟通方式，老张可以选择多种沟通方式进行沟通。在沟通之前应对项目组成员的沟通需求和沟通风格进行分析，针对不同的沟通需求和沟通风格的人员采用不同的沟通方式。可以使用电话、电子邮件、即时通信软件、办公自动化软件等工具进行沟通，也可以采取非正式的沟通方式，如非正式谈话等。对于正式的沟通应有相应记录，决定应落实执行。可以引入一些标准的沟通模板。在培养团队团结气氛的同时注意冲突管理。

7.1.3　参考答案

【问题 1】

（1）缺乏对项目团队成员的沟通需求和沟通风格分析。

（2）会议缺乏完整规程，会议效率低下，缺乏会议效果。

（3）没有相应的会议记录。

（4）对会议结论没有获得执行。

（5）沟通方式单一。

（6）没有进行冲突管理。

【问题 2】

（1）明确会议目的。

（2）确定会议议程和时间安排。

（3）明确参会人员。

（4）明确会议地点。

（5）指定会议主持人（一般为会议发起人）。

（6）会前须分发会议资料到参会人员。

（7）会议结束后必须有会议记录。

（8）认真执行会议结论。

【问题 3】

（1）对项目团队成员进行沟通需求和沟通风格分析。

（2）对不同的沟通需求和沟通风格采用不同的沟通方式。

（3）可以通过电话、电子邮件、即时通信软件和办公自动化软件等工具进行沟通。

（4）可以使用非正式的沟通方式，如非正式面谈等。

（5）对于正式的沟通应形成记录，并落实执行。

（6）可以引入一些标准的沟通模板。

（7）注意冲突管理。

7.2　与多个单位进行沟通

　　阅读以下关于沟通管理的叙述，回答问题 1 至问题 3，将解答填入答题纸的对应栏内。

7.2.1　案例场景

某系统集成商 B 负责某大学城 A 的三个校园网的建设,是某弱电总承包商的分包商。田某是系统集成商 B 的高级项目经理,对三个校园网的建设总负责。关某、夏某和宋某是系统集成商 B 的项目经理,各负责其中一个校园网建设项目。项目建设方聘请了监理公司对项目进行监理。

系统集成商 B 承揽的大学城 A 校园网建设项目,计划从 2002 年 5 月 8 日启动,至 2004 年 8 月 1 日完工。期间因项目建设方的资金问题,整个大学城的建设延后 5 个月,其校园网项目的完工日期也顺延到了 2005 年 1 月 1 日,期间田某因故离职,其工作由系统集成商 B 的另一位高级项目经理鲍某接替。鲍某第一次拜访客户时,客户对项目状况非常不满。和鲍某一起拜访客户的有系统集成商 B 的主管副总、销售部总监、销售经理和关某、夏某及宋某三个项目经理。客户的意见如下。

你们负责的校园网项目进度一再滞后,你们不停地保证,又不停地延误。

你们在实施自己的项目过程中,不能与其他承包商配合,影响了他们的进度。

你们在项目现场,不遵守现场的管理规定,造成了现场的混乱。

你们的技术人员水平太差,对我方的询问,总是不能提供及时的答复。

……

听到客户的意见,鲍某很生气,而关某、夏某和宋某也向鲍某反映项目现场的确很乱,他们已完成的工作经常被其他承包商搅乱,但责任不在他们。至于客户的其他指控,关某、夏某和宋某则显得无辜,他们管理的项目不至于那么糟糕,他们项目的进展和成绩客户一概不知,而问题却被扩大甚至扭曲。

【问题 1】

请简要叙述发生上述情况的可能原因有哪些。

【问题 2】

针对项目监理的作用,承建方应该如何与监理协同?

【问题 3】

简要指出如何制订有多个承包商参与的项目的沟通管理计划。

7.2.2　案例分析

这是一个关于项目内外的沟通管理和案例。

【问题 1】

根据案例场景,抓住关键部分。本案例描述的是一个工作交接后的第一次沟通,也就是对原高级项目经理田某项目管理情况的初步了解。了解分为两部分:一部分来自于和客户的沟通,另一部分来自于和分项目经理的沟通。沟通得到的结果差异很大,说明原项目经理田某的沟通管理存在问题。项目中有项目监理,还有总承包商和其他分承包商，这就使沟通变得更为重要，多个沟通之间可能会存在信息失真的问题。从项目背景中可以知到，客户对系统集成商 B 的评价主要可能来自于如下几个方面。

（1）客户亲自到实施现场观察接触所得。

（2）来自于监理公司的反馈。

（3）来自于其他项目承包商的反馈。

对比分析从客户和从分项目经理处获得的信息，可以得出如下结论。

（1）现场管理混乱，说明没有建立现场管理制度，或建立制度后没有得到执行。

（2）总承包商和其他承包商互相推诿，说明总承包商和其他承包商之间责任不明确。

（3）客户从其他承包商那里获得的信息和从总承包商处获得的信息不一致，说明信息有失真。

（4）客户方由于资金不到位而延迟了工期，但把进度滞后原因归结到总承包商身上，说明客户自身有原因。

（5）客户的信息中始终没有提到监理，说明监理可能工作没有到位。

【问题 2】

一般情况下，监理和承建方会被认为是对立的关系，而实际上，监理方和承建方有共同的目标，即把项目做好。在同一个目标下，承建方应该和监理进行更好的沟通，而不是对立。

不仅承建方需要进行项目管理，监理方也需要进行项目管理，没有管理和计划，只会造成混乱。承建方对于监理工作应给予协助和配合。对于项目中的里程碑或者中间结果评审，承建方应主动邀请监理方参加评审会议，对里程碑和中间结果综合评价。

承建方和监理方应进行周期性沟通，而不是互不相关，老死不相往来，在周期性沟通中发挥监理的作用，努力提高项目完成的质量。

对于项目中的突发事件，监理方和承建方应互相协调。

【问题 3】

沟通管理计划包括确定项目干系人和沟通需求。即哪些人是项目干系人，他们对于项目的收益和影响程度怎样，他们需要什么样的信息，这些信息什么时候需要，如何把信息传递到他们手中。在大多数项目中，沟通管理计划在项目初期完成，在整个项目周期中被审查和调整。

沟通管理计划的制订一般有三个部分：项目干系人分析、沟通需求分析和沟通技术使用。项目干系人是指那些积极参与项目，或利益可能会受到项目执行结果或项目完成的正面或负面影响的个体、工作组或组织。除了项目团队成员外，某些不是项目团队成员的项目干系人也会承担相关的职责。项目干系人分析确定不同的项目干系人的信息需求，明晰项目关系人的影响和收益，帮助项目经理制订出对项目的最佳沟通策略。沟通需求分析是项目干系人信息需求的汇总，需要明确界定谁与谁沟通，谁将接受什么信息。沟通是一个信息编码、传递、解码信息的过程，在沟通过程中需要使用沟通技术来完成沟通。

本题中的沟通和多个承包商有关，即有多个项目干系人存在。这样的沟通管理计划应着重做好项目干系人分析，对各个承包商的沟通需求做需求调研。并且在项目中有总承包商和监理方，那么在沟通中发挥总承包商的牵头作用和监理方的协调作用。多个承包商中间可能会存在有共用资源的情况，对于这些共用的资源，可以引入资源日历，避免资源冲突。冲突是不可能完全避免的，在发生冲突的时候，需要有冲突解决的办法和准备。除此之外，还可以使用项目管理信息系统进行协调和沟通，并健全项目管理制度并监管执行。

7.2.3 参考答案

【问题1】

（1）承包商内部管理存在问题，对执行和实施情况未能跟踪监管。

（2）系统集成商B极少甚至没有和客户进行直接沟通。

（3）没有建立现场管理制度或现场管理制度没有得到执行。

（4）总承包商和分承包商之间责任不明确。

（5）客户获得的信息有失真。

（6）客户自己有资金和管理水平的原因。

（7）监理工作不到位。

【问题2】

（1）承建方应对监理角色正确认识，不把监理放在对立的位置上，应该把监理方当作共同实现同一目标的伙伴。

（2）承建方和监理方都应该采用项目管理的方法，承建方应主动配合和协助监理工作。

（3）对于项目中的里程碑和中间结果评审，承建方应邀请监理参加。

（4）承建方和监理应周期性沟通，避免对立。

（5）对于突发事件，双方应该互相协调。

【问题3】

（1）做好项目干系人分析和沟通需求分析。

（2）发挥总承包商的领头作用和监理方的协调作用。

（3）对共用资源进行可用性分析，引入资源日志。

（4）制订冲突解决方案。

（5）使用项目管理信息系统。

（6）健全项目管理制度并监管执行。

7.3 面对频繁的需求变更

阅读下列关于沟通管理的叙述，回答问题1至问题3，将解答填入答题纸的对应栏内。

7.3.1　案例场景

陈某为某系统集成公司项目经理,负责某国有企业信息化项目的建设。

陈某在带领项目成员进行业务需求调研期间,发现客户的某些部门对于需求调研不太配合,时常上级推下级,下级在陈述业务时经常因为工作原因在关键时候被要求离去完成其他工作,而某些部门对于需求调研只是提供一些日常票据让其进行资料收集,为此陈某非常苦恼。勉强完成了需求调研后,项目组进入了软件开发阶段,在软件开发过程中,客户经常要求增加某个功能或对某个表进行修改,这些持续不断的变更给软件开发小组带来了巨大的修改压力,软件开发成员甚至提到该项目就感觉没有动力。项目期间由于客户需求变更频繁,陈某采取了锁定需求的办法,即在双方都确认变更后,把变更内容一一列出,双方盖上公司印章生效,然而这样做还是避免不了需求变更,客户依然要求增加某些功能或觉得原先的想法不成熟要求重新修改,尽管陈某拿出双方盖章的变更列表要求对方遵守承诺,客户却认为这些功能是他们要求的,如果需要新的变更列表,他们可以重新制作并加盖印章。陈某对此很无奈。最终在多次反复修改后,项目勉强通过验收。而陈某对于该项目的后期维护仍然感到担忧。

【问题 1】

请分析案例中沟通管理存在的问题。

【问题 2】

如果你是陈某,可以采取哪些措施解决陈某遇到的问题?

【问题 3】

请叙述频繁变更需求的危害及如何在项目中避免需求频繁变更。

7.3.2　案例分析

这是一个项目需求方面的案例,需求的获取是由沟通所决定的,所以也是沟通管理方面的案例。

【问题 1】

案例中主要叙述了客户对需求调研不配合,在开发阶段需求变更频繁,对于需求变更的锁定客户不够重视,导致给项目带来极大的困难和额外的工作量。

一般来说,需求分析分为两个阶段,即立项时期的模糊需求阶段和项目开发时期的需求明细阶段。明确、详细的需求是项目成功的保障,而不成功的案例常常是需求沟通不足。对于客户来说,在需求方面可能存在两个问题:一个是业务模式不明确,提出系统建设只针对其中的一个点,系统需要的输入输出不流畅;另一个是客户表达不明确,客户脑中的需求和纸上的需求不一致。系统集成商应及早且尽可能多地了解客户的需求,否则就会和本案例一样,变得非常被动。获取需求是系统集成项目中最困难、最关键、最容易出错和最需要交流的阶段，成功的需求获取和沟通管理密不可分，开发者和客户应采用更多的交流方式。

案例中，项目团队成员发现客户的某些部门对于需求调研工作的不配合，一方面采用了"推"的方式表达对项目需求的不配合，另一方面采取需求调研者自己阅读资料的方式。这两种方式都是对需求不配合的常见情况，暴露出来的问题实际上是沟通方面的问题。项目团队成员和客户的沟通不足，对客户的沟通风格不适应，导致和客户的合作不顺利。客户对于项目的认识不足，也是客户不配合的原因，案例中提到客户指派了和项目团队成员交流的人员，但经常因为工作的事而被调开，使得沟通无法进行，说明客户认为项目没有日常工作重要，不想花太多的时间在沟通上，而耽误了日常工作的进行。而另外的部门让项目团队成员自己收集和阅读资料，而不是主动介绍这些资料的使用，说明客户对于自己的业务表达不清楚，此时需求调研者应采取一些沟通技巧去了解这些需求，而不是自己收集资料摸索进行。

案例中提到，在项目开发阶段，需求的调研工作是勉强完成的，这也是后期需求频繁变更的提示，需求应该经过评审和确认，在需求评审会议上，客户和项目组成员应达成共识，对于其中的明细项进行确认和说明，对于有争议或者需要细化的地方，需要记录并且在会后沟通细化。只有需求通过了双方的评审和确认，后续的工作才能展开。项目中客户要求对需求进行变更，某些需求甚至需要改动数据库结构，对于客户来说，改动只是一句话，而对于项目开发人员，任何一个改动都至少需要改动三个操作，即改动数据记录的增加、修改、查找（删除一般通过主键关联，一般不会被修改）。当一个任务被反复多次修改后，开发人员会对这个任务感觉烦躁，兴趣减少，不再感觉该任务具有挑战性和成就感，最终可能使项目开发成员对于这个任务采取应付式的态度。案例中出现了这些情况，作为项目经理，一方面需要控制客户对需求的改动，另一方面应注意和项目成员进行沟通，使项目成员对该任务重新充满激情，而不是放之任之。陈某采取了双方以公司名义签字盖章的方式锁定需求，虽然从某种程度上来说，这是一个不错的措施，但另一方面体现了对客户背景和项目背景不了解的问题。作为项目经理，在和客户确认需求变更的时候，应采取的是对客户进行说服的态度，让客户认识到该功能对于客户没有太大的意义，或者这个功能不会被用到，对于不明确的需求，应说服客户在下一个版本中实现，让客户有足够的时间来思考该功能是否真正需要和功能中更为细化的需求。在双方进行大量的沟通工作后，对于需求变更上的每一项都达成了双方的共识和处理结果，那么这个需求文档再进行签字盖章才是认可的，而参加涉及签字盖章会议时，最好有双方高级管理层的参加，增加会议的认可度。可以推测，陈某的双方签字盖章，可能只有客户方的高级管理层参加，系统集成公司的高级管理层并没有参加，或者只是做了一个简单的授权，导致了双方角色的不对称，也是后来客户简单认为可以再盖一次章的原因。

【问题 2】

在对问题 1 进行分析后，相应的解决问题的办法也就出现了。

陈某应该认识到需求对于项目的影响，所以，在获取需求阶段，应了解所要获取需求的人员的沟通风格，取得他们的信任，和他们"打成一片"，使得在需求获取中更容易获得所需要的信息，并且应取得其部门领导的支持，让部门领导认识到项目对他们的影响和重要性，配合需求调研人员共同完成需求调研。作为项目经理，需要让客户认识到需求对于项目的重要性，很多客户仅认为开发对于项目才是最重要的，而忽视了对需求调研配合，对此，项目经理应通过和客户的沟通和影响，让其对需求调研工作真正重视起来。

案例中涉及到了客户对于自己的业务模式表达不清楚，此时有必要通过沟通技巧让客户表达出自己的需求。如需求调研人员可以这样说：我觉得这个流程是不是应该这样？描述完自己的理解后，客户对于其中错误的地方会很直观地进行纠正，这样就从另外一个角度表达出了需求。需求调研人的抛砖引玉，可以使不知道如何表达的客户找到表达的钥匙，从而获得对需求的描述和认可。对于不具备沟通技巧的需求调研人员，项目经理应及时了解情况，并对其进行指导。

当获取到需求并整理为需求说明书后，项目成员和客户应召开需求评审会议对需求进行评审，达到对需求的共同理解和认识。

在客户要求变更时，项目经理应对变更进行了解，对内需要了解项目开发人员对该变更的认识，避免出现厌烦情绪；对外让客户认识到变更是否必要，能不能放在后续版本中完成，介绍变更可能引起的后果，如变更将影响整个项目的进度、增加项目成本等。当客户对于变更的影响认识以后，会权衡变更的必要性。可以有效防止多次频繁变更的出现。

变更确认会议上，应有双方公司高层管理人员参加并确认。而双方应对每一条要求的变更做出认可和解决办法，如该变更是否必要，变更的描述是否足够清晰，该变更需要放在哪个版本中实现，大概需要几天时间完成，对于成本和进度的影响是否能接受等。通过双方高层的理解和确认，让变更文档正式生效并成为具有法律效率的证明。

【问题 3】

信息系统集成项目的变更的出现是正常的，变更是客户的正常要求，在需求分析阶段，项目团队成员对项目背景不了解，和客户沟通困难，客户表达业务模式不清晰和不明了，都是变更出现的原因。变更出现后，应进行变更的处理，首先应和客户确认变更的必要性，变更将带来成本和时间的增加，在用户认可这些影响后，可以和客户讨论变更的实现，避免不清晰的变更进入和影响项目。频繁的需求变更是有害的，会使项目开发成员疲劳，影响项目进度和项目成本。客户和项目团队成员都应该正确认识频繁需求变更的危害，力求获取正确需求，避免频繁变更。

避免需求变更的方法主要在于需求阶段获取正确的需求，明确、清晰化模糊和含糊的需求。通过正式的会议和文档记录需求，让双方在需求上达成共识。双方需要进行大量沟通，认识到变更的危害，对于变更的处理达成一致。

7.3.3　参考答案

【问题1】

（1）项目成员和客户的沟通方式单一，对客户的沟通风格不适应。

（2）客户对项目重要性的认识不足。

（3）客户对于自己的业务模式表达不清楚。

（4）项目成员不具备沟通技巧。

（5）项目进入开发之前没有进行过需求评审和确认会议。

（6）项目经理陈某对客户需求变更控制存在问题，和项目团队成员的沟通交流不足。

（7）陈某对项目背景和客户背景认识了解不足。

（8）陈某的需求变更会议没有双方公司的高级管理层参加。

【问题2】

（1）正确认识项目背景和客户背景，了解项目干系人的沟通风格，并更好地和项目干系人进行沟通。

（2）通过沟通使客户认识到项目的重要性和项目需求的重要性。

（3）可以采取多种沟通方式和沟通技巧与客户沟通，以获取对业务模式的正确需求。

（4）对项目成员进行沟通技巧方面的培训和指导，以使其能更好地和客户沟通。

（5）召开需求评审会议。

（6）让客户认识到变更的影响，如需要延长项目时间、增加项目成本等。

（7）变更确认会议应有双方公司的高级管理层参加，并且对于变更进行认可并记录在变更文档中作为法律依据。

【问题3】

频繁的需求变更会让项目团队成员精神和身体疲劳，影响其开发效率和任务完成的成就感。同时，频繁的需求变更会影响项目的进度，增加项目的成本，项目中应力求获取正确的需求，清晰化模糊的需求，避免需求频繁变更。

增加有效的沟通，增加对项目背景和客户背景的了解，可以在某种程度上避免频繁变更的出现，对于变更应双方达成共识，客户应了解到变更的危害及对项目的影响，应召开需求评审会议，力求获得正确的需求理解。在必要时召开变更确认会议，记录变更的处理和变更内容，并形成记录使其具有法律效应。

7.4　沟通的不同风格

阅读下列说明，回答问题1至问题3，将解答填入答题纸的对应栏内。

7.4.1　案例场景

王某为某系统集成公司项目经理，负责某医院信息项目的管理。

王某在和客户的接触中，客户对王某的评价很好，认为王某待人客气，技术强，没有架子，和他的合作很愉快。而项目团队成员却对王某有另外一种感觉，认为王某召开的项目会议上主题不明确，内容乏味，会议让人昏昏欲睡。对于王某自己给项目团队成员举办的培训讲座，项目团队成员觉得王某对于培训内容中的细节讲得很深，但不能获得整体概念，经常花了很长的时间，但内容只能讲授一点点。

王某对于内部和外部的评论感觉很困惑。

【问题 1】

请叙述王某在沟通管理中存在的问题。

【问题 2】

王某可以采取哪些措施改进自己的沟通风格？

【问题 3】

请叙述如何在项目内外加强有效沟通。

7.4.2 案例分析

这是一个关于沟通风格方面的案例，需要了解与沟通风格有关的知识。

【问题 1】

不同的人说同一件事会有不同的方式，是由于人们有着不同的沟通风格。

沟通风格影响到信息的编码和解码。

图 7-1 是项目管理中的沟通模型。

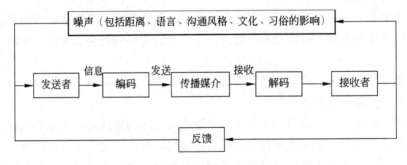

图 7-1 项目管理中的沟通模型

从图 7-1 可以看出，信息经过发送者编码，通过传播媒介到接收者理解是一个编码和解码的过程，其中沟通风格、距离、语言、文化、习俗都会影响到信息的编码和解码，形成信息的编解码中的噪声，直接影响到沟通的有效性。

人的沟通风格可以简化为 4 种：理想型、实践型（操纵型）、表现型（亲和型）和理性型（分析型）。4 种风格有各自的特征。

图 7-2 为人际沟通风格示意图。

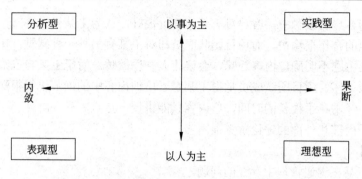

图 7-2　人际沟通风格示意图

从图 7-2 中可以看出，不同的沟通风格，在沟通的时候会表现出不同的兴趣，和不同沟通风格的人沟通，需要采用对方能接受的沟通风格，分析型的人需要在获得完整的信息之后才能做出结论，实践型的人会把注意力集中在事上，表现型的人和理想型的人在乎自己的感受和感觉。

和分析型的人相处，不需要牵涉太多的情绪，最好能提供完整的信息，提供成功案例的做法，给他足够的思考时间，理解他的反应平淡和习惯于按部就班的做法，不强迫他立即做出结论和决定。

和实践型的人相处，需要了解他对事不对人、肯定对方的能力、支持他的看法、把握事情完成的时效与正确性，掌握要点沟通，不拐弯抹角，直截了当让他做出选择，相信他的建议是善意的。

和表现型的人相处，需要注意关心他的心情，关心他的心情比关心事情更重要，让他觉得备受欢迎和重视，欣赏他的热情，把握非正式交谈的机会，避免让他陷入冲突的情景。

和理想型的人相处，需要给予其真诚及强烈的肯定，强调信任和忠诚，讲求团队合作，做他的聆听者和支持者。

从客户对王某的评价来看，王某应属于以人为主的沟通风格，实际的沟通风格介于理想型和表现型之间，王某在和客户沟通时很愉快，但在和团队成员的沟通中，产生另外的结果，团队成员不理解他的思路，甚至他在培训时对团队成员来说是一种折磨，对于重点不能一针见血地指出。可以看出，王某不具备和其他沟通风格的人进行良好沟通的沟通技巧，没有针对项目团队成员研究过其能接受的沟通风格。

而王某的会议主题不明确，说明王某不具备组织高效会议的能力，并且会议内容乏味，重点不突出，说明对于会议的准备，王某准备得并不充分。

培训会议是常见的培训方式，要求培训者语言生动，重点突出，给人以全面的观点，由于会议时间限制，一般会要求培训者不用对细节太过深入，而应重点介绍总体概念，在被培训者脑中形成直观印象，对于少部分重要的细节，应合理安排时间并用生动的语言表达，给被培训者思考的空间。从案例中提供的信息看，王某的培训是不成功的，反而浪费了很多用于工作的时间，也说明了王某不具备对别人培训的能力，王某更擅于进行非正式性的沟通。

【问题 2】

项目经理是沟通的专家，需要掌握对内沟通和对外沟通的技巧。对于王某来说，需要学习这些沟通技巧，加强自己的沟通能力。

针对项目成员，增加非正式的沟通，学习组织高效会议的技巧并认真反思会议效果，在会前做充分的准备，不开无准备的会。

对于项目成员的培训，可以对外聘请培训专家对项目成员进行培训。

【问题 3】

沟通分为项目内和项目外的沟通，作为项目团队，对外应保持一致，用一种声音说话，甚至面对不同的对象，可以选择不同的发言人。

通过非正式沟通改善沟通双方的关系，增强信任。

采用对方能接受的沟通风格，在气氛上和解决问题上都获得双方希望的结果。

注意沟通升级原则：和对方沟通；和对方的上级沟通；和自己的上级沟通；自己的上级和对方的上级沟通。

扫清沟通障碍：通过良好的沟通管理，扫清沟通的障碍。

在项目团队中可以采取六顶帽子的思维方式。即白色帽子表示信息，当戴上白色帽子时，关注的焦点在于获得的信息；红色帽子表示感觉和情感，当戴上红色帽子时，关注的焦点在于获得的感觉，如对某件事的感觉怎么样；黑色帽子表示负面，当戴上黑色帽子时，关注的焦点在于负面影响和危机；黄色帽子表示正面，当戴上黄色帽子时，关注的焦点为获得的利益和价值；绿色帽子表示创新，当戴上绿色帽子时，关注的焦点为新的想法、建议和假设；蓝色帽子表示组织和控制，当戴上蓝色帽子时，关注的焦点为如何组织和控制。

7.4.3　参考答案

【问题 1】

（1）王某不具备和其他沟通风格的人进行沟通的技巧。

（2）王某没有针对项目团队成员的沟通风格做相应的分析。

（3）王某不具备组织高效会议的能力。

（4）在项目会议中，王某对项目会议的准备并不充分。

（5）王某不具备对别人培训时要求的技巧。

【问题 2】

（1）学习沟通技巧、加强自身沟通能力。

（2）增加和项目成员非正式的沟通。

（3）学习会议技巧。

（4）在会前做充分的准备，不召开无准备的会。

（5）在有条件的情况下，聘请专家对项目团队成员进行培训。

【问题 3】

项目的沟通分为项目内和项目外，项目团队对外应保持一致，一个团队用一种声音说话，甚至于针对不同的沟通风格，选用不同的代言人。

通过非正式的沟通改善沟通双方的关系，采用对方能接受的沟通风格更好地和对方沟通，注意沟通的升级原则，安排沟通管理计划扫清沟通中的障碍。

在团队的沟通中，可以采取六顶帽子的思考方式。

7.5　在沟通中获得正确的需求

阅读下列关于获取需求的叙述，回答问题 1 至问题 3，将解答填入答题纸的对应栏内。

7.5.1　案例场景

M 是某软件公司的高级项目经理，公司最近接到了一个重要客户的项目，要求开发一个在线游戏装备交易平台，公司总经理指定 M 为项目负责人。

M 在组建项目团队后，带领需求分析人员到客户那里了解需求，客户是这样告诉 M 的：

"你们参照着淘宝网给我做一个类似的，我只需要做游戏装备的交易就可以了，其他的商品功能我不需要。"

"另外，我还需要一个论坛，像猫扑网那样的就可以了。"

"你们先做着，如果有什么要求，我再告诉你们。"

针对客户的要求，M 回去以后仔细研究了淘宝网和猫扑，并整理成需求分析文档，由于涉及内容太多，M 建议客户去掉一些功能，但客户不能确定哪些功能是可以去掉的，希望能先使用然后再确定哪些功能不需要。

【问题 1】

请叙述本案例中可能存在哪些沟通方面的问题。

【问题 2】

M 应该如何做才能更好地和客户沟通？

【问题 3】

请结合你所做过的项目，讨论需求和沟通的关系。

7.5.2　案例分析

这是一个关于需求不明确的案例。需求的获取和沟通管理密不可分，可以说，没有良好的沟通管理，将很难获得准确的需求。

【问题 1】

案例中关于沟通方面的信息，主要来自于客户对需求的叙述，客户主要描述了他希望获得的两个网站的功能，在线交易的淘宝网和在线论坛的猫扑网。从客户的描述可以得知，客户自己是不太清楚自己的实际需求的，他只能大概描述出自己需要什么和自己希望的软件像什么，而这些还不足以形成需求说明书。项目需求需要在和客户的不断沟通中挖掘，挖掘出客户最希望实现的功能和最符合其头脑中的功能。

从 M 和客户的沟通中，能看到的只是客户对于自己期望的描述，M 在其中并没有对客户的需求进行进一步的探求。在客户的模糊需求中，M 接受了客户指派给他的研究任务，自己对客户提出的两个网站进行归纳和整理，在形成文档要求客户确认时，发现客户自己也不确定哪些是他所需要的功能。从这些信息可以得出，M 不具备项目的背景知识。如果 M 具备了项目的背景知识，那么应该可以在客户提出"像什么"的时候，对该网站进行一个自己所了解到的信息的介绍，让客户对需求分析员是否理解了自己真实需求获得直接的确认。继续分析案例场景后，可以得出，客户不善于表达自己，即客户的表达能力有限，如果客户能正确表达自己的需求，那么 M 得到的应该是对于项目需求的一个较为具体和全面的描述。

从案例中还能得到的信息是 M 的沟通技巧有问题，不能主动和客户攀谈，不能抓住客户的言语和客户沟通。沟通不是一个人在叙述，而是相互交流的过程，在获得客户提供的信息后，项目经理或者需求分析员应抓住客户提供的信息，对其进行反馈，以保证理解不出现偏差，而如果客户和需求分析人员达成共识，那么可以确定沟通中信息没有失真，而如果客户能发现需求分析员说错了，此时客户会对错误进行纠正，并且可能会继续说出原本不知道如何表述的需求，这样就促成了进一步的沟通。

一般情况下，项目需求的获取需要经过以下几个步骤。

（1）系统集成企业应该了解项目背景、项目涉及的业务属性和基本规律、业界的主流技术、业界和本企业以往的成功经验。通过对项目背景的了解，可以让需求分析员在和客户沟通时能搭上话，为进一步交流打下基础。

（2）了解项目本身的需求信息。包括了解客户的组织结构和机制，了解客户当前存在的问题和改进的可能性，确保客户、最终用户和开发人员达成共识，一般采用访谈或座谈会的方式进行。

（3）业务组以业务咨询的角色对客户的业务模式提出建议。一般情况下，客户的业务模式并不适合于计算机的处理，需要经过改造才能最大程度地使用计算机，这些改造需要获得客户的许可。

（4）确定项目需求。不同的用户会有不同的需求，多个被调研的部门可能会有不同的需求或者需求出现冲突，需求分析员应识别需求的决策者，分辨出需求对于哪些用户的影响最大，哪一类用户的需求更为重要。对于用户提出的需求，不一定都是合理的和正确的，需求分析员需要仔细分析，对错误的或者不合理的需求提出自己的建议，尽量让客户认识到不合理的地方，在需求确认时，需要把握好需求的范围，对于自己不能控制的范围，应及时提醒用户，防止需求被无限扩大。

【问题 2】

M 可以更好地和客户进行沟通。在沟通之前，需要对沟通进行准备，明确客户的沟通需求和沟通风格，制订沟通管理计划。学习项目相关背景知识。针对客户提出的模糊性需求，根据自己的经验和技巧表达需求的理解，引导客户一步步细化和明确化需求。明确客户的需求范围，学会理解客户的需求和愿望，但对于超出范围的需求和不合理的需求应该合理拒绝并说明原因。除了访谈和座谈会外，还可以使用其他的方式和客户进行沟通，从多个角度获得客户的需求。

【问题 3】

沟通和需求是密不可分的，由于 IT 行业为新兴行业，和其他工程类行业相比，IT 行业远不及其他行业成熟，IT 行业的性质决定了大多数 IT 从业人员面对的是计算机而不是人，这样的结果使得大多数 IT 从业人员沟通能力差，和其他行业相比，他们和人的沟通甚至远远不如和计算机的沟通。在 IT 项目中，需求的获取完全取决于沟通。客户通过沟通把自己的要求传达给需求分析员，需求分析员在获取信息后理解消化，最终转换为计算机上运行的程序。客户对于需求的描述至关重要，而需求分析员对于客户需求的准确理解更是决定了项目的成败。客户和需求分析员的信息传递就是靠沟通实现的。在人与人的沟通中，由于各种各样的因素影响，如性格、语言和文化的差距等，会让沟通变得更为困难，同样也就使需求的获取和理解更为困难。在需求的传达中，反馈是一个非常重要的信息，对于一个信息的理解是否正确，需要通过沟通中的反馈进行确认，通过不断反馈和纠正，达到对需求信息的全解码，使需求在客户和开发人员中达成共识。

7.5.3 参考答案

【问题 1】

（1）M 不具备项目的背景知识。

（2）客户不善于表达自己的要求。

（3）M 不具备较强的沟通技巧。

【问题 2】

（1）制订完善的沟通管理计划。

（2）在和客户沟通之前学习和项目相关的背景知识。

（3）用经验和技巧引导客户对需求进行明细化。

（4）对超出需求范围的需求或不合理的需求，应有技巧地说服客户。

（5）使用多种方式和客户进行沟通。

【问题 3】

沟通和需求是密不可分的，IT 项目通过客户和项目团队成员的沟通来传递需求，需求理解的失败将导致项目的失败，而对于需求的理解又完全取决于沟通。在客户和项目团队成员的沟通过程中，项目团队成员需要对客户提出的需求的理解进行反馈，以保证双方达成共识，保证需求的准确获取。只有获得准确的需求，才能在项目中事半功倍，使项目最终获得成功，而这一切都取决于沟通。

7.6　在项目中进行高效的沟通

阅读下列关于沟通管理的叙述，回答问题 1 至问题 3，将解答填入答题纸的对应栏内。

7.6.1　案例场景

赵某是某系统集成公司的项目经理，负责某省科技厅情报研究所 863 项目的管理，该项目由多家单位共同完成，赵某所在的公司为总承包商，另有某理工大学计算机网络实验室负责网络方面的设计和开发，科技厅下属子公司负责 UI 方面的设计和开发，另有一家单位负责文档的整理。

在项目中，赵某发现项目干系人太多，沟通交流不方便，进度难以协调。虽然项目最终成功，但赵某觉得项目完成得不是很理想。

【问题 1】

请分析项目中沟通管理方面可能出现的问题。

【问题 2】

如果你是赵某，应如何制订沟通计划？

【问题 3】

请叙述多个单位的沟通中需要注意哪些事项以保证沟通高效而顺利。

7.6.2　案例分析

这是一个关于多个项目干系人管理的案例，需要识别出多个项目干系人对项目的影响。

【问题 1】

案例中出现了多个项目干系人，如何针对多个项目干系人制订沟通管理计划，将是项目沟通管理的关键。

项目干系人是指和项目有关的人，这些人积极参与项目，或者其利益将被项目结果所影响。项目干系人之间的沟通将贯穿于项目始终，各个项目干系人之间都可能存在沟通关系，如用户和开发商之间的沟通、开发团队和领导之间的沟通、开发团队内部的沟通、开发商和供货商之间的沟通、开发商和分包商之间的沟通等。

　　沟通的管理过程包括沟通计划的编制、信息的分发、绩效报告和项目干系人管理。沟通计划确定了项目关系人的沟通需求和沟通风格；信息的分发确定了何类信息以何种方式在何时发送给何人；绩效报告包括收集和分发绩效的信息；项目干系人管理满足了信息需要者的需求并解决项目关系人之间的问题。

　　沟通管理计划包括项目干系人分析、沟通需求分析和沟通技术。项目干系人分析确定哪些是项目干系人的信息需求，并明确项目对项目干系人的影响和收益；沟通需求分析明确项目干系人的信息需求，通过把项目干系人所需的信息的类型和格式以及价值结合就可以确定沟通需求，沟通需求分析可以把注意力集中在项目干系人最关注的信息上，形成更有针对性的沟通；沟通技术保证了沟通的效率和效果。沟通管理计划根据项目需要可以是正式的，也可以是非正式的；可以是非常详细的，也可以是概括性的。

　　案例中，需要对项目干系人进行沟通需求分析，制订完善的沟通管理计划。

　　由于办公场地的限制，项目中的项目干系人并非一定能在同一集中地办公，因此，沟通中的信息分发和信息传递方式将显得至关重要。

　　信息分发是向项目干系人及时提供所需的信息。信息分发中涉及到的技术包括沟通技术、信息收集和检索系统、信息分发方法、取得的经验教训等。

　　沟通技术用于交换信息，确保特定的人在特定的时间获得特定的信息。在沟通中，对于信息的发送方，要求发送的信息完整清楚；而对于信息的接收方，要求接收到的信息完整并能正确理解。沟通按照方式分，可分为书面的和口头的、内部的和外部的、正式的和非正式的、纵向的和横向的。正式的沟通是通过项目组织明文规定的渠道进行信息传递和交流的方式，非正式的沟通可以在获得信息的基础上建立信任和关系。有效的沟通依赖于项目经理和项目团队成员良好的沟通技能，许多隐藏的信息可以在非正式的沟通中获得。

　　信息收集和检索系统是对信息的存储和查询，借助于手工存档、电子数据库、项目管理软件等，可以对信息进行对集和查询。

　　信息的分发是指整个项目过程中项目干系人可以及时地收取和共享信息。项目信息可以通过多种方式进行发布，如项目会议、书面文档复印件、手工文档系统、共享的网络数据库、电子邮件、传真、电话、网络会议、网上消息发布、项目管理软件和虚拟办公软件、协作的工作管理软件等。

　　取得的经验教训是对以前完成的项目和当前项目的经验总结，包括技术方面的总结、管理方面的教训、过程方面的经验总结等。总结的侧重点不一定相同，有的偏重于技术，有的偏重于影响绩效的因素。

　　案例中存在多个项目干系人，为确保这些项目干系人都能及时地获得信息，需要保证信息分发到位。

　　为了保证项目干系人能够正确地理解收到的信息，应采取对方能接受的沟通风格进行沟通，保证对方正确理解信息。

项目中还应对项目干系人进行管理，保证信息在项目干系人之间的传递正常且同步，防止项目干系人对信息的理解产生歧义。

【问题 2】

由于问题 2 是在问题 1 的基础上进行回答，针对问题 1 的分析，就能很容易得到问题 2 的答案。

在项目初期建立健全的沟通计划并认真执行，可以有效保证信息的准确传递和沟通的成功。沟通计划需要识别项目干系人及对项目干系人的信息需求和沟通风格进行分析。可以在沟通过程中使用合适的沟通技术，对于即时性信息需求，可以采取电话、短信和网络会议等方式进行沟通；对于正式的信息需求，可以采用项目例会、绩效报告、电子邮件和书面文档等方式传递信息。

作为总承包商，应检查监督各分承包商和协作者的信息是否发送到位，对于收到的信息是否能正确理解。

【问题 3】

在和多个单位的沟通中，应注意项目内外沟通方式的区别，即项目团队对外应只有一个声音，对内可以有分歧，但对外必须一致。此外，还应该了解对方的沟通风格，和对方沟通时尽量采用对方能接受的沟通风格进行沟通，必要时对不同的沟通风格的单位使用特定代言人的方式。召开的会议应保持高效率，会议主题明确并能真正完成会议议题和解决相关问题。会后应对会议进行记录，并把会议决策发送到所有参会人员手中并执行。

7.6.3 参考答案

【问题 1】

（1）项目沟通计划不健全。

（2）对项目干系人的信息分发不到位。

（3）未能采用项目干系人能接受的沟通风格。

（4）多个项目干系人对信息的采集不同步或理解有歧义。

【问题 2】

（1）识别项目干系人。

（2）对项目干人的信息需求和沟通风格进行分析。

（3）针对不同的信息需求和沟通风格，使用正确的沟通技术。

（4）注意信息的同步问题。

（5）监督信息是否获得正确理解，并在各分承包商中不会有歧义。

【问题 3】

在和多个单位的沟通中，应注意项目内外的区别，即对内有分别，对外一致。在和对方沟通时，采用对方能接受的沟通方式进行沟通。在召开会议之前，做好充分的会议准备，明确会议主题和议题，力求把会议办成高效的、真正解决问题的会议。会议结束后应对会议进行记录，会议的决策应分发到相关人员进行执行。

7.7　进行有效的信息分发

阅读下列关于沟通管理中信息分发的叙述，回答问题 1 至问题 3，将解答填入答题纸的对应栏内。

7.7.1　案例场景

系统集成公司 A 负责某省移动公司声讯服务平台项目的建设，高级项目经理周某为该项目负责人。

项目需要对外采购硬件设备，软件需要在特定的设备上开发调试。周某在朋友的介绍下，选择了设备供应商 C，在谈妥价格和交货日期后，周某一次性付清了所有设备费用。然而，原定于 4 月 15 日到位的设备，由于各种原因，推迟到 5 月 9 日才到位，影响了项目进度。而在软件开发阶段，由于软件资源放置在新采购的设备上，常有项目组成员发现自己的文件找不到了，或者服务器登入密码被修改了。在公司里常常会听见项目组成员大叫"谁把我文件删了！"，"谁把密码改了，快把新密码发给我，急用！"，项目组成员"积极热闹"的气氛，经常使得公司其他部门成员驻足观看。最后项目在延期 2 个月后的修修补补中完成了，但在运行中仍然有很多问题，需要 A 公司经常派遣技术人员赴现场进行调试。

【问题 1】

请叙述本案例中可能存在的沟通管理方面的问题。

【问题 2】

周某可以采取什么措施进行有效的沟通管理？

【问题 3】

请叙述信息分发中应注意的事项。

7.7.2　案例分析

本案例涉及到项目管理在沟通管理方面的知识和经验。首先抓住问题要点。问题 1 要求找出案例中可能存在的沟通管理方面的问题，问题 2 要求列出改进措施，问题 3 要求叙述信息分发中的注意事项。三个问题之间层层递进，相互关联。

【问题 1】

抓住问题要点以后，进一步找到案例中的相关段落进行分析。

案例中的要点 1：由于采购的设备不能及时到位导致项目进度滞后。

案例中的要点 2：项目团队成员放在共用设备上的文件被删除和服务器密码被修改。

案例中提到，周某在朋友的介绍下选择了设备供应商 C，并且一次性支付了所有的设备费用。这中间可能存在哪些沟通方面的问题呢？可以知道，周某和设备供应商 C 之间的沟通是有问题的，周某可能偏听了设备供应商 C 的供货时间，导致轻信了朋友和设备供应商，以至于一次性支付了所有的设备费用。即周某对于设备供应商 C 和朋友所提供的信息的真实性没有经过验证。如果周某在和设备供应商 C 沟通之前，能够对设备供应商 C 做进一步的调查了解，了解其供货实力和诚信度，了解其物流情况，那么可能可以避免供货的延迟。

对于案例要点 2，项目团队成员放在共用设备上的文件被删除和服务器密码被修改，一方面说明了项目中对于服务器的使用权限没有整体管理的制度，即对于项目团队成员来说，没有一个大家必须遵守的规则；另一方面说明项目团队成员之间缺乏互相的沟通。在项目团队中，对于服务器或其他设备的管理，需要制订相应的使用规则，对于密码的管理更是要严格控制，哪些用户可以拥有服务器密码，密码的持有时间，交还时间和密码更新后需要通知到哪些人，所有的这些信息，需要有明确的使用规则和汇报规则，而案例中很明显不具有这样的规则。在团队成员的沟通中，案例中提到通信靠"吼"，说明了案例中项目组成员之间的沟通方式单一。对于服务器密码的修改，一般情况下需要记录密码的修改时间和修改者，并且新密码应通知到需要密码的需要者。可以说，由于没有建立相应的信息分发规则，导致密码被修改后不能及时通知到相关人员。

【问题 2】

通过对问题 1 的分析，问题 2 的解答基本上已经可以得出。对于设备供应商 C，周某可以在付款之前尽量多地了解其背景和其提供信息的可信度，对其供货能力进行评估，设计后备应急方案，在必要时调整项目进度。

对于项目团队内部，制订完善的信息分发规则，并要求全体项目团队成员认真执行。为项目团队成员提供信息发布平台，改善其沟通方式单一的情况。引入多种沟通方式，如电子邮件、办公自动化平台和信息发布平台等。

【问题 3】

信息分发是指项目沟通管理中，特定的项目干系人在特定的时间中所需要获得的信息。

信息的分发包括 4 个方面，即谁是信息的接收者，接收什么内容的信息，在什么时候接收，以什么方式发送。信息的分发可以通过不同的方式发布，如项目会议，书面文档的复印件、手工文档系统和共享的数据库等。也可以通过电子的方式进行发送，如电子邮件、传真、语音邮件、电话、网络会议和网上消息发布。对于项目团队中的信息发布，还可以使用项目管理软件、虚拟办公软件和协同工作管理软件等。

在信息发布中，可以借鉴以前项目的经验教训，对于有益的成功经验，应在项目中进行使用；对于失败的教训，应在项目中避免再次出现。

7.7.3　参考答案

【问题 1】

（1）周某未对设备供应商 C 和朋友所提供的信息进行准确性和真实性验证。

（2）周某对设置供应商 C 的背景及供货能力不了解。

（3）在项目团队中未能制订相应的信息汇报发布规则制度。

（4）项目团队成员沟通方式单一。

（5）没有建立信息分发规则。

（6）没有对服务器和共用设备建立使用和管理制度。

【问题 2】

（1）核实设备供应商所提供的信息，并建立完善的应急备用方案。

（2）制订团队信息分发规则、制订服务器使用和维护制度，并督促项目团队成员认真执行。

（3）引入多种沟通方式和沟通工具，如可以引入电子邮件、办公自动化平台和项目信息发布平台等，增强项目团队成员之间的沟通。

（4）建立完善的汇报制度，明确需要汇报的信息内容和汇报周期。

【问题 3】

信息分发是指整个项目过程中项目干系人及时地收取和共享信息。信息分发应注意 4 个方面，即谁是信息的接收者，发布的信息内容和格式是什么，在什么时间发送这些信息，以什么方式发布信息。

信息可以通过多种方式发布，如可以使用电子邮件、传真、电话、网络会议和网上会议等电子方式发布，也可以在项目会议中公布。

总之，信息发布需要让特定的人在特定的时间内接收到其需要的信息。

第8章 项目风险管理案例

项目是在复杂的自然和社会环境中进行的,受众多因素的影响。对于这些内外因素,从事项目活动的主体往往认识不足或者没有足够的力量加以控制。项目的过程和结果常常出乎人们的意料,有时不但未达到项目主体预期的目的,反而使其蒙受各种各样的损失;而有时又会给他们带来很好的机会。项目同其他经济活动一样带有风险。要避免和减少损失,将威胁化为机会,项目主体就必须了解和掌握项目风险的来源、性质和发生规律,进而实行有效的管理。能否及时发现、规避项目风险,体现了项目经理的项目风险管理能力。

项目风险管理是指对项目风险从识别到分析乃至采取应对措施等一系列过程,包括将积极因素所产生的影响最大化和使消极因素产生的影响最小化两方面内容。主要包括风险识别、风险量化和风险对策。按照 PMBOK2004 中的定义,项目风险管理的过程包括风险管理计划编制、风险识别、风险定性分析、定量风险分析、风险应对计划编制和风险监控。

8.1 信息系统项目中的风险

阅读以下关于信息系统项目风险管理方面的叙述,回答问题 1 至问题 3,将解答填入答题纸的对应栏内。

8.1.1 案例场景

对项目风险进行管理,已经成为项目管理的重要方面。每一个项目都有风险,完全避开或消除风险,或者只享受权益而不承担风险,都是不可能的。另一方面,对项目风险进行认真的分析、科学的管理,能够避开不利条件、减少损失、取得预期的结果并实现项目目标。

【问题 1】(6 分)

请用 250 字以内文字,简要叙述你对于项目风险的认识。

【问题 2】(9 分)

请用 100 字以内文字,说明信息系统项目风险可以分为哪些类别。

【问题 3】(10 分)

请用 400 字以内文字,概要论述信息系统项目经常面临的主要风险、产生根源和可以采取的应对措施。

8.1.2　案例分析

本题主要考查考生对项目风险的理解、项目风险管理的过程以及如何应对信息系统项目风险。

【问题1】

Robert Charette 在他关于风险管理的著作中对风险给出了如下定义："首先，风险关系到未来发生的事情。……我们今天收获的是以前的活动播下的种子。问题是，能否通过改变今天的活动为我们自身的明天创造一个完全不同的充满希望的美好前景。其次，风险会发生变化，就像爱好、意见、动作或地点会变化一样……。第三，风险导致选择，而选择本身将带来不确定性。因此，风险就像死亡那样，其生命周期很少有确定性的东西"。

项目风险具有以下特点。

（1）风险存在的客观性和普遍性。

作为损失发生的不确定性，风险是不以人的意志为转移并超越人们主观意识的客观存在，而且在项目的全寿命周期内，风险是无处不在、无时不有的。这些说明为什么虽然人类一直希望认识和控制风险，但直到现在也只能在有限的空间和时间内改变风险存在和发生的条件，降低其发生的频率，减少损失程度，而不能也不可能完全消除风险。

（2）某一具体风险发生的偶然性和大量风险发生的必然性。

任一具体风险的发生都是诸多风险因素和其他因素共同作用的结果，是一种随机现象。个别风险事故的发生是偶然的、杂乱无章的，但对大量风险事故资料的观察和统计分析，发现其呈现出明显的运动规律，这就使人们有可能用概率统计方法及其他现代风险分析方法去计算风险发生的概率和损失程度，同时也导致风险管理的迅猛发展。

（3）风险的可变性。

这是指在项目实施的整个过程中，各种风险在质和量上是可以变化的。随着项目的进行，有些风险得到控制并消除，有些风险会发生并得到处理，同时在项目的每一阶段都可能产生新的风险。

（4）风险的多样性和多层次性。

大型开发项目周期长、规模大、涉及范围广、风险因素数量多且种类繁杂，致使其在全寿命周期内面临的风险多种多样。而且大量风险因素之间的内在关系错综复杂、各风险因素之间与外界交叉影响又使风险显示出多层次性。

虽然不能说项目的失败都是由于风险造成的，但成功的项目必然是有效地进行了风险管理。任何项目都有风险，由于项目中总是有这样那样的不确定因素，所以无论项目进行到什么阶段，无论项目的进展多么顺利，随时都会出现风险，进而产生问题。

【问题2】

从宏观上来看，信息系统项目风险可以分为项目风险、技术风险和商业风险。

　　项目风险是指潜在的预算、进度、个人（包括人员和组织）、资源、用户和需求方面的问题，以及它们对项目的影响。项目复杂性、规模和结构的不确定性也构成项目的（估算）风险因素。项目风险威胁到项目计划，一旦项目风险成为现实，可能会拖延项目进度，增加项目的成本。

　　技术风险是指潜在的设计、实现、接口、测试和维护方面的问题。此外，规格说明的多义性、技术上的不确定性、技术陈旧、最新技术（不成熟）也是风险因素。技术风险之所以出现是由于问题的解决比我们预想的要复杂，技术风险威胁到待开发软件的质量和预定的交付时间。如果技术风险成为现实，开发工作可能会变得很困难或根本不可能。

　　商业风险威胁到待开发软件的生存能力。5 种主要的商业风险如下。

　　（1）开发的软件虽然很优秀但不是市场真正所想要的（市场风险）。

　　（2）开发的软件不再符合公司的整个软件产品战略（策略风险）。

　　（3）开发了销售部门不清楚如何推销的软件（销售风险）。

　　（4）由于重点转移或人员变动而失去上级管理部门的支持（管理风险）。

　　（5）没有得到预算或人员的保证（预算风险）。

　　另外，从不同的角度可以对风险进行不同的分类，具体内容如表 8-1 所示。

表 8-1　风险的分类

分类角度	分　类	说　明
风险后果	纯粹风险	不能带来机会、无获得利益可能。只有两种可能后果：造成损失和不造成损失，这种损失是全社会的损失，没有人从中获得好处
	投机风险	既可能带来机会、获得利益，又隐含威胁、造成损失。有三种可能后果：造成损失、不造成损失、获得利益
	纯粹风险和投机风险在一定条件下可以相互转化，项目经理必须避免投机风险转化为纯粹风险	
风险来源	自然风险	由于自然力的作用，造成财产损毁或人员伤亡的风险
	人为风险	由于人的活动而带来的风险，可细分为行为、经济、技术、政治和组织风险
可管理	可管理风险	可以预测，并可采取相应措施加以控制的风险
	不可管理风险	不可预测的风险
影响范围	局部风险	影响的范围小
	总体风险	影响的范围大
	局部风险和总体风险是相对而言的，项目经理要特别注意总体风险	
可预测性	已知风险	能够明确的，后果也可预见的风险。发生的概率高，但后果轻微
	可预测风险	根据经验可以预见其发生，但其后果不可预见。后果有可能相当严重
	不可预测风险	不能预见的风险，也称为未知风险、未识别的风险。一般是外部因素作用的结果

【问题3】

在具体细节方面，对于不同的风险，要采用不同的应对方法。在信息系统开发项目中，常见的风险项、产生原因及应对措施如表 8-2 所示。

表 8-2 常见的风险及应对措施

风 险 项	产 生 原 因	应 对 措 施
没有正确理解业务问题	项目干系人对业务问题的认识不足、计算起来过于复杂、不合理的业务压力、不现实的期限	用户培训、系统所有者和用户的承诺和参与、使用高水平的系统分析师
用户不能恰当地使用系统	信息系统没有与组织战略相结合、对用户没有做足够的解释、帮助手册编写得不好、用户培训工作做得不够	用户的定期参与、项目的阶段交付、加强用户培训、完善信息系统文档
拒绝需求变化	固定的预算、固定的期限、决策者对市场和技术缺乏正确的理解	变更管理、应急措施
对工作的分析和评估不足	缺乏项目管理经验、工作压力过大、对项目工作不熟悉	采用标准技术、使用具有丰富经验的项目管理师
人员流动	不现实的工作条件、较差的工作关系、缺乏对职员的长远期望、行业发展不规范、企业规模比较小	保持好的职员条件、确保人与工作匹配、保持候补、外聘、行业规范
缺乏合适的开发工具	技术经验不足、缺乏技术管理准则、技术人员的市场调研或对市场理解有误、研究预算不足、组织实力不够	预先测试、教育培训、选择替代工具、增强组织实力
缺乏合适的开发和实施人员	对组织架构缺乏认识、缺乏中长期的人力资源计划、组织不重视技术人才和技术工作、行业人才紧缺	外聘、招募、培训
缺乏合适的开发平台	缺乏远见、没有市场和技术研究、团队庞大陈旧难以转型、缺乏预算	全面评估、推迟决策
使用了过时的技术	缺乏技术前瞻人才、轻视技术、缺乏预算	延迟项目、标准检测、前期研究、培训

8.1.3 参考答案

【问题1】

风险并不是一发生就消失了。首先，历史经常会重演，只要引发风险的因素没有消除，风险依然存在，它很可能在另外某个时候跳出来影响项目进程。其次，对于整个项目来说，发生问题则意味着系统状态发生了变化，这种变化往往带来新的不确定因素，引发新的风险。

对于项目而言，风险不仅仅意味着问题的隐患，风险与机会并存，高风险的项目往往有着高的收益。相反，没有任何风险的项目（如果存在的话），不会有任何利润可图。

作为项目经理，要管理好项目中的风险，避免风险造成的损失，提高项目的收益率。

【问题 2】

从宏观上来看，信息系统项目风险可以分为项目风险、技术风险和商业风险，其中商业风险又可分为市场风险、策略风险、销售风险、管理风险和预算风险。

说明：按照表 8-1 给出某个完整的分类，也是正确的。

【问题 3】

信息系统项目经常面临的主要风险、产生根源和可以采取的应对措施如表 8-2 所示。这里只要选择其中 5 条风险进行回答，就可以得到满分。

8.2　企业信息化建设中的风险管理

阅读以下关于在企业信息化建设过程中项目风险管理方面问题的叙述，回答问题 1 至问题 3，将解答填入答题纸的对应栏内。

8.2.1　案例场景

小李是 M 公司的信息化主管，M 公司是一家跨地区、跨行业、跨所有制的汽车股份有限公司，现有资产达 50 多亿元，员工 2.8 万余人，生产基地跨京、津、鲁、辽、湘、粤、鄂等省市。

最近，小李接到了一份信息化规划建议，建议中涉及到信息化风险规避的问题。M 公司由于进一步发展的需求和提升管理水平、压缩管理成本的需要，决定实施 PLM 项目。老总对此非常谨慎，特地请咨询公司专门进行了咨询，作了信息化规划建议。

信息化的风险不仅包括人员风险、流程风险、数据风险和控制风险，而且还细分为法律风险、竞争风险、供应链风险、选型风险、人力资源风险、业务中断风险、财务风险、欺诈风险、理念空心化风险、目标侵蚀风险和期望值风险。但是这让以前只会埋头搞科研的小李有点发蒙，不明白企业信息化怎么和法律沾上了边。更发愁的是，信息化有这么多风险，该如何回避风险，让信息化发挥最大的作用，并且让损害和风险减到最低呢？面对这么多可能的风险，会不会影响老总对项目的决定？

同时，风险应该怎么规避，是在规划咨询时就做好充分的准备把风险完全屏蔽掉，还是应该在项目实施及项目管理过程中进行风险的规避？项目完成后的验收和效果评估时，又该怎样注意风险的防范？小李一筹莫展。

【问题 1】（10 分）

在 M 公司实施企业信息化建设的 IT 规划阶段，小李可能会遇到哪些需要考虑的问题？请列举至少 5 条以上。

【问题 2】（7 分）

在小李处理这些繁多的风险时，采用哪种方法比较有利？

【问题 3】（8 分）

小李在实施风险管理时，应该注意哪些问题？请列举至少三条以上。

8.2.2　案例分析

信息化要顺利走向成功，必须进行有效的风险管理，而认识并理解企业信息化的每一个阶段的主要目标与工作内容，掌握信息化风险管理的方法，准确进行风险分析是有效控制风险的关键。高度重视信息化风险的存在，无需惧怕，不会回避，定期分析，重点突破，有效管理，并且通过一套成熟、系统的方法进行有效的管理，才能真正规避风险的发生，降低风险的影响，使企业的信息化进程在有序、稳定的状态下进行。

要有效地管理信息化风险，先要对信息化有一个正确的认识，企业的信息化不是一两个项目的问题，它是一个持续不断的过程，由 IT 需求明晰、IT 系统实施和 IT 应用与持续改进三个阶段不断循环构成。IT 需求明晰阶段主要明确企业信息化的价值与目标，明确企业的 IT 需求，获得企业一把手与高层的理解和支持；IT 系统实施阶段主要是在确定的项目范围、成本、进度和质量控制下完成本阶段信息化项需求，实现企业信息化的目标；IT 应用与持续改进阶段主要由大量日常工作构成，通过不断地实践、系统的使用，实现 IT 系统价值，进而发现新的 IT 需求。

在这个持续不断的过程中，信息化的风险表现与影响也是不同的，例如在需求获取和分析阶段出现 IT 需求不明，在应用过程中又贪大求全，不顾实际，硬性推行，在后期系统部分上线后失去了持续的管理与跟进，这些都会影响企业的信息化进程。

【问题 1】

在 IT 规划阶段一般可以解决的信息化过程中存在的风险问题主要包括以下方面。

（1）企业战略的明晰与明确。

（2）生产运营管理模式对企业战略发展的支持。

（3）哪些业务通过信息化的支撑会为企业带来价值，能否明确企业的信息化需求？

（4）哪些是主要需求与目标？实现这些需求需要什么样的功能与软件？

（5）目前企业的信息化处于何种状态？要实现这些需求有哪些差距？需要何种 IT 治理结构？

（6）信息化的过程中存在哪些风险？采用哪种风险控制策略？

（7）信息化的预期投资与预期的收益如何？

（8）考虑到企业的实际情况以及目前大的 IT 应用环境，应该如何一步步实施？每一步的目标，预期的收益是什么？

（9）企业的领导层是否理解并认同信息化需求以及将来所带来的价值？

明晰以上问题及其处理方法，再通过对企业领导层、核心业务人员进行深入访谈，理解他们的真实想法，通过对业务模式深入分析，了解业务存在的问题以及 IT 的解决途径，通过对企业 IT 现状的深入了解，理解差距，明确实际的 IT 需求与 IT 目标，并通过不断地交流以提高企业领导层对信息化的认识，强化对项目的理解与支持力度。

【问题 2】

正如很多 CIO 面临的问题一样，本案例中的小李也要面对众多的信息化风险，如何处理这些既复杂又头绪繁多的风险呢？通过 IT 咨询规划的方式来进行是一个比较好的选择。企业信息化的风险是无处不在的，在 IT 规划的基础上，对风险进行充分的预测、分析，评估其影响，采取合理的措施与方法进行量化管理，可以有效地控制与避免风险的影响。

【问题 3】

信息系统开发项目实施过程中，尽管经过前期的可行性研究以及一系列管理措施的控制，但其效果一般来说还不能过早地确定，它与风险联系着，可能达不到预期的效果，费用可能比计划的高，实现时间可能比预期的长，而且，硬件和软件的性能可能比预期的低，等等。因此，任何一个系统开发项目都应具有风险管理。

8.2.3　参考答案

【问题 1】

（1）企业战略的明晰与明确。

（2）生产运营管理模式对企业发展战略发展的支持。

（3）哪些业务通过信息化的支撑会为企业带来价值，能否明确企业的信息化需求？

（4）哪些是主要需求与目标？实现这些需求需要什么样的功能与软件？

（5）目前企业的信息化处于何种状态？要实现这些需求有哪些差距？需要何种 IT 治理结构？

（6）信息化的过程中存在哪些风险？采用哪种风险控制策略？

（7）信息化的预期投资与预期的收益如何？

（8）考虑到企业的实际情况以及目前大的 IT 应用环境，应该如何一步步实施？每一步的目标，预期的收益是什么？

（9）企业的领导层是否理解并认同信息化需求以及将来所带来的价值？

【问题 2】

在小李处理这些复杂又头绪繁多的风险时，可以通过 IT 咨询规划的方式来进行。可在 IT 规划的基础上，对风险进行充分的预测、分析、评估其影响、采取合理的措施与方法进行量化管理，通过有效而规划执行风险管理办法进行风险的管理。

【问题 3】

（1）技术方面必须满足需求，应尽量采用商品化技术，降低系统开发的风险。

（2）开销应尽量控制在预算范围之内。

（3）开发进度应尽量控制在计划之内。

（4）应尽量与用户沟通，不要做用户不知道的事情。

（5）充分估计到可能出现的风险，注意倾听其他开发人员的意见。

（6）及时采纳减少风险的建议。

8.3 软件开发项目中的风险管理

阅读以下关于在软件项目开发中风险管理方面问题的叙述，回答问题 1 至问题 3，将解答填入答题纸的对应栏内。

8.3.1 案例场景

最近，小王承担了某单位地理信息系统 Web 平台的开发工作，公司新招聘了 5 个人组成开发团队来开发，小王担任了该团队的项目经理。

该地理信息系统平台是为行业定制的，整个架构采用目前流行的 B/S 结构，主要由界面层、图形层和数据层组成。这是一个专业性很强的项目，可能要用到专门的开发技术。用户对他们的业务需求描述很模糊，认为这是一个行业软件，能满足日常工作需要即可，其他特定的功能，可以在开发过程中进行补充。

小王感到非常苦恼，因为他无法了解项目组的技术能力是否满足项目开发的需要，他向公司申请在项目组新增两名这方面的技术高手，公司已经答应，但这两人现在仍在外地实施别的项目，还没确定何时能到本项目组。另外，用于数据采集和系统测试的设备和配套软件，也需要在公司的另一个项目结束后才能使用。小王知道在项目实施时必须进行风险管理，他研究了其他类似项目的实施资料，制订出一系列的风险应对措施。

【问题 1】（8 分）

在软件项目开发中，经常面临需求变更风险、技术风险、质量风险和资源风险。请在 200 字范围内，对这 4 种风险进行简单的描述。

【问题 2】（8 分）

在 200 字范围内，针对项目开发中存在的技术风险，叙述你的应对措施。

【问题 3】（9 分）

在 400 字范围内，简单描述项目风险管理的基本过程。

8.3.2 案例分析

目前开发的大部分软件项目中，Web 项目占了很大一部分比例。Web 项目风险管理较为复杂，这主要是由软件项目的特点决定的。项目经理在项目初期就要识别出项目的常见风险，并采取措施避免或者减少它们的发生。

【问题 1】

在本项目中，用户要求"其他特定的功能，可以在开发过程中进行补充"是不对的，在没有确定需求前，是不能进行开发的，新需求引起的变更有可能导致系统推倒重来，以致项目失败。

小王不了解项目需要哪些开发技术，也不了解项目组的技术实力，这都可能导致项目实施中出现技术风险。

项目能不能满足用户的需要，得有一个质量标准，以免项目交付时引起纠纷。项目开发过程中要进行充分的测试，可以请求用户参与，以减少项目的质量风险。

技术人员能否按时到项目组，所需软、硬件设备能否按时到位，这都是项目面临的资源风险。

针对项目中面临的 4 种风险，描述如下。

（1）需求变更风险：需求已经打上了基线，但此后仍然有变更发生，对项目造成影响。

（2）技术风险：开发过程中遇到技术难题，导致开发时间延迟或者需求不得不发生变更。

（3）质量风险：项目不能满足用户的需要。对于 Web 项目而言，质量风险主要是指开发代码的质量的优劣。

（4）资源风险：包括人力资源、软件工具和硬件平台等。例如，项目所需人力资源无法按时到位；软件开发平台和系统所需硬件设备不能及时到位。

【问题 2】

通过案例场景的描述，我们知道本项目是"一个专业性很强的项目，可能要用到专门的开发技术"，所以小王首要先要了解本项目需要哪些开发技术，这些技术有没有专利限制，用户方能不能提供，在购买的数据采集硬件中是否提供数据接口等，还是要自行开发，与公司的其他项目组沟通一下，看看有没有相关的知识积累可以利用；项目组有没有这样的技术实力，要了解一下每个项目成员技术背景，能否满足项目的需要，是否需要进行技术培训；既然公司已经答应再派 2 名技术高手，就要落实他们到项目组的时间，这需要与公司的管理层进行沟通；项目组成员是新招聘的，技术水平可能参差不齐，可以通过外部培训的方式提升大家的开发能力，也可以在项目组内进行技术交流，使项目组的技术能力能满足项目的需要；要预想到项目开发中出现的技术难题，制订相应的应对措施，如预留出技术攻关时间，或联系这方面的专家到项目组进行指导，也可以将这些技术难点外包给专业的公司，如数据采集设备制造商等；在项目的后期，要注意保留项目开发中的技术文档，这些文档有助于系统将来的维护和将来类似项目，形成组织过程资产，提升公司的整体技术能力。

【问题 3】

本题考查对项目风险管理的基本过程的了解。作为项目经理，必须了解每一个过程中要使用的方法和技术，这有助于项目风险管理工作的完成。有关风险管理的基本过程，请直接阅读参考答案。

8.3.3　参考答案

【问题1】

（1）需求变更风险：需求已经打上了基线，但此后仍然有变更发生，对项目造成影响。

（2）技术风险：开发过程中遇到技术难题，导致开发时间延迟或者需求不得不发生变更。

（3）质量风险：项目不能满足用户的需要。对于 Web 项目而言，质量风险主要是指开发代码的质量的优劣。

（4）资源风险：包括人力资源、软件工具和硬件平台等资源。例如，项目所需人力资源无法按时到位；软件开发平台和系统所需硬件设备不能及时到位。

【问题2】

应对可能出现的技术风险，可以采用如下方法。

（1）与用户和其他项目组技术人员沟通，确定项目需要哪些开发技术。

（2）与项目组成员沟通，了解他们的技术背景和开发能力。

（3）与公司管理层沟通协调，确保新增的技术人员能按时到位。

（4）在项目开发前，采用外部培训和内部交流等方式进行技术培训。

（5）在项目开发中，针对出现的技术难题要有应对措施，如请专家指导、技术攻关或外包。

（6）在项目后期，及时总结技术开发经验，按标准形成文档，以供项目维护和其他项目使用。

【问题3】

项目风险管理的基本过程包括下列活动。

（1）风险管理计划编制。风险管理计划编制描述如何为项目处理和执行风险管理活动。

（2）风险识别。风险识别的目标是识别和确定出项目究竟有哪些风险，这些项目风险究竟有哪些基本的特性，这些项目风险可能会影响项目的哪些方面。

（3）风险定性分析。风险定性分析包括对已识别风险进行优先级排序，以便采取进一步措施，如进行风险量化分析或风险应对。

（4）定量风险分析。在定量风险分析过程中定量地分析风险对项目目标的影响。它对不确定因素提供了一种量化的方法，以帮助我们做出尽可能恰当的决策。

（5）风险应对计划编制。风险应对通过开发备用的方法、制订某些措施以便提高项目成功的机会，同时降低失败的威胁。

（6）风险监控。风险监控跟踪已识别的危险，监测残余风险和识别新的风险，保证风险计划的执行，并评价这些计划对减轻风险的有效性。

8.4 决策树分析技术

阅读以下关于在软件项目开发中风险管理方面问题的叙述，回答问题 1 至问题 3，将解答填入答题纸的对应栏内。

8.4.1 案例场景

小王是某企业信息化工程师，现在负责实施企业的 MES（Manufacturing Execution System，生产执行系统）项目，有三种实施方案可供选择，他将三种方案的风险进行了列举，画出了图 8-1 所示的决策树。

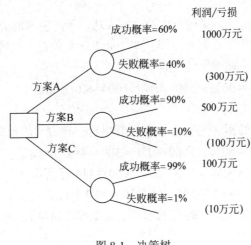

图 8-1 决策树

其中，亏损用"（）"表示。

【问题 1】（8 分）

决策树分析用于风险管理的哪个过程？在项目风险管理中应用决策树分析的主要优点是什么？

【问题 2】（8 分）

请计算方案 B 的预期收益是多少？

【问题 3】（9 分）

从预期收益的角度考虑，方案 A、B、C 中，你认为采用哪种方案最佳？请说明为什么？

8.4.2 案例分析

本题考查决策树分析技术在风险管理中的应用。

关于决策树分析技术的介绍见第 4 章的 4.7 节。

【问题 1】

决策树分析法通常用决策树图表进行分析，它描述了每种可能的选择和这种情况发生的概率。它会综合考虑每种选择的成本及其概率，以及每条潜在路径的汇报。

通过决策树分析可以找出每种选择的具体情况，包括成本、预期回报等的定量分析。

决策树显示了当环境不确定时，如何再作出相对有利的决策。

决策树分析是定量风险分析技术，用于风险管理的定量风险分析过程。

将信息、决策树分析以图形的方式结合到一起，定量地给出了失败的可能性并给每个决策赋一个值。通常用于考虑成本和时间，这种风险分析与敏感性分析有关。强制考虑每个结果的可能性正是在项目风险管理中应用决策树分析的主要优点。

【问题 2】

根据图 8-1 决策树可知，采用方案 B，若成功，可产生 500 万元利润，成功的概率为 90%；若失败，可产生 100 万元亏损，即 100 万元负收益，失败的概率为 10%。

预期收益＝Σ（发生概率×发生收益）

方案 B 的预期收益＝90%×500–10%×100＝440 万元。

【问题 3】

根据决策树中所列的利润/亏损，分别计算出这三种方式的预期收益。

方案 A 的预期收益＝60%×1000–40%×300＝480 万元。

方案 B 的预期收益＝90%×500–10%×100＝440 万元。

方案 C 的预期收益＝99%×100–1%×10＝98.9 万元。

经过对三个方案的对比，方案 A 的预期收益最高，风险大，但收益更大，所以采用方案 A 较好。

8.4.3 参考答案

【问题 1】

决策树分析是定量风险分析技术，用于风险管理的定量风险分析过程。

在项目风险管理中应用决策树分析的主要优点是强制考虑每个结果的可能性。

【问题 2】

方案 B 的预期收益＝90%×500–10%×100＝440 万元。

【问题 3】

方案 A 的预期收益＝60%×1000–40%×300＝480 万元

方案 B 的预期收益＝90%×500–10%×100＝440 万元

方案 C 的预期收益＝99%×100–1%×10＝98.9 万元

经过对三个方案的对比，方案 A 的预期收益最高，风险大，但收益更大，所以采用方案 A 较好。

8.5 风险应对措施

阅读以下关于在软件项目开发中风险管理方面问题的叙述，回答问题 1 至问题 4，将解答填入答题纸的对应栏内。

8.5.1 案例场景

小唐刚刚完成了一个软件开发项目的实施，这是他第一次担任项目经理，项目的完成虽然有惊无险，但实施过程中出现的各种风险却让他想起来就害怕。他认真地对这个项目实施的全过程进行总结，以减少实施下一个项目时的风险，因为他已经得到总经理的通知，休息 2 周后，他将赴往某市，去负责一个更复杂的信息集成项目。

在管理当前项目的时候，重要的是使用以前的项目教训来改进公司的项目管理过程。因此，在项目结束过程中，重要的是评审风险识别清单。

项目特别容易招致风险，是因为每个项目在某些方面都是独特的，所以他不可能以这个项目为例列出将来要实施项目所面临的全部风险，他必须制订出权变措施，用来应对风险。管理储备也是必须的，什么事都要留有余地，包括时间和成本。

对于如何规避风险，他总结出 4 条经验：关注能排除产生风险的因素；不去投标认为风险过大的项目；接受风险事件带来的后果；如果用户能更好地减轻风险的话，则将风险留给用户。

关于风险对资金的影响，他认为：在概念阶段（计划、启动阶段），风险最大，而对资金影响最少；在执行和收尾阶段，风险会逐渐降低，对资金影响也随之减少。所以，在概念阶段，要注意防范极高风险的发生。

【问题 1】（6 分）
在 200 字内，说明你对风险识别清单的理解。

【问题 2】（6 分）
请描述一下什么是权变措施？说明在风险管理中管理储备的用途。

【问题 3】（6 分）
小唐总结的规避风险的经验，哪些是不正确的？为什么？

【问题 4】（7 分）
关于风险对资金的影响的认识，哪些是不正确的？为什么？

8.5.2 案例分析

本题考查风险管理中风险应对措施等知识点。

【问题 1】
在项目收尾时，通常要重新核对一下风险识别清单，以确认哪些风险发生了，哪些没有发生，为什么发生，产生了什么样的影响，然后对风险识别清单进行完善，在下一个项目的风险管理中继续使用，减少犯重复错误的可能性。

风险识别清单是识别风险的工具和技术，它们的建立可以基于以前类似的项目和其他来源的历史信息和积累的知识。清单应该逐条记录所有可能的项目风险。

回顾清单是每个项目收尾程序的标准步骤，以改善每条潜在的风险及改善风险描述。作为项目风险监视和控制的结果，修改的清单将有利于以后项目的风险管理。

【问题 2】

权变措施（workaround）是对负面风险事件没有计划到的响应。权变被用于风险监视和控制，是在风险事件发生前没有定义好的风险响应。

权变措施是指为了应对那些事先没有识别出的或者是已经接受的风险而采取的临时应对措施。

管理储备被用于在其发生前不能知道的任意风险。

一般认为，在不知道计算风险管理储备的任何方法时，使用 10%比例的储备。

有一类风险有时叫做未知的不确定性风险（unknows- unknows），意思是说风险是不知道的，因此，风险发生的可能性也是不知道的。例如，你的主要技术顾问生了重病，施工现场被盗窃，或你的一位下属突然辞职了，都是发生之前不能预知的风险的例子。但是这种风险必须被预测，而且必须要预先拨出时间和金钱的储备以减少它们发生时的冲击。

【问题 3】

"接受风险事件带来的后果"是不正确的。

接受风险事件带来的后果被划分为风险接受。应用这种风险响应方法，项目团队不采取任何方法来减少风险发生的可能性。对于规避风险没有任何作用。

【问题 4】

机会和风险在概念和计划阶段通常较高，但是危险资金数量较低，因为在此阶段相对投入水平较低。但是，在项目执行的收尾阶段，随着剩余的不确定因素变为确定，风险降到了更低的级别。与此同时，随着完成项目所需资源的投入，危险资金数量增加。

"在执行和收尾阶段，风险会逐渐降低，对资金影响也随之减少"是错误的，风险级别低了，但对资金影响却越来越大了，因为危险资金数量增加了。

极高风险经常发生在项目的执行和收尾阶段。"在概念阶段，要注意防范极高风险的发生"是错误的，在执行和收尾阶段，要注意防范极高风险的发生。

8.5.3　参考答案

【问题 1】

风险识别清单是识别风险的工具和技术，它们的建立可以基于以前类似的项目和其他来源的历史信息和积累的知识。清单应该逐条记录所有可能的项目风险。

回顾清单是每个项目收尾程序的标准步骤,以改善每条潜在的风险及改善风险描述。作为项目风险监视和控制的结果,修改的清单将有利于以后项目的风险管理。

【问题 2】

权变措施是对负面风险事件没有计划到的响应。权变被用于风险监视和控制,是在风险事件发生前没有定义好的风险响应。

管理储备被用于在其发生前不能知道的任意风险。

【问题 3】

"接受风险事件带来的后果"是不正确的。

接受风险事件带来的后果被划分为风险接受。应用这种风险响应方法,项目团队不采取任何方法来减少风险发生的可能性。对于规避风险没有任何作用。

【问题 4】

"在执行和收尾阶段,风险会逐渐降低,对资金影响也随之减少"是错误的,风险级别低了,但对资金影响却越来越大了,因为危险资金数量增加了。

极高风险经常发生在项目的执行和收尾阶段。"在概念阶段,要注意防范极高风险的发生"是错误的,在执行和收尾阶段,要注意防范极高风险的发生。

8.6　风险概率评估

阅读以下关于在软件项目开发中风险管理方面问题的叙述,回答问题 1 至问题 4,将解答填入答题纸的对应栏内。

8.6.1　案例场景

许工原来是希赛技术公司的系统分析师,现在公司安排他管理一个信息化项目,他曾经参与过许多项目,但很少参与项目管理工作,对于风险管理没有经验。

风险什么时候发生,发生的可能性是多少,他拿不准,他认为必须对风险发生的概率进行评估。他找到了几个风险概率评估的例子。

(1)如果事件 1 发生的概率是 80%,事件 2 发生的概率是 70%,并且它们是独立事件,那么,两个事件同时发生的概率是多少?

(2)在图 8-2 所示的路径收敛例子中,如果活动 1,2 和 3 的发生概率都是 50%,活动 4 在第 6 天开始的概率是多少?

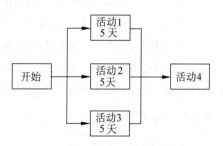

图 8-2　路径收敛的例子

(3)在一个大型机房施工中,按历史经验进行估算,估计正常实施要 60 天,最快要 45 天,最慢要 105 天。那么,估计的标准差是多少?按三点法来估算,期望历时是多少天?

【问题1】（6分）

请计算出例子1中的概率。

【问题2】（6分）

请计算出例子2中的概率。

【问题3】（13分）

请计算出例子3中的标准差和期望历时，并解释一下三点法估算的含义。

8.6.2 案例分析

本题考查风险管理中风险概率评估的知识点。

【问题1】

只要学习过经济数学或概率知识，计算这个概率并不难。两个独立事件同时发生的概率为它们各自发生概率的积。

$P=P_1 \times P_2 = 80\% \times 70\% = 56\%$

【问题2】

这个路径收敛的例子可以理解为一个工程计划网络图：活动1，2和3全部结束后，活动4才可以开始。活动4在第6天开始的概率就是指活动1，2和3全部结束的概率。

$P=P_1 \times P_2 \times P_3 = 50\% \times 50\% \times 50\% = 12.5\%$

【问题3】

在制订项目计划时，估算每个活动的历时时可能要用到三点法。有如下公式：

$$T_e = \frac{O+4M+P}{6}, \delta = \frac{P-O}{6}; \delta^2 = \left[\frac{P-O}{6}\right]^2$$

其中，T_e 表示最终估计时间，就是期望历时；O 表示乐观估计时间；M 表示正常估计时间；P 表示悲观估计时间；δ 表示标准差；δ^2 表示方差，标准差是方差的平方根。

理论上，以上计算公式仅适用于三角形分布，即三角形概率分布，但实际上它常常用于其他多种分布。

$\delta = (P-O)/6 = (105-45)/6 = 10$（天）。

$T_e = (O+4M+P)/6 = (45+4\times60+105)/6 = 65$（天）。

在不同标准差内，事件发生的概率也不同，对应关系如下。

$1\delta = 68.26\%$；$2\delta = 95.46\%$；$3\delta = 99.73\%$；$6\delta = 99.99\%$。

其中，6δ 管理常用于质量管理中，指每百万个产品中有3.4个有缺陷。

8.6.3 参考答案

【问题1】

$P=80\% \times 70\% = 56\%$

【问题 2】

P=50%×50%×50%=12.5%

【问题 3】

δ=（P–O）/6=（105–45）/6=10（天）。

T_e=（O+4M+P）/6=（45+4×60+105）/6=65（天）。

三点法估算的计算公式理论上仅适用于三角形分布，即三角形概率分布，但实际上它常常用于其他多种分布。

在做一个工程的项目计划时，只要已知最理想的完成时间，最正常的完成时间和最差的完成时间这三点，就能估算出一个项目计划的期望时间。

T_e=（O+4M+P）/6

其中，T_e 表示最终估计时间，就是期望历时；O 表示乐观估计时间；M 表示正常估计时间；P 表示悲观估计时间。

第 9 章　项目采购管理案例

项目采购管理包括从项目团队外部购买或获得为完成工作所需的产品、服务或成果的过程。采购过程涉及不同目标的双方或多方，项目采购管理包括为管理项目团队授权人员签发的合同或采购订单所需的合同管理和变更控制过程，也包括管理外部组织（买方）为从实施组织（卖方）获取项目而签发的任何合同，以及管理合同规定的项目团队应承担的合同义务。

按照 PMBOK2004 中的定义，项目采购管理的过程包括采购计划编制、编制合同、招标、供方选择、合同管理和合同收尾。这些过程不仅彼此交互作用，而且还与其他知识领域的过程交互。根据项目需要，每个过程可能涉及一人、多人或集体所付出的努力。每个过程在每个项目中至少出现一次，并可在项目的一个或多个阶段（如果项目划分为阶段）中出现。

在项目实施中，项目经理可以是甲方，也可以是乙方，还可以是监理方，角色的不同，在采购管理中关注的内容和侧重点也不相同。

9.1　分包合同与索赔

阅读以下关于项目分包方面问题的叙述，回答问题 1 至问题 3，将解答填入答题纸的对应栏内。

9.1.1　案例场景

某省 A 环保局计划搭建一个排污监控信息系统，通过面向社会全面招标后，B 软件公司以最大的优势夺标。

为了保证项目的顺利实施，A 环保局和 C 信息监理公司签署软件项目的监理合同，由监理公司来对 B 公司的软件项目实施过程进行全程监控。为了提高 C 信息监理公司监控的力度和效果，A 环保局将所知道的关于 B 公司的一些技术机密信息私自告诉给了 C 监理公司。

B 公司自从接标后工作有条不紊地开展着。在需求分析之后，计划顺利制订完毕。评审之后顺利进入基线控制阶段。在详细设计结束后，项目经理发现里面的好多中间模块编程工作量大，技术含量低，不能显现工作的核心技术，而且自主研发可能导致成本大，有可能拖延工期。经申请后决定将这些模块进行转包，征得了 A 环保局和 C 监理公司的同意。最后与 D 公司合作并签署软件分包协议。在项目实施期间，由于 B 软件公司领导换届，原来负责本项目的领导已经离职，与 D 公司的合作暂时停了下来，D 公司几次前来催款，B 公司一直以各种借口推脱，D 公司要求 A 环保局先行支付，但 A 环保局以与 D 公司没有合同关系为由拒绝支付。最终 D 公司将 A 环保局告上了法庭，要求 A 环保局依照分包合同如数付款。

【问题 1】（7 分）

请问 A 环保局将 B 软件公司的机密告诉 C 监理公司的做法对吗？为什么？

【问题 2】（8 分）

B 软件公司和 D 公司签订的软件分包协议是在法律保护范围内吗？说明理由。

【问题 3】（10 分）

D 分包公司控告 A 环保局的做法对吗？A 环保局需要向 D 支付款项吗？在 200 字范围内，说明你的理由，并说明 A 环保局应该怎么做。

9.1.2　案例分析

这是一道关于采购过程中出现合同争议后如何解决的问题。在实际项目采购管理中并不都是一帆风顺的，总会出现这样那样的小插曲，对于合同管理过程中的一些问题，根据实际情况及时、灵活地解决。

要解决案例中发生的问题，就要理清案例场景中各单位之间的关系，都有哪些合同，出现了哪些事件。

本案例中涉及到 4 家公司，它们的关系如下。

甲方是 A 环保局，是建设单位；乙方是 B 软件公司，是主承建单位；D 公司是软件分包单位，是子承建单位；监理方是 C 公司。

A 环保局与 B 软件公司有承包合同；A 环保局与 C 监理公司有监理合同；B 软件公司与 D 公司有分包合同。

发生的主要事件如下。

（1）A 环保局将 B 软件公司的机密告诉 C 监理公司。

（2）B 软件公司将部分软件开发工作分包给了 D 公司。

（3）D 分包公司由于收不到 B 公司的项目款而控告了 A 环保局。

【问题 1】

本题考查对合同签订后保密条约的理解程度。

在签订任何采购合同时，都会包含保密条款，保密条款一般都规定甲乙双方不得向第三方泄露对方业务和技术上的任何机密。

例如，某甲乙双方在合同里这样规定双方的保密协议。

甲方：

（1）保密内容（包括技术信息和经营信息）：乙方的所有相关资料和案例，以及所有培训教材和技术过程指导信息。

（2）涉密人员范围：参与软件过程改进的所有人员。

（3）保密期限：自合同签定之日起至本信息在行业内成为公有信息为止。

乙方：

（1）保密内容（包括技术信息和经营信息）：乙方人员对甲方提供的一系列文档、技术信息，过程信息和相关的保密信息。

（2）涉密人员范围：所有参与该项目的咨询、培训和评估人员。

（3）保密期限：自合同签定之日起至本信息在行业内成为公有信息为止。

双方约定不论合同是否变更、解除或者终止，合同保密条款不受其限制而继续有效，各方均应继续承担约定的保密义务。

泄密责任：合同履行过程中发生的纠纷应当由当事人本着自愿平等的原则协商解决；如果当事人之间协商解决不成的，双方同意将争议提交合同签订地点的法院解决。

有的合同里为了更能提高保密意识，双方另行签订一个《保密合同》。

在本案例中，A 环保局将 B 软件公司的机密泄露给第三方 C 监理公司的做法显然不妥。如果 A 环保局与 B 软件公司之间有《保密合同》，则 A 环保局要承担违约责任；即使没有《保密合同》，A 环保局这样做也侵犯了 B 公司的商业秘密和知识产权。

商业秘密是指不为公众所知悉、能为权利人带来经济利益、具有实用性并经权利人采取保密措施的技术信息和经营信息。商业秘密包括技术秘密和经营秘密两项基本内容，它是我国《反不正当竞争法》保护的一项重要内容。

在项目管理过程中需要考虑涉及到建设单位的知识产权、外购软件的知识产权、系统集成商的知识产权、监理方的知识产权保护。

【问题 2】

本题考查对一个已经签订合同的软件项目，乙方是否有转包权力这个知识点，即合同的分包问题。

正常情况下，一个工程项目作为它的完整性是直接承包给一个乙方完成，乙方不得将此类项目再分包，因为再接包的丙方不在甲方信赖的供应商范围内。整个工程项目建设可能由于乙方的转包而造成管理技术上缺乏应有的统筹协调，质量难以控制，项目监控困难重重，有可能导致整个工期延误。因此这种情况下签订的分包合同属于无效合同。

根据招投标法的有关规定：违反招投标法规定将中标项目的部分主体、关键性工作分包给他人的（或分包人再次分包的），转让、分包无效。

通过招投标方式签订合同的项目，承建单位可按照合同约定或者经建设单位同意，将中标项目的部分非主体、非关键性工作分包给他人完成，在本项目中，"将这些模块进行转包，征得了 A 环保局和 C 监理公司的同意"，说明承建单位已经取得建设单位的同意，通过案例场景的描述，可以得知分包出去的工作是非关键性开发工作，所以 B 软件公司和 D 公司签订的软件分包协议是在法律保护范围内的。

当然，C 监理公司必须对 D 公司的资质进行审查。按《信息化工程监理规范总则》

规定，在分包时，还应由监理单位组织审核分包单位的相关资质是否符合项目要求。

分承建单位应当具备相应的资格条件，并不得再次分包。

【问题 3】

本题考查对分包合同中分包人付款索赔流程的了解程度。

在索赔流程里，被告一方拿不出充分证明自己没有责任的证据时，就必须依照法律条款对原告提出的上诉一一解决。

建设单位向承建单位提出的索赔称为反索赔，反索赔包括如下内容。

（1）工期延误反索赔。

（2）实施缺陷索赔。

（3）对指定分包人的付款索赔。

（4）建设单位合理终止合同或承建单位不正当放弃项目的索赔。

项目承建单位未能提供已向指定分包人付款的合理证明时，建设单位可以直接按照监理工程师的证明书，将承建单位未付给指定分包人的所有款项（扣除保留金）付给这个分包人，并从应付给承建单位的任何款项中如数扣回。

在本案例中，B 软件公司与 D 公司的分包合同有效，B 软件公司与最终的采购方 A 环保局的合同也有效，所以 D 公司认定 A 环保局是最终的甲方，并将其告上法庭。这是合法行为。

在 B 软件公司不能依照合同履行与 D 公司的义务时，就必须由最终的原告 A 环保局来承担。A 环保局需要向 D 公司支付款项，A 环保局可以继续依照承包合同追究 B 软件公司的责任。

9.1.3　参考答案

【问题 1】

根据保密条款或合同，甲乙双方的任何一方必须遵守保密协议，任何一方在任何情况下都不得将对方的技术信息或经济信息泄露给第三方。

A 环保局为了自己的利益，为了提高 C 监理公司监控 B 公司的效果和速度，竟然将自己知道的关于 B 公司的一些技术信息告诉了 C 公司，这种做法侵犯了 B 公司的商业秘密和知识产权，如果 A 环保局与 B 软件公司之间有《保密合同》，A 环保局还要承担违约责任。

【问题 2】

根据招投标法的有关规定：违反招投标法规定将中标项目的部分主体、关键性工作分包给他人的（或分包人再次分包的），转让、分包无效。

通过招投标方式签订合同的项目，承建单位可按照合同约定或者经建设单位同意，将中标项目的部分非主体、非关键性工作分包给他人完成，在本项目中，"将这些模块进行转包，征得了 A 环保局和 C 监理公司的同意"，说明承建单位已经取得建设单位的同意，通过案例场景的描述，可以得知分包出去的工作是非关键性开发工作，所以 B 软件公司和 D 公司签订的软件分包协议是在法律保护范围内的，分包合同合法有效。

【问题 3】

D 公司控告 A 环保局的做法是正当行为，应该受到法律的保护。A 环保局应当依法支付 D 公司 B 软件公司没有支付的款项。

因为 A 环保局是项目最终承接人，是合同最终的甲方，在转包期间出现的二次甲方人员未能如约完成对最终乙方的付款事宜时，作为最终的甲方——A 环保局有责任承担支付 D 公司款项。

在合同收尾时，A 环保局可以从支付 B 软件公司的款项里如数扣回这部分款项。

9.2　招标投标流程

阅读以下关于招标和投标流程的说明，回答问题 1 至问题 3，将解答填入答题纸的对应栏内。

9.2.1　案例场景

某市教育信息网建设项目全部由政府投资。该项目为该市建设规划的重点项目之一，且已列入地方年度固定投资计划，现决定对该项目进行招标。招标人于 2006 年 8 月 8 日在国家级报刊上发布了招标公告，并规定于 9 月 5 日 14 时为投标截止时间。A、B、C、D、E 这 5 家公司购买了招标文件。

9 月 5 日，这 5 家承包商均按规定的时间提交了投标文件。但投标单位 A 在送出投标文件后发现报价估算有较严重的失误，即赶在投标截止时间前 10 分钟递交了一份书面声明：撤回已提交的投标文件。

开标时，由招标人委托的市公证处人员检查投标文件的密封情况，确认无误后，由工作人员当众拆封。由于投标单位 A 已撤回投标文件，故招标人宣布有 B、C、D、E 这 4 家投标单位投标，并宣读该 4 家投标单位的投标价格、工期和其他主要内容。

评标委员会委员由 7 人组成，由招标人直接指定，其中招标人代表 2 人，本系统技术专家 2 人、经济专家 1 人，外系统技术专家 2 人。

在评标过程中，评标委员会要求 B、E 两投标单位分别对其施工方案作详细说明，并对若干技术要点和难点问题提出问题，要求其提出具体、可操作的实施措施。

按招标文件中确定的综合评标标准，评标委员会确定综合得分最高的投标单位 B 为中标人。由于投标单位 B 为外地企业，招标人于 11 月 10 日将中标通知书以挂号方式寄出，承包商 B 于 11 月 14 日收到中标通知书。

【问题 1】（6 分）

《中华人民共和国招标投标法》中规定的招标方式有哪几种？

【问题 2】（8 分）

开标、评标时出现了以下情况：

（1）B 投标单位虽按招标文件的要求编制了投标文件，但有一页文件漏打了页码。

（2）C 投标单位投标保证金超过了招标文件中规定的金额。

（3）D 投标单位投标文件记载的招标项目完成期限超过招标文件规定的完成期限。

（4）E 投标单位某分项工程的报价有个别漏项。

请分别回答 B、C、D、E 单位的投标文件是否有效并说明理由。

【问题 3】（11 分）

从所介绍的背景资料来看，在该项目的招标投标程序中哪些方面不符合《中华人民共和国招标投标法》的有关规定？请逐一说明。

9.2.2 案例分析

作为项目经理，必须要对招标和投标的流程与相关法律法规有清楚的了解，本案例就是考查这方面知识的。

【问题 1】

根据《招标投标法》规定，招标分为公开招标和邀请招标。

公开招标是指招标人以招标公告的方式邀请不特定的法人或者其他组织投标。邀请招标是指招标人以投标邀请书的方式邀请特定的法人或者其他组织投标。国务院发展计划部门确定的国家重点项目和省、自治区、直辖市人民政府确定的地方重点项目不适宜公开招标的，经国务院发展计划部门或者省、自治区、直辖市人民政府批准，可以进行邀请招标。

【问题 2】

投标偏差分为重大偏差和细微偏差，只有重大偏差的，才有可能作为废标处理，也就是投标无效。细微偏差不影响投标文件的有效性。

（1）B 投标单位虽按招标文件的要求编制了投标文件，但有一页文件漏打了页码，补正这个遗漏的页码，不会对其他投标人造成不公平的结果。因此，这属于细微偏差，投标有效。

（2）C 投标单位投标保证金超过了招标文件中规定的金额，投标保证金只要符合招标文件规定的最低投标保证金就可以了。因此，这属于细微偏差，投标有效。

（3）D 投标单位投标文件记载的招标项目完成期限超过招标文件规定的完成期限，这属于重大偏差，因此投标无效。

（4）E 投标单位某分项工程的报价有个别漏项，那么，要判断投标是否有效，需要知道这个漏项对投标报价的影响。如果这个漏项是主要部分，对投标报价有较大影响，则就属于重大偏差，投标无效；如果对投标报价没有影响或者影响小到可以忽略，则就属于细微偏差，投标有效。

【问题 3】

要说明项目的招标投标程序中哪些方面不符合《招标投标法》的有关规定，就需要认真地阅读试题的描述。

该项目的招标投标程序中主要存在两个方面的问题。

"由于投标单位 A 已撤回投标文件，故招标人宣布有 B、C、D、E 这 4 家投标单位投标，并宣读该 4 家投标单位的投标价格、工期和其他主要内容"。招标人不应仅宣布 4 家投标单位参加投标。我国招标投标法规定："招标人在招标文件要求提交投标文件的截止时间前收到的所有投标文件，开标时都应当当众拆封、宣读"。这一规定是比较模糊的，仅按字面理解，已撤回的投标文件也应当宣读，但这显然与有关撤回投标文件的规定的初衷不符。按国际惯例，虽然投标单位 A 在投标截止时间前已撤回投标文件，但仍应作为投标人宣读其名称，但不宣读其投标文件的其他内容。

"评标委员会委员由 7 人组成，由招标人直接指定，其中招标人代表 2 人，本系统技术专家 2 人，经济专家 1 人，外系统技术专家 2 人"。根据招标投标法的规定，评标委员会委员"由招标人从国务院有关部门或者省、自治区、直辖市人民政府有关部门提供的专家名册或者招标代理机构的专家库内的相关专业的专家名单中确定；一般招标项目可以采取随机抽取方式，特殊招标项目可以由招标人直接确定"。在本题中，并没有说明该项目是特殊招标项目，所以不应该"由招标人直接指定"。

9.2.3 参考答案

【问题 1】

招标分为公开招标和邀请招标。

【问题 2】

（1）B 投标单位：补正这个遗漏的页码，不会对其他投标人造成不公平的结果。这属于细微偏差，投标有效。

（2）C 投标单位：投标保证金只要符合招标文件规定的最低投标保证金，这属于细微偏差，投标有效。

（3）D 投标单位：属于重大偏差，投标无效。

（4）E 投标单位：如果这个漏项对投标报价有较大影响，则属于重大偏差，投标无效；如果对投标报价没有影响或者影响很小，则属于细微偏差，投标有效。

【问题 3】

（1）招标人不应仅宣布 4 家投标单位参加投标。虽然投标单位 A 在投标截止时间前已撤回投标文件，但仍应作为投标人宣读其名称，但不宣读其投标文件的其他内容。

（2）评标委员会委员不应该由招标人直接指定，而是应该由招标人从国务院有关部门或者省、自治区、直辖市人民政府有关部门提供的专家名册或者招标代理机构的专家库内的相关专业的专家名单中随机抽取。

9.3　合同与范围的关系

阅读下述关于合同管理和项目范围管理的说明，回答问题 1 至问题 3，将解答填入答题纸的对应栏内。

9.3.1　案例场景

小李是国内某知名 IT 企业的项目经理，负责西南某省的一个企业管理信息系统建设项目的管理。

在该项目合同中，简单地列出了几条项目承建方应完成的工作，据此小李自己制订了项目的范围说明书。甲方的有关工作由其信息中心组织和领导，信息中心主任兼任该项目的甲方经理。可是在项目实施过程中，有时是甲方的财务部直接向小李提出变更要求，有时是甲方的销售部直接向小李提出变更要求，而且有时这些要求是相互矛盾的。面对这些变更要求，小李试图用范围说明书来说服甲方，甲方却动辄引用合同的相应条款作为依据，而这些条款要么太粗、不够明确，要么小李跟他们有不同的理解。因此，小李对这些变更要求不能简单地接受或拒绝而左右为难，他感到很沮丧。如果不改变这种状况，项目完成看来遥遥无期。

【问题 1】（5 分）

针对上述情况，结合你的经验，请用 150 字左右的文字分析问题产生的可能原因。

【问题 2】（15 分）

如果你是小李，你怎样在合同谈判、计划和执行阶段分别进行范围管理？请用 350 字左右的文字说明。

【问题 3】（5 分）

请用 150 字左右的文字，说明合同的作用，详细范围说明书的作用，以及两者之间的关系。

9.3.2　案例分析

因为试题规定，要从合同管理和范围管理两个方面进行考虑，所以，下面针对项目在这两个方面的问题进行说明。

【问题 1】

"在该项目合同中，只是简单地列出了几条项目承建方应完成的工作"，"甲方却动辄引用合同的相应条款作为依据，而这些条款要么太粗、不够明确，要么小李跟他们有不同的理解"。显然，合同没有订好，因为没有就具体完成的工作形成明确、清晰的条款，这种合同基本上是形同虚设。

"据此，小李自己制订了项目的范围说明书"，这说明小李只是根据简单的合同就制订了范围说明书，对项目干系人及其关系分析不到位，缺乏足够的信息来源，范围定义不全面、不准确。同时，从后面的争论来看，甲乙双方对项目范围没有达成一致的认可或承诺。

"在项目实施过程中，有时是甲方的财务部直接向小李提出变更要求，有时是甲方的销售部直接向小李提出变更要求。而且，有时这些要求是相互矛盾的"。这就说明项目管理中并不完全是承建方的问题，甲方项目组织得也不好，没有对各部门的需求及其变更进行统一的组织和管理。项目管理是甲乙双方的事情，甲方的项目经理也要按照项目管理理论的要求，建立健全的项目管理体系。

"小李对这些变更要求不能简单地接受或拒绝而左右为难，他感到很沮丧"。这说明整个项目缺乏变更的接受/拒绝准则，没有任何依据来判断是否该接受一个变更。

"如果不改变这种状况，项目完成看来遥遥无期"，这说明项目缺乏全生命周期的范围控制。甲方所提出的变更可能是在项目范围内的小变更，也可能是超过范围之外的变更，即引起了范围变更。对范围变更的处理是要相当小心的，因为它会引起成本、进度的变化，甚至还会影响项目质量。

【问题2】

这是一个纯理论性的问答题，与案例的描述没有关系。因此，不再进行分析，请直接阅读参考答案。

【问题3】

与问题2一样，这也是一个纯理论性的问答题，与案例的描述没有关系。因此，不再进行分析，请直接阅读参考答案。

9.3.3　参考答案

【问题1】

（1）合同没有订好，没有就具体完成的工作形成明确清晰的条款。

（2）甲方没有对各部门的需求及其变更进行统一的组织和管理。

（3）缺乏变更的接受/拒绝准则。

（4）由于乙方对项目干系人及其关系分析不到位，缺乏足够的信息来源，范围定义不全面、不准确。

（5）甲乙双方对项目范围没有达成一致认可或承诺。

（6）缺乏项目全生命周期的范围控制。

【问题2】

在项目全生命周期的范围管理过程中，小李在不同的阶段做出相应的解决方案。

1. 合同谈判阶段

（1）取得明确的工作说明书或更细化的合同条款。

（2）在合同中明确双方的权利和义务，尤其是关于变更问题。

（3）采取措施，确保合同签约双方对合同的理解是一致的。

2．计划阶段

（1）编制项目范围说明书。

（2）创建项目的工作分解结构。

（3）制订项目的范围管理计划。

3．执行阶段

（1）在项目执行过程中加强对已分解的各项任务的跟踪和记录。

（2）建立与项目干系人进行沟通的统一渠道。

（3）建立整体变更控制的规程并执行。

（4）加强对项目阶段性成果的评审和确认。

4．项目全生命周期范围变更管理

（1）在项目管理体系中应该包含一套严格、实用、高效的变更程序。

（2）规定对用户的范围变更请求，应正式提出变更申请，并经双方项目经理审核后，根据不同情况，做出相应的处理。

【问题 3】

合同法规定，合同是平等主体的自然人、法人、其他组织之间设立、变更、终止民事权利义务关系的协议。合同是买卖双方形成的一个共同遵守的协议，卖方有义务提供合同指定的产品和服务，而买方则有义务支付合同规定的价款。

详细的范围说明书描述了项目的可交付物和产生这些可交付物所必须做的项目工作。详细的范围说明书在所有项目干系人之间建立了一个对项目范围的共识，描述了项目的主要目标，使团队能进行更详细的规划，指导团队在项目实施期间的工作，并为评估是否为客户需求进行变更或附加的工作是否在项目范围内提供基线。

合同是制订项目范围说明书的依据。

9.4　选择合同类型

阅读下述关于采购管理中合同类型方面的叙述，回答问题 1 至问题 3，将解答填入答题纸的对应栏内。

9.4.1　案例场景

一家大型石化企业要利用检修停工期对硫磺加工车间的 DCS 系统进行改造，以减少空气中硫化物的排放，符合国家环保检测标准，并提高回收硫磺的自动化仪表操作水平。刘工是这个企业信息中心的经理，负责管理这个项目的实施。

刘工知道，DCS 系统改造并不是企业信息中心的核心能力，拟对国内专业的 DCS

实施公司进行招标。刘工组建项目团队后，他们制订了详细的工作说明书，并规定如果工作说明书内特定的可交付成果在特定的时间内无法实现，则要有相应的罚款。

刘工做了一个采购计划，评估最适宜的合同。合同类型选择与风险的程度或刘工面对的不确定性有关。刘工必须在固定总价合同、单价合同和成本加酬金合同三者之间作出选择，上报给企业管理层进行审批。

通过招投标等一系列的工作，选定了承包商，DCS 系统改造如期完成，投入运行。在运行中发现 DCS 系统与生产作业系统中存在一些问题，需要承包商进行分析并解决其中存在的问题，但是因为没有掌握相关生产控制技术，不了解详细的工作范围，无法准确告诉承包商要承担的工作。刘工应该和承包商签署一个什么样的合同呢？刘工经过分析，放弃了固定价合同，最终选择了成本加固定费合同。

【问题 1】（10 分）

如果要降低风险，刘工应该选一个什么样的合同类型来完成 DCS 系统改造？解释你的理由。

【问题 2】（10 分）

在分析和解决生产运行中的问题时，为什么刘工和承包商签署了成本加固定费合同？分析一下原因。

【问题 3】（5 分）

为了激励买方节约成本，出现了成本补偿合同类型，如成本加固定费用合同、成本加定百分比费用合同、成本加奖金合同、成本加固定最大酬金合同、成本加保证最大酬金合同、成本补偿加费用合同、工时及材料补偿合同等。请选择其中的一个合同类型进行解释。

9.4.2　案例分析

本题考查对合同类型的理解。不论甲方项目经理还是乙方项目经理，必须清楚所签署的合同类型，才能保障自己的最大利益和降低风险。

工程项目合同，按照不同的标准有多种不同的表示方法。

1. 按合同签约的对象内容划分

（1）建设工程勘察、设计合同。是指业主（发包人）与勘察人、设计人为完成一定的勘察、设计任务，明确双方权利、义务的协议。

（2）建设工程施工合同。通常也称为建筑安装工程承包合同。是指建设单位（发包方）和施工单位（承包方）为了完成商定的或通过招标投标确定的建筑工程安装任务，明确相互权利、义务关系的书面协议。

（3）建设工程委托监理合同。简称监理合同，是指工程建设单位聘请监理单位代其对工程项目进行管理，明确双方权利、义务的协议。建设单位称委托人（甲方），监理单位称受委托人（乙方）。

（4）工程项目物资购销合同。由建设单位或承建单位根据工程建设的需要，分别与有关物资、供销单位，为执行建筑工程物资（包括设备、建材等）供应协作任务，明确双方权利和义务而签订的具有法律效力的书面协议。

（5）建设项目借款合同。由建设单位与中国人民建设银行或其他金融机构，根据国家批准的投资计划、信贷计划，为保证项目贷款资金供应和项目投产后能及时收回贷款签订的明确双方权利义务关系的书面协议。

除以上合同外，还有运输合同、劳务合同和供电等。

2. 按合同签约各方的承包关系划分

（1）总包合同。建设单位（发包方）将工程项目建设全过程或其中某个阶段的全部工作，发包给一个承包单位总包，发包方与总包方签订的合同称为总包合同。总包合同签订后，总承包单位可以将若干专业性工作交给不同的专业承包单位去完成，并统一协调和监督它们的工作。在一般情况下，建设单位仅同总承包单位发生法律关系，而不同各专业承包单位发生法律关系。

（2）分包合同。即总承包方与发包方签订了总包合同之后，将若干专业性工作分包给不同的专业承包单位去完成，总包方分别与几个分包方签订分包合同。对于大型工程项目，有时也可由发包方直接与每个承包方签订合同，而不采取总包形式。这时每个承包方都是处于同样地位，各自独立完成本单位所承包的任务，并直接向发包方负责。

3. 按承包合同的不同计价方法划分

（1）固定总价合同（Fixed-price or lump-sum contracts，FP）。采用这类合同的工程，其总价是以施工图纸和工程说明书为计算依据，在招标时将造价一次包死。在合同执行过程中，不能因为工程量、设备、材料价格和工资等变动而调整合同总价。但人力不可抗拒的各种自然灾害、国家统一调整价格、设计有重大修改等情况除外。

（2）计量合同。计量合同又称为单价合同，分为如下两种形式。

① 工程量清单合同。这种合同通常由建设单位委托设计、咨询单位计算出工程量清单，分别列出分部分项工程量。承包商在投标时填报单价，并计算出总造价。工程施工过程中，各分部分项的实际工程量应按实际完成量计算，并按投标时承包商所填报的单价计算实际工程总造价。这种合同的特点是在整个施工过程中单价不变，工程承包金额将有变化。

② 单价一览表合同。这种合同包括一个单价一览表，发包单位只在表中列出各分部分项工程，不列出工程量。承包单位投标时只填各分部分项工程的单价。工程施工过程中按实际完成的工程量和原填单价计价。

（3）成本加酬金合同。这类合同中的合同总价由两部分组成，一部分是工程直接成本，工程直接成本是按工程施工过程中实际发生的直接成本实报实销；另一部分是事先商定好的一笔支付给承包商的酬金。

在本案例中，刘工需要做出两次选择，一个是完成 DCS 系统改造的合同类型，一个是分析和解决生产运行中问题时的合同类型。显然，都是按计价方法来划分的。

【问题 1】

在本案例中，由于企业的信息中心缺乏这方面的施工能力，但他们对企业的需求比较了解，能够制订出详细的工作说明书，此时要降低风险，应该选择固定价合同，将风险转移给另外一家公司。

买方喜欢绝对固定价格，因为它将更多的风险给了卖方。虽然卖方承担了最大的风险，同时也具有最大可能的利润。因为卖方收到的货币与成本无关，就有积极性通过有效的生产来降低成本。

在固定价合同中，对于卖方，利润已知；对于买方，利润或费用是未知的，因为你不知道卖方在合同里加入了多少利润。卖方最担心项目范围，并不能确保在不增加额外费用的情况下得到买方所要的东西，所以卖方要在合同中为不可知留出很大的余地，也可以说，固定价合同能提供给卖方最大的潜在收益。

单价合同用来以最快的速度找资源，例如以单价合同雇佣项目中急需的技术人员。乙方干多少时间单位的工作，甲方就出多少时间单位的工钱，也称作工时和材料费合同（Time and Material contracts，T&M）。

成本加酬金合同（Cost-Plus-Fee contracts，CPF）也称作费用偿还合同（Cost-reimbursable contracts），或成本加百分比合同（Cost Plus Percentage Of Cost contracts，CPPC），美国法律已经明文规定在任何商业合同里都禁止使用 CPPC 合同。在这样的合同类型下，乙方不关心花费成本多大，只要利润最大化就行，而甲方却有很大的风险。

显然，与固定价合同相比较，单价合同、成本加酬金合同都不适合作为本次要签署的合同类型。

【问题 2】

用于确定合同类型的一种因素是范围的详细程度。由于不掌握相关生产控制技术，不了解详细的工作范围，刘工将承担很高的风险，所以不能使用固定价合同。

成本加固定费合同使得买方在合同执行过程中，可以不用修改合同而具有确定具体需求的灵活度和自由，风险由卖方承担。

所以刘工选择了成本加固定费合同这种合同类型。

【问题 3】

为了激励买方节约成本，各种成本基础上的合同也应运而生，出现了成本补偿合同类型。成本补偿合同的 7 种形式请直接阅读参考答案。

9.4.3　参考答案

【问题 1】

选择固定价合同。

鉴于 DCS 系统改造并不是信息中心的核心能力，并且有时间和数据来制订详细的工作说明书，最好将风险转移给另外一家公司。

【问题 2】

用于确定合同类型的一种因素是范围的详细程度。由于不掌握相关生产控制技术，不了解详细的工作范围，刘工将承担很高的风险，所以不希望使用固定价合同。

成本加固定费合同使得买方在合同执行过程中，可以不用修改合同而具有确定具体需求的灵活度和自由，风险由卖方承担。

所以刘工选择了成本加固定费合同这种合同类型。

【问题 3】

（1）成本加固定费用合同。根据这种合同，招标单位对投标人支付的人工、材料、设备台班费等直接成本全部予以补偿，同时还增加一笔管理费。所谓固定费用，是指杂项费用与利润相加的和，这笔费用总额是固定的，只有当工程范围发生变更而超出招标文件的规定时才允许变动。这种超出规定的范围是指在成本、工时、工期或其他可测项目方面的变更招标文件规定数量的上下 10%。

（2）成本加百分比比费用合同。成本加百分比比费用合同与成本加固定费用合同相似，不同的只不过是所增加的费用不是一笔固定金额，而是按照成本的一定比率计算的一个百分比份额。

（3）成本加奖金合同。奖金是根据报价书的成本概算指标制定的，概算指标可以是总工程量的工时数的形式，也可以是人工和材料成本的货币形式，在合同中，概算指标被规定了一个底点和一个顶点，投标人在概算指标的顶点下完成工程时就可以得到奖金，奖金的数额按照低于指标顶点的情况而定；而如果投标人在工时或工料成本上超过指标顶点时，他就应该对超出部分支付罚款，直到总费用降低到概算指标的顶点为止。

（4）成本加固定最大酬金合同。根据这一合同，投标人得到的支付有三方面：包括人工、材料、机械台班费以及管理费在内的全部成本；占人工成本一定百分比的增加费；酬金。在这种形式的合同中通常有三笔成本总额：报价指标成本、最高成本总额和最低成本总额。在投标人完成工程所花费的工程成本总额没有超过最低成本总额时，招标单位要支付其所花费的全部成本费用、杂项费用，并支付其应得酬金；在花费的工程成本总额在最低成本总额和报价指标成本之间时，招标人只支付工程成本和杂项费用；在工程成本总额在报价指标成本与最高成本总额之间时，则只支付全部成本；在工程成本超过最高成本总额时，招标单位将不予支付超出部分。

（5）成本加保证最大酬金合同。在这种合同下，招标单位补偿投标人所花费的人工、材料和机械台班费等成本，另加付人工及利润的涨价部分，这一部分的总额可以一直达到为完成招标书中规定的规范和范围而给的保证最大酬金额度为止。这种合同形式，一般用于设计达到一定的深度，从而可以明确规定工作范围的工程项目招标中。

（6）成本补偿加费用合同。在这种合同下，招标单位向投标人支付全部直接成本并支付一笔费用，这笔费用是对承包商所支付的全部间接成本、管理费用、杂项及利润的补偿。

（7）工时及材料补偿合同。在工时及材料补偿合同下，工作人员在工作中所完成的工时用一个综合的工时费率来计算，并据此予以支付。这个综合的费率，包括基本工资、保险、纳税、工具、监督管理、现场及办公室的各项开支以及利润等。材料费用的补偿以承包商实际支付的材料费为准。

选择其中的一个合同类型进行解释即可。

9.5 供方选择

阅读下述关于项目采购管理方面的叙述，回答问题 1 至问题 3，将解答填入答题纸的对应栏内。

9.5.1 案例场景

希赛技术公司拟实施一信息化项目，采取公开招标的方式选定承建单位，有 A、B、C 三家信息系统集成商参加了投标。李工负责组织这次招标工作，组建了招标工作组。

李工在招标文件中规定：评标采用最低评标价中标的原则；工期不得长于 18 个月，若投标人自报工期少于 16 个月，在评标时将考虑其给建设单位带来的收益，折算成综合报价进行评标。

投标人 C 按照招标文件的要求，将技术和商务标书分别封装，在封口上加盖本单位公章并且由法定代表人签字后，在投标截止日期前 1 天上午将投标文件送达招标工作组。次日（即投标截止日当天）下午，在规定的开标时间前 1 小时，投标人 C 又向招标工作组递交了一份补充材料，声明将原来的投标报价降低 4%。但是，招标工作组的有关工作人员认为，根据国际上"一标一投"的惯例，一个投标人不得递交两份投标文件，因而拒绝投标人 C 的补充材料，导致投标人 C 的不满。李工得知后，妥善地处理了此事。

假如贷款月利率为 1%，各单项工程完成后付款，在评标时考虑工期提前给建设单位带来的收益为每月 20 万元。三家单位投标书中与报价和工期有关的数据如表 9-1（三个单项工程是按照机房工程、应用开发和安装调试顺序进行实施的，表中搭接时间是指后项工程与前项工程的重叠时间，例如投标单位 A 应用开发在进行到 7 个月的时候，安装调试工作可以开始）所示。表 9-2 是复利现值系数表。

表 9-1 三家单位工程报价和工期对比表

投标单位	机 房 工 程		应 用 开 发		安 装 调 试		安装调试与应用开发搭接时间
	报价	工期	报价	工期	报价	工期	
A	360 万	3 月	900 万	9 月	1100 万	6 月	2 月
B	400 万	4 月	1050 万	8 月	1080 万	6 月	2 月
C	380 万	3 月	1080 万	8 月	1000 万	6 月	2 月

表 9-2　复利现值系数表

N	1	2	3	4	5	6	7	8	9	10
I	0.990	0.980	0.970	0.960	0.951	0.942	0.932	0.923	0.914	0.905
N	11	12	13	14	15	16	17	18	19	20
I	0.896	0.887	0.878	0.869	0.861	0.852	0.844	0.836	0.827	0.819

【问题 1】（6 分）

请问李工给出的招标文件中的规定是否合理并给出理由？根据《招标投标法》的规定，中标人的投标应符合哪两个条件？

【问题 2】（5 分）

招标工作组的有关工作人员拒绝接受投标人 C 补充材料的做法正确吗？为什么？

【问题 3】（14 分）

每个投标人的总工期是多少？在考虑资金时间价值的情况下，李工应如何进行供方选择？选择哪家单位中标（请利用表 9-2 进行计算）？请将计算结果填入供方选择表的（1）～（7）空中。

表 9-3　供方选择表

投标单位	工期	现值（综合报价）
A	（1）	（2）
B	（3）	（4）
C	（5）	（6）
	中标单位：（7）	

9.5.2　案例分析

本题考查招标投标法、合同管理的知识点。着重考查了在现值条件下如何进行供方选择。作为甲方项目经理，要依据案例场景中给定的条件，选择出合适的供方，并要给出充分理由，以降低项目采购中的风险。

【问题 1】

"综合评分法"和"最低评标价法"是《中华人民共和国招标投标法》明确的两种评标办法。

最低评标价中标并不意味着最低投标价中标。通常，评标工作依照先后顺序，由符合性检查、商务评议、技术评议、价格评议和资格后审 5 部分组成。在前 4 个检查或评议中的任何一个环节中，投标人若被判定不合格，将无法进入下一轮评议。其中，商务评议和技术评议不仅将判定投标人是否合格，并将依照招标文件中的相关规定对各投标人的商务方案和技术方案进行百分比形式的打分。这些商务和技术打分将折算为价格调整计入评标价中。价格评议中，这些价格调整将和投标人的投标价一同组成最终的评标价，而评标价最低的投标人将被推荐为中标候选人。

运用最低评标价中标的原则，避免不切实际的低价中标，除了加强中标后的合同管理、质量监督以外，主要是加强招标过程的管理，包括进行资格预审，完善招标文件的合同文件，招标文件对投标过程中可能出现的各种情况都应有详细的规定，提高不平衡报价或过低报价的投标的履约保证金的比例等。如提高资格预审的财务标准，可以避免没有能力的投标人参与投标。如果投标人多次亏本中标，其多年的财务状况肯定不佳，不能通过资格预审。

综合评分法是指在最大限度地满足招标文件实质性要求的前提下，按照招标文件中规定的各项因素进行综合评审后，以评标总得分最高的投标人作为中标候选供应商或者中标供应商的评标方法。

在本案例中，招标文件规定中提到的最低评标价中标的原则、工期要求和节约的工期折算成综合报价都符合招标投标法的要求，并不与任何法律、法规相违背。

《中华人民共和国招标投标法》第四十一条规定：中标人的投标应当符合下列条件之一：

（一）能够最大限度地满足招标文件中规定的各项综合评价标准；

（二）能够满足招标文件的实质性要求，并且经评审的投标价格最低；但是投标价格低于成本的除外。

【问题 2】

招标工作组的有关工作人员不应拒收投标人 C 的补充文件。

在《中华人民共和国招标投标法》有如下规定：

第二十八条 投标人应当在招标文件要求提交投标文件的截止时间前，将投标文件送达投标地点。招标人收到投标文件后，应当签收保存，不得开启。投标人少于三个的，招标人应当依照本法重新招标。

在招标文件要求提交投标文件的截止时间后送达的投标文件，招标人应当拒收。

第二十九条 投标人在招标文件要求提交投标文件的截止时间前，可以补充、修改或者撤回已提交的投标文件，并书面通知招标人。补充、修改的内容为投标文件的组成部分。

在招标工作中，经常要声明"一标一投"。

一标一投是指每个投标人对招标书只能提交一个投标文件。凡以自己的名义或他人的名义参与两个以上（包括两个）投标文件递交的投标人，连同被采用的其他投标人递交的投标文件（原投标人参与其中），招标方均不接受。如果出现一标多投，则该标书会被作为废标处理。由于一标多投而被废标，所有损失由投标方自行承担。

在本案例中，投标人 C 在投标截止时间之前所递交的任何正式书面文件都是有效文件，都是投标文件的有效组成部分。也就是说，补充文件与原投标文件共同构成一份投标文件，而不是两份相互独立的投标文件，所以不是"一标多投"。

【问题 3】

总工期为各项工作的工期之和减去搭接时间。

综合报价为每项工作完成时的现值之和，如果工期提前，还要减去最后完工时的 20 万的现值。

现值的概念见第 4 章 4.1 节中的解释。

现值（Present Value，PV）：对未来收入或支出的一笔资金的当前价值的估算。

现值公式：

$PV=F/(1+i)^n$

本题已经给出了复利现值系数表，不用再手工计算，可简化为：

$PV_n=F_n\times$现值系数$_n$

A 的总工期为 3+9+6–2=16（月）。

A 的综合报价=360×0.97+900×0.887+1100×0.852=2084.7。

B 的总工期为 4+8+6–2=16（月）。

B 的综合报价=400×0.96+1050×0.887+1080×0.852=2235.51。

C 的总工期为 3+8+6–2=15（月）

C 的综合报价=380×0.97+1080×0.896+1000×0.861-20×0.861=2180.06。

A 单位评标价最低，应选 A 为中标单位。

将各计算结果填入表 9-3，供方选择结果表如表 9-4 所示。

9.5.3　参考答案

【问题 1】

合理。因为该招标规定没有违反任何法律、法规的规定。

《中华人民共和国招标投标法》第四十一条　中标人的投标应当符合下列条件之一：

（一）能够最大限度地满足招标文件中规定的各项综合评价标准；

（二）能够满足招标文件的实质性要求，并且经评审的投标价格最低；但是投标价格低于成本的除外。

【问题 2】

不正确。

招标工作组的有关工作人员不应拒收投标人 C 的补充文件，因为投标人 C 在投标截止时间之前所递交的任何正式书面文件都是有效文件，都是投标文件的有效组成部分，也就是说，补充文件与原投标文件共同构成一份投标文件，而不是两份相互独立的投标文件。

【问题 3】

表 9-4　供方选择结果表

投 标 单 位	工　　　期	现值（综合报价）
A	16	2084.7
B	16	2235.51
C	15	2180.06

中标单位：A 单位

9.6　外包管理

阅读下述关于项目外包管理方面的叙述，回答问题 1 至问题 3，将解答填入答题纸的对应栏内。

9.6.1　案例场景

希赛软件开发公司最近承揽了某石化公司的一个项目，该项目主要实现对实验室分析数据和资源的管理，刘高工是该项目的乙方项目经理。刘高工对项目进行分析后发现如下问题：用户的网络设施不到位，部分场地需要重新布线；少数化验分析仪器比较旧，公司现有技术很难短时间内实现从这些设备中采集数据，没有这方面的经验。

虽然这两个问题不对项目的整体造成太大影响，但却有可能会影响项目的进度，现有人手不足，公司也不值得为那几台旧设备开发数据采集程序，况且这种型号的设备仪器已经有底层数据采集公司实现过采集，于是刘高工计划将两块非关键的工作（网络布线和数据采集）外包出去，从而将精力集中在系统的整体实现上。

刘高工从曾经和自己合作开发过的公司中选择了一家单位来完成外包工作，由于这个外包子项目是自己公司内部的事务，他并没有通知建设单位。

【问题 1】（5 分）

刘高工将网络布线和数据采集两项工作外包出去，是否合适？为什么？他的做法有哪些地方欠妥当？在外包过程中，他要注意什么？

【问题 2】（10 分）

企业现行采用的外包形式有几种？你建议刘高工采用哪种外包形式？说出你的理由。

【问题 3】（10 分）

外包管理的流程是什么？

9.6.2　案例分析

本题考查外包管理、合同管理的知识点。

【问题 1】

外包是指把自己要做的项目或子项目依照合同承包给其他公司，目的是选择合适的承包商和供应商，并依据合同进行有效的管理。外包是企业充分利用外部资源来开发自己的项目，从而达到降低成本、规避风险、提高效率、发挥自己核心竞争力的一种管理模式。

外包作为采购活动的一种特殊、复杂的形式普遍存在。大型企业为了在日益竞争的社会环境中提升自身的核心竞争力，需要根据本公司的实际情况，专门从事适合公司自身发展的核心业务，来凝聚企业的技术和资源，而把一些非自己擅长的或不愿意在这方面有过多投入的子项目或模块外包给有这方面实力的企业和公司。做到扬长避短、集中力量发展核心竞争力，提高企业在行业中的地位和形象。

外包管理过程和采购管理过程基本一样，所不同的是增加了过程监控。在外包过程中，注重强调对外包商开发过程的进度监控、质量监控和偏差处理等。

在本项目中，将网络布线和数据采集两项工作外包出去是合适的。

因为这两项工作是非关键工作，并且现有的人力和技术实现起来有困难。外包出去后，可以将精力放在关键工作上，但要加强对外包工作的管理。

但刘高的做法欠妥当，他应该告知建设单位，即甲方，某石化公司，取得建设单位的同意，或在开发合同中写明外包工作的相关条件。如果本项目有监理方的话，还要通过监理方来审核外包单位的资质，审核通过后，才能确定该外包单位。

【问题 2】

这是一个纯理论性问题，请直接阅读参考答案。

【问题 3】

一般地，在立项阶段，产品负责人应当进行"自制/外购分析"，确定待开发产品的哪些部分应当"采购"、"外包开发"或者"自主研发"。外包管理与采购管理的流程如图9-1 所示。

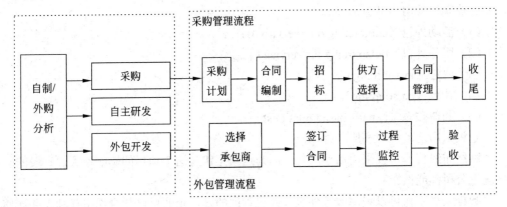

图 9-1 外包管理与采购管理的流程

外包管理中的编制合同、招标、供方选择以及合同管理基本和采购管理一样。

外包管理与采购管理的不同在于强调外包过程的监控。

在 CMMI 过程管理理念中，软件开发注重过程管理，软件开发过程包括采购、自主研发和外包。对产品外包后乙方开发过程一样要进行过程监控。根据外包合同里规定对外包方开发项目的计划、过程进度、产品质量进行监控，并定时回收文档，如监控周报、里程碑报告以及质量保证阶段报告等。

对外包开发过程出现的重大偏差，乙方要及时提供偏差报告。对监控过程中发现的与合同不一致现象，甲方也会及时反馈给乙方。对于里程碑到来时，乙方及时通知甲方组织人员前去评估。乙方的集成测试完成后，就到了产品交付期，对于产品交付，甲方组织人员进行验收，验收期间如果发现缺陷，乙方及时处理。当产品验收清单里所有的产品都验收成功后，乙方提供所有支持文档和相关培训，以及后期维护与服务。

合同收尾有三种情况：产品完全交付，合同正常结束；有部分分歧，部分产品还在协商中；完全违约，导致合同非正常终止。

9.6.3　参考答案

【问题 1】

将网络布线和数据采集两项工作外包出去是合适的。

因为这两项工作是非关键工作，并且现有的人力和技术实现起来有困难。外包出去后，可以将精力放在关键工作上，但要加强对外包工作的管理。

但刘高的做法欠妥当，他应该告知建设单位，即甲方，某石化公司，取得建设单位的同意，或在开发合同中写明外包工作的相关条件。如果本项目有监理方的话，还要通过监理方来审核外包单位的资质，审核通过后，才能确定该外包单位。

在外包过程中，要注重强调对外包商实施过程的进度监控、质量监控和偏差处理等。

【问题 2】

企业现行采用的外包形式如下。

（1）活动外包（contracting out the activities）。

（2）服务外包（outsourcing the service）。

（3）内包（in-sourcing）。

（4）合包（co-sourcing）。

（5）利益关系（benefit-based relationship）。

建议采用活动外包和服务外包。

网络布线工作可以采用活动外包，因为这项工作与这个项目的影响不大，一般的网络施工公司都能做。

数据采集工作可以采用服务外包，外包管理的好，企业可以从合作中获利，并促使企业更专注于其所长、具备竞争优势的业务。

如果采用其他外包形式也可以，只要讲出理由，能自圆其说就可以。

【问题 3】

外包管理的流程如下。

在立项阶段，进行"自制/外购分析"，确定哪些部分应当"采购"、"外包开发"或"自主研发"。如果需要外包开发，就成立外包管理小组。具体步骤如下。

（1）开发方式选择。

（2）选择承包商。

① 竞标邀请。

② 评估候选承包商的综合能力。

③ 确定承包商。

（3）签订外包合同。

（4）监控外包开发过程。

（5）成果验收。

① 验收准备。

② 成果审查。

③ 验收测试。

第 10 章　项目变更管理案例

在项目实施中，发生变更是很正常的，可以说在项目管理的 9 个知识领域都会发生变更。"计划没有变化快"，再详尽的计划，在执行过程中也会发生变化，所以要做好变更控制，使变更对项目的影响最小化。变更控制的目的并不是控制变更的发生，而是对变更进行管理，确保变更有序进行。

在 IT 项目中，引起变更的因素有两个：一是来自外部的变更要求，如客户要求修改工作范围和需求等；二是开发过程内部的变更要求，如为解决测试中发现的一些错误而修改源码甚至设计。要如期完成项目目标，不仅要有一个规范的变更控制流程，项目经理还要采取一些措施保证变更控制流程的顺利执行。

10.1　项目变更管理流程

阅读以下关于在信息系统项目管理过程中项目变更管理方面问题的叙述，回答问题 1 至问题 3，将解答填入答题纸的对应栏内。

10.1.1　案例场景

希赛信息集成公司最近承接了一个项目，客户是希赛公司的老主顾。当时公司的总经理急着要出差，所以在软件模块界定和验收标准还不明确的情况下，就和客户签订了合同，并任命陈工为这个项目的项目经理。

经过紧张的准备，项目终于启动了。第一个阶段结束后，在结果评估时，双方发生了分歧。客户认为模块中缺少一部分功能，而陈工认为客户提出的功能在合同之外，如果要做，就要做项目变更，重新核算成本。由于合同中对此内容的界定不明确，双方各执一词，僵持不下，客户拒绝验收，项目的回款眼瞅着要泡汤。

后来项目组的程序员小王请求陈工为他增派人手，说他的任务完不成了，可陈工安排给他的工作已经做完了。经过了解，陈工才知道，客户小刘几次请小王开发一些小的模块，小王也没向陈工请示，就自作主张给做了。这次，他又答应在客户原有的模块上增加统计功能，结果做起来才发现实现不了，这才向陈工求救。陈工赶紧和客户沟通，要求做项目变更，可客户咬死说前几次都是免费的，这次也应该免费。

【问题 1】（8 分）

请用 400 字以内的文字，指出陈工所负责的项目在变更管理中存在的问题。

【问题 2】（8 分）

请用 400 字以内的文字，说明项目变更管理的基本流程。

【问题 3】（9 分）

如果你是陈工，面对项目变更管理中存在的问题，应当如何处理呢？

10.1.2　案例分析

项目变更是每个项目经理都会遇到的问题。在成本和风险范围内控制和管理好项目变更，是项目经理的重要职责。其实，变更并不可怕，关键是如何管理变更。

项目变更的形式不外乎项目内容的增加、转换和减少三种。不管哪种变更，都会对项目的进度、成本、风险和合同等产生影响。

项目变更产生的原因是多方面的，如合同内容不完整；客户临时改变想法；项目预算增加或减少；客户的功能需求改变了。变更可能来自服务商、客户或产品供应商等。

变更管理应包括事前预测、变更流程、以客户为中心等内容，具体如下。

1）事前预测

在项目评估阶段，项目经理就应当对项目中可能出现的变更进行预测。预测从如下三方面入手。

（1）客户需求的变更。

（2）服务商可能出现的变更。

（3）第三方（如产品供应商）缺货或产品升级导致的变更。

项目组要请专家对项目可能出现的变更进行评估，这有助于帮助项目经理了解项目变更的可能性，以便在事件发生时做出及时的响应。

2）变更流程

客户提出项目变更要求时，项目成员必须向项目经理报告，由项目经理来处理。通常处理项目变更的流程分为以下 4 步。

（1）评估。设立项目变更管理机构，对项目中的变更进行评估，评估内容包括是否属于变更、变更对项目的结果、时间进程、预算的影响等。项目变更在软件上主要是软件内容和技术变更。对硬件来说，市场价格、时间变化是造成项目变更的主要原因；对软件来说，项目变更的主要原因是技术难度、新的功能需求等。

（2）分析和处理。对项目变更的分析和处理，可根据项目变更对项目影响的大小灵活掌握。对项目影响小的变更，可以不追加费用，但一定要让客户明白我们作了让步，并牺牲了利润。这样做是为了使小的变更不至于影响到项目的进展。但对大的变更，项目经理一定要坚持重新谈判、重新审定时间、预算、人力资源的成本。一些软件项目增加功能时，看上去提高了项目的完美度，实际上却不容易完成。在增加功能时，一定要认真评估项目在技术、时间、成本和可操作性上的难度。最好的办法就是把增加的部分从原项目中分离出来单独立项，这样不至于影响到原项目的时间进程和验收、收款工作。

（3）规范流程。处理项目变更的过程一定要规范。

① 要制作项目变更确认书，由双方合同负责人和项目负责人签字，附在原有合同后面。合同书要写明，涉及项目变更的应以变更书为准。这对按时收款极为有利。

② 项目变更中的时间进程和成本一定要重新核算，并交与客户签字确认。

③ 如项目变更中遇到系统扩展或人员调整等情况时，要注意代码管理、文档管理和人员管理等。要加强对软件工程师的管理，提高他们的变更管理意识，改变技术人员轻视成本费用重视技术的习惯。验收时，要由客户重新确认。规范化的流程带来标准化的服务，一旦客户认识到这样的好处，最后双方都会感到满意，项目也就能顺利进行。

要特别注意一些细节。

① 涉及变更时不能随便答应，必须上报给项目经理。一定要由上而下签字确认，杜绝口头协议。在本案例中，项目组成员绕过项目经理对客户的承诺是必须杜绝的。

② 软件项目内部人员一定要形成变更管理的意识，注重变更确认书的作用。

③ 在每次的交流和会议中，项目经理必须时刻关注谈论变更问题，要及早发现问题，防患于未然，一旦发现问题及时处理。

总之，要尽量减少项目的变更；对于客户要求变更，必须充分估计后尽量满足或重新谈判；对于第三方变更，要以客户为导向，尽量减少客户的损失，做好违约合同的处理。

（4）及时总结。项目变更的原因、变更的方法和经验教训要及时总结和整理，并把这些资料记录存档，为今后的项目提供参考。

3）以客户为中心

与客户良好的沟通、融洽的关系往往是项目变更出现时的润滑剂。客户总是希望少花钱、多办事，而我们的希望是在合理条件下按时高质量地完成项目。项目经理要学会的本领是管理客户关系，项目经理要学会从专业角度给客户信服的说辞，掌握一定的谈判技巧，还要让客户看到你的优势，给客户以信心。

项目变更管理其实也是一种态度。变更是难免的，变更管理的意识不能只被项目经理拥有，而应该时刻存在于每一个项目成员的头脑之中。客户关系的好坏也相当重要，建立良好的沟通机制会对变更情况下项目的顺利继续产生积极作用。

【问题 1】

可以从案例场景的描述中找出项目变更管理中存在的问题。

"在软件模块界定和验收标准还不明确的情况下，就和客户签订了合同"，可能是出于对老客户的信任，但这样做，肯定会在项目实施中出现问题，引起不必要的变更，所以在项目的第一阶段验收时出现了争议。

从案例场景中发现，项目经理陈工对小王做的变更并不清楚，小王直接按用户的要求进行变更，这说明项目组没有建立项目变更管理制度，变更很随意，没有考虑对其他方面的影响。

问题总结如下。

（1）在项目功能和标准不明确的时候就签订了合同，为后来的项目变更埋下了隐患。

（2）没有建立项目变更管理制度。

（3）涉及变更开发人员随便答应，没有上报给项目经理。

（4）变更请求没有经过评估，没有评估产生的费用和技术的要求，也没有签字确认，采用口头协议。

（5）变更实施时没有考虑对系统其他功能的影响，也没有考虑能否实现。

（6）变更后没有进行验证。

（7）没有对变更后的内容进行存档，也没有通知给相关的项目干系人。

【问题 2】

变更管理必须按规范的流程进行，不能随意变更。变更管理的基本流程和作用如下。

（1）变更申请。应记录变更的提出人、日期、申请变更的内容等信息。

（2）变更评估。对变更的影响范围、严重程度、经济和技术可行性进行系统分析。

（3）变更决策。由具有相应权限的人员或机构决定是否实施变更。

（4）变更实施。由管理者指定的工作人员在受控状态下实施变更。

（5）变更验证。由配置管理人员或受到变更影响的人对变更结果进行评价，确定变更结果和预期是否相符、相关内容是否进行了更新、工作产物是否符合版本管理的要求。

（6）沟通存档。将变更后的内容通知可能会受到影响的人员，并将变更记录汇总归档。如提出的变更在决策时被否决，其初始记录也应予以保存。

【问题 3】

对于问题 1 中列出的问题，相应地给出解决方法。

（1）先解决目前存在争议的地方，对项目功能和标准不明确的地方，双方重新协商，通过补充协议等方式进行明确。

（2）建立项目变更管理制度，规范变更控制流程。

（3）对已经做过的变更重新评估，并记录在案，更改相应的文档，通知相关人员。

（4）小王这次私下答应客户的要求，严格按变更管理流程进行，以防止产生更多的问题。

10.1.3　参考答案

【问题 1】

项目变更管理中存在的问题如下。

（1）在项目功能和标准不明确的时候就签订了合同，为后来的项目变更埋下了隐患。

（2）没有建立项目变更管理制度。

（3）涉及变更开发人员随便答应，没有上报给项目经理。

（4）变更请求没有经过评估，没有评估产生的费用和技术的要求，也没有签字确认，采用口头协议。

（5）变更实施时没有考虑对系统其他功能的影响，也没有考虑能否实现。

（6）变更后没有进行验证。

（7）没有对变更后的内容进行存档，也没有通知给相关的项目干系人。

【问题 2】

变更管理的基本流程如下。

（1）变更申请。

（2）变更评估。

（3）变更决策。

（4）变更实施。

（5）变更验证。

（6）沟通存档。

【问题 3】

存在问题的解决方法如下。

（1）先解决目前存在争议的地方，对项目功能和标准不明确的地方，双方重新协商，通过补充协议等方式进行明确。

（2）建立项目变更管理制度，规范变更控制流程。

（3）对已经做过的变更重新评估，并记录在案，更改相应的文档，通知相关人员。

（4）小王这次私下答应客户的要求，严格按变更管理流程进行，以防止产生更多的问题。

10.2　项目合同变更管理

阅读以下关于在信息系统项目管理过程中项目变更管理方面问题的叙述，回答问题 1 至问题 3，将解答填入答题纸的对应栏内。

10.2.1　案例场景

某市大型电子政务工程，合同主要内容为建设全市电子政务基础网络平台和数据共享平台。项目分布在该城市 8 个城区。项目的设计、采购、施工采用总承包方式。某承包商中标了这个项目。

承包商进场后，根据现场实际情况及招标文件对电子政务工程进行了总体设计，最终得到业主批准后施工。施工一年后，业主要求在某一城区新增加一个机房，该区域为新建居民小区，初设时未考虑该区域，因此，招标文件中也没有该区域，该小区的机房并不影响原系统的运行。

关于新建小区的机房工程项目，业主和承包商在认识上出现了分歧。

业主认为：由于业主最终批准的总体设计的工程量小于招标工程量，即使该新建小区新增一个机房，总工程量仍然达不到招标工程量，也就是说，业主认为承包商在城区的工程量减少了，现在要求承包商在另一城区增加此类项目（即将项目进行"乾坤大挪移"）是合同赋予他的权力，因此，新增该小区内的项目不属于变更项目。

承包商认为：由于该新建小区的机房超出了招标文件范围，地理位置发生了改变，应该按变更项目处理。

由于在投标时采用不平衡报价策略，机房设备采购和安装单价严重偏低，所以承包商认为新建小区的机房工程应该重新报价。

【问题 1】（8 分）

该新建小区的机房工程是属于合同内新增项目还是合同外新增项目？为什么？

【问题 2】（8 分）

关于新建小区的机房工程项目，业主和承包商在认识上出现分歧。谁的理由正确？

【问题 3】（9 分）

新建小区的机房工程是否应该重新报价？为什么？

10.2.2　案例分析

在本案例中，工程进行一年后才提出变更，有可能是工程延误了或其他原因，问题变得有些复杂。下面对三个问题逐个分析。

【问题 1】

根据本题目说明的项目背景资料，新建小区的机房工程是合同签署后新增项目，因此该项目肯定是合同外新增项目。

【问题 2】

"由于业主最终批准的工程量小于招标工程量"，分两种情况考虑，如果是包干价格，那么完全不应该为此浪费时间，要进行沟通，协商一个合理的价格；另一种较为实际的办法，是按实际工程量结算，双方都不吃亏。

关于工程量增减是怎么定义的，应该看双方签订的合同。一般来说，工程量减少时结算量也少。这属于设计变更的范畴。如果业主要求增项，就是项目变更了。

在项目实施时，不要把新项目带入。新项目可以按补充协议方式来处理，但一定要注意区分隶属。

所以，承包方的理由是正确的。

【问题 3】

既然新增工程原报价严重偏低，那么即使让施工单位来施工，质量也很难保证，更不用说顺利完工。这个工程应该属于新建项目。一般情况下，单价变更应按照如下原则进行。

（1）原工程量清单中有类似项目单价的，按照原单价执行。

（2）原工程量清单中没有的，按照现行市场价由施工单位提出，监理及甲方协商决定。

承包方能否重新报价要看新增项目与原合同的关系。

（1）只要新增工程在原合同地理范围内，应属于合同内新增项目，按照合同单价结算。

（2）如果该新建小区的机房工程超出了招标文件范围，则视为合同外新增项目，单价另议。

10.2.3　参考答案

【问题 1】

新建小区的机房工程是合同外新增项目。

因为新建小区的机房工程是合同签署后新增项目，项目内容应以招标文件为准，该项目不在合同范围内。

【问题 2】

（1）工程量增减属于设计变更的范畴，不是项目变更。

（2）如果业主要求增项，就是项目变更。

（3）新建小区的机房工程不在项目范围内，既然超出了招标文件范围，就应该按变更项目处理。

所以，承包方的理由是正确的。

【问题 3】

承包方能否重新报价要看新增项目与原合同的关系。

（1）只要新增工程在原合同地理范围内，应属于合同内新增项目，按照合同单价结算。

（2）如果该新建小区的机房工程超出了招标文件范围，则视为合同外新增项目，单价另议。

在这个案例中，新建小区的机房工程是合同外新增项目，可以重新报价。

10.3　项目变更失控的原因

阅读以下关于在信息系统项目管理过程中项目变更管理方面问题的叙述，回答问题1至问题3，将解答填入答题纸的对应栏内。

10.3.1　案例场景

黄经理担任了公司一个大型软件项目的项目经理，项目开始比较顺利，但进入到后期，客户频繁的需求变更带来很多额外工作。项目组天天加班，保持了项目的正常进度，客户相当满意。但需求变更却越来越多。为了节省时间，客户的业务人员不再向黄经理申请变更，而是直接找程序员商量。程序员疲于应付，往往直接改程序而不做任何记录，很多相关文档也忘记修改。很快黄经理就发现：需求、设计和代码无法保持一致，甚至没有人能说清楚现在系统"到底改成什么样了"。版本管理也出现了混乱，很多人违反配置管理规定，直接在测试环境中修改和编译程序。但在进度压力下，他也只能佯装不知此事。但因频繁出现"改好的错误又重新出现"的问题，客户已经明确表示"失去了耐心"。

而这还只是噩梦的开始。一个程序员未经许可擅自修改了核心模块，造成系统运行异常缓慢，大量应用程序超时退出。虽然最终花费了整整一周的时间解决了这个问题，但客户却投诉了，表示"无法容忍这种低下的项目管理水平"。更糟糕的是，因为担心系统中还隐含着其他类似的错误，客户高层对项目的质量也疑虑重重。

随后发生的事情让黄经理更加为难：客户的两个负责人对界面风格的看法不一致，并为此发生了激烈争执。黄经理知道如果发表意见可能会得罪其中一方，于是保持了沉默。最终客户决定调整所有界面，黄经理只好立刻动员大家抓紧时间修改。可后来当听说因修改界面而造成了项目一周的延误后，客户方原来发生争执的两人这次却非常一致，同时气愤地质问黄经理，"为什么你不早点告诉我们要延期！早知这样才不会让你改呢！"。

黄经理感到非常委屈，疑惑自己到底错在哪里了。

【问题 1】（8 分）

请在 200 字以内，描述黄经理在变更控制方面犯了哪些错误？

【问题 2】（8 分）

如果你是黄经理，面对项目在变更控制方面存在的问题，应当如何处理呢？

【问题 3】（9 分）

在对界面风格进行修改的事件上，如果黄经理评估了修改界面的工作量并请客户进行确认，则有可能发生什么样的结果？

10.3.2　案例分析

从本案例中可以看到各种变更失控的现象和造成的后果，在项目实施中，或多或少都会遇到类似的问题，针对问题找出相应的解决办法。

黄经理主要犯了如下几个错误。

（1）没有明确的授权。事先应该明确客户方有权提出变更申请的人员和实施方有权受理变更的人员，并要控制双方人数。这样做才可以对变更有整体的控制。绝不能进行"私下交易"，而没有人能完整地知道到底改了些什么。另外，授权双方接口人的好处是可以屏蔽客户内部的矛盾，如果只有一个接口人，内部尚未达成一致时变更是无法提出来的。从实际经验看，授权可以显著减少变更，特别是那些因内部看法不同而导致的反复变更。

（2）对变更没有进行必要的审核。并不是所有的变更都要修改，也不是所有变更都要立刻修改，审核的目的就是为了决定是否需要修改和什么时候修改。例如案例中提到的界面风格问题，就可以先不修改，或者规划一下修改的时间待到以后进行优化。另外，对于核心模块的修改要严格审核把关，否则会引起全局问题，案例中提到的"擅自修改核心模块"造成的事故就是因为没有审核而造成的。

（3）对变更的影响没有评估。变更都是有代价的，应该评估一下变更的代价和对项目的影响，要让客户了解变更的后果，并与客户一起做判断。案例中客户最后的质问正是因为没有事前告诉客户变更的影响造成的。如果客户不知道你为变更付出的代价，对你的辛苦便难以体会。案例中客户刚开始对黄经理加班处理变更相当满意，但只是对工作态度满意，后期当变更引发一系列问题时客户并没有感谢黄经理的苦劳。

（4）没有让客户确认是否接受变更的代价。在评估代价并且与客户讨论的过程中，可以请客户一起做判断："我可以修改，但您能接受后果吗？"。

上述步骤完成后，要等客户确认变更后，再组织实施变更的相关工作。变更要按配置管理的规定执行，确保所有交付物的一致性和完整性。同时，对所有的变更要跟踪和验证，确保都按要求完成了。

在项目开始就对项目组和客户进行宣传和培训，让所有成员都理解变更控制的重要意义；在项目过程中要对变更控制的执行情况进行审计，发现违反规定的事件要严肃处理，否则过程很快就会失控。

综上所述，变更控制的目的是管理变化。变更控制对项目成败有重要影响，事前要明确定义，事中要严格执行。实施变更之前有 4 个重要控制点：授权、审核、评估和确认。在实施过程中要进行跟踪和验证，确保变更被正确执行。

10.3.3　参考答案

【问题 1】

黄经理在变更控制方面犯的错误如下。

（1）没有明确的授权。

（2）对变更没有进行必要的审核。

（3）对变更的影响没有评估。

（4）没有让客户确认是否接受变更的代价。

【问题 2】

（1）对变更进行明确的授权。事先应该明确客户方有权提出变更申请的人员和实施方有权受理变更的人员，并要控制双方人数。这样做才可以对变更有整体的控制。绝不能进行"私下交易"，而没有人能完整地知道到底改了些什么。

（2）对变更进行必要的审核。并不是所有的变更都要修改，也不是所有变更都要立刻修改，审核的目的就是为了决定是否需要修改和什么时候修改。

（3）对变更的影响进行评估。变更都是有代价的，应该评估一下变更的代价和对项目的影响，要让客户了解变更的后果，并与客户一起做判断。

（4）让客户确认是否接受变更的代价。在评估代价并且与客户讨论的过程中，可以请客户一起做判断："我可以修改，但您能接受后果吗？"。

（5）要等客户确认变更后，再组织实施变更的相关工作。变更要按配置管理的规定执行，确保所有交付物的一致性和完整性。同时，对所有的变更要跟踪和验证，确保都按要求完成了。

（6）对项目组和客户进行宣传和培训，让所有成员都理解变更控制的重要意义；在项目过程中要对变更控制的执行情况进行审计，发现违反规定的事件要严肃处理，否则过程很快就会失控。

【问题 3】

如果黄经理评估了修改界面的工作量并请客户确认，则可能会发生如下三种情况。

（1）客户预先接受延期这一后果，也就不会再质问黄经理了。

（2）如果客户认为代价太大，则黄经理就不必修改了。

（3）如果认为可以缩短延期时间，则黄经理至少争取到了与客户协商的机会，让客户知道为此项目组需要付出加班的代价，取得客户的理解。

10.4　项目需求变更管理

阅读以下关于在信息系统项目管理过程中项目变更管理方面问题的叙述，回答问题 1 至问题 3，将解答填入答题纸的对应栏内。

10.4.1　案例场景

在某公司的项目管理课堂上，小李，小王等人正在七嘴八舌地议论纷纷。原来，大家正在讨论小王的公司最近遇到的两个颇为有趣的项目。

据小王介绍，这两个项目分别由两个项目经理来担任。其中，项目经理 A 属于"谦虚"型，对于客户提出的问题，无论大小都给予解决，客户对此非常满意，然而，项目进度却拖得比较长，而且客户总想把所有的问题都改完再说，项目已经一再延期。

相比之下，项目经理 B 显得稍有些"盛气凌人"，对于客户提出的问题，大多都不予理睬，客户对此不是很满意，不过，该项目的进度控制得比较好，基本能够按期完成项目。

话刚一说完，小李就抢着说："A 比较像我，一般在和我的一些战略客户打交道的时候，我基本是有求必应，与客户的关系处得如鱼得水，这样做肯定不会错。就像前天我连合同都写错了，找到客户，人家二话没说就同意改了。你说如果是 B 的话可能吗？"

小王对此不以为然地说："对项目经理来说，成本、质量和时间是最为重要的三要素。与客户的关系当然很重要，但也要全盘考虑项目的各要素。对于用户的要求，应该在有限的范围内给予解决，但不可以做出太大的牺牲。一味地迁就用户将会使整个项目失败。"

小林接着小王的话说："当前，国内的项目一般情况下是由销售部出面签单，再由项目经理接手后续的工作，因此客户关系多在事前已经搞定。发生新的情况后，可以由公司的公关部出面与客户进行协调，项目经理可以在此过程中坚持一下原则，与公司的公关部一个红脸，一个白脸，唱出一出好戏。"

小赵反驳道："不管怎样，客户才是第一位的。客户可以给你带来收入，也可以给你带来更多的客户和工作，有什么道理不多配合一下他们呢？说实话我对 B 的做法蛮欣赏的，可惜行不通。因为客户是上帝，如果照 B 的做法，后果会造成做一次项目丢掉一个客户，太不划算了。"

【问题 1】（8 分）

请在 200 字以内，简述项目需求变更的流程。

【问题 2】（8 分）

请在 200 字以内，说明如果你在项目实施时遇到需求变更问题，你会采用哪种方式去应对。

【问题 3】（9 分）

分别分析项目经理 A 和项目经理 B 应对需求变更所采用方式的优缺点。

10.4.2　案例分析

变化并不是人们最害怕的，最怕的是跟不上变化的步伐。需求总是在变化，客户总会有新的想法，项目好像没有终结，软件开发人员应对软件需求变化时，为了拥有更多的准备，应该做些什么呢？

没有一成不变的需求，无论在正式构建之前对需求进行了多么深入的开发，和客户进行了多少回合的反复验证，而最终却不得不接受这样的现实：系统正式上线之后，在客户提交的试运行报告中，客户的需求发生了变化，或者客户又提出了新的需求等。

软件开发人员陷入这样一个困境：需求总是在变化，客户总会有新的想法，项目好像没有终结，即使验收通过，那也是草草完事，而不是想象中的那么完美。

先来看软件需求的生命周期，正如软件项目具有一般的过程，软件需求也有着一个普遍的生命周期，不管采用瀑布模型还是迭代开发或者是其他的软件开发生命周期模型，这样的一个基本过程都是需要遵循的。而需求的生命周期和项目的阶段也是一一对应的。在项目的启动阶段，需要对项目进行可行性分析，完成立项报告，如果通过了可行性分析，完成了项目的启动过程，需求"成熟"之后，就可以构建需求基线，进入项目构建阶段。

如果还没有"成熟"的需求就开始构建，那么后果就是在构建阶段需求的反复变化，开发人员疲于奔命。

对"成熟"的需求进行构建，所交付的才是优质的"果实"。当然，项目后期也不可避免有需求变更，这时，只要按照规定的流程进行需求变更，将变更控制在一个可以接受的范围，是不会影响最终的交付"果实"的。

做好需求变更的管理，最终的目的是为了有优质的交付物。所以，做好需求开发是有效需求变更管理的基础。

需求开发是在问题及其最终解决方案之间架设桥梁的第一步，是软件需求过程的主体。一个项目的目的就是致力于开发正确的系统，要做到这一点就要足够详细地描述需求，也就是系统必须达到的条件或能力，使用户和开发人员在系统应该做什么，不应该做什么方面达成共识。

我们都知道，开发软件系统最为困难的部分就是准确说明开发什么，最为困难的概念性工作便是编写出详细技术需求，这包括所有面向用户、面向机器和其他软件系统的接口。

需求开发就是为了解决这些问题，它必不可少的成果就是对项目中描述的用户需求的普遍理解，一旦理解了需求，分析人员、开发人员和用户就能探索出描述这些需求的多种解决方案。

这一阶段的工作一旦做错，将最终会给系统带来极大的损害，由于需求获取失误造成的对需求定义的任何改动，都将导致设计、实现和测试上的大量返工，而这时花费的资源和时间将大大超过仔细精确获取需求的时间和资源。

（1）软件需求不能如实反映用户的真正需要。比较常见的一种误解是需求的简单和复杂程度决定了用户是否能够真正理解相应的内容：误认为客户只能看懂简单的需求，但是对开发没有直接帮助；只有复杂的需求才有用，但是大多用户又不可能看得懂。事实上，造成这类问题的主要原因是捕获的需求不能反映用户的视角，因而，用户站在自己的立场上很难判断需求是否完备和正确，特别是在开发活动的早期。

（2）软件需求不能被开发团队的不同工种直接共用。理论上，开发团队所有成员的工作内容都受软件需求制约；现实中，如果不采用理想的需求获取方式，只有分析人员的工作看起来和软件需求的内容直接关联，其他人的工作内容和软件需求的关联并不直观，形式上的差异或转述往往不易察觉地造成了诸多歧义、冗余或者缺失。

构建过程中的需求跟踪是高质量软件开发过程中必须的一个特性，用以保证开发过程中每一个阶段的正确性，以及该阶段与上一个阶段的一致性。经验表明，在需求规格、架构、设计、开发和测试阶段，对需求的跟踪能力是确保实现高质量软件的重要因素，同时也为需求变更管理提供有力的支持。

跟踪这些需求在每个阶段的变化，并且分析变更带来的影响，是现代软件过程的一个主线，尤其是在一些事关重大的软件工程项目中，需求跟踪的影响更加突出。

历史数据表明，如果需求没有被完整地跟踪，那么总会有遗失的需求或者是没有解决的需求，或者是需求的变更没有彻底进行，导致部分影响被忽略了，而往往是这样的失误导致很严重的安全问题和可靠性问题，给客户带来不可估量的损失。

在系统定义领域，包括三个方向的跟踪：从业务需求到产品特性的跟踪；从用例到产品特性的跟踪；从变更的需求到产品新特性的跟踪。在实际项目中，要做好需求的跟踪管理并非易事，也许可以使用电子表格、办公软件来协助处理，确实，它们对于项目的管理非常有用。但是，表格的问题在于难以维护，特别是当项目较大，存在复杂的关联关系时，改变一个链接可能涉及到很多相关的链接，在这种情况下，要么简化需求跟踪处理，对大的模块进行跟踪；要么使用专门的需求管理工具。如果是大型项目，最好使用工具来进行管理。这样，在面临需求变更时，才能有备无患。

变化总是避免不了的，变更天生就是软件过程的一部分。在这种情况下，需要建立一个管理变更的过程，使得变更的工作得到控制，并能高效地发现变更，进行影响分析，将变更有效地集成到现有系统中。

产生需求变更的因素包括内部因素和外部因素，不管需求变更来自哪里，都需要遵循一个既定的流程来提出变更请求。一般来说，如果是来自客户的变更，都需要遵照一个固定流程，通过一种正式的方式提交。即使客户口头提出，也需要通过会议记录、文件交由客户签字确认后才正式进入变更流程。否则，如果在没有正式依据下就进行需求变更，这样的项目将进入无休止的修改和维护状态。

对于提出的变更请求，首先可以通过项目小组指派专人负责进行分析，包括该变更的可行性分析、对其他需求的影响分析及对项目进度的影响分析等。

通过需求跟踪表格或其他工具，列举出该变更所涉及需要修改的其他需求，影响的其他用例、测试用例和用例实现等。然后才可以对工作量进行估算，评估该变更的可行性和对项目进度影响等。

变更开发结束之后，也需要组织相关人员对变更进行评审，这样的评审往往能发现不少潜在的问题，例如有遗漏的需求没有修改等。只有评审通过后，才能进入下一个阶段，对变更相关的文档、产品进行维护，使得需求文档、设计文档和产品保持一致性。至此，整个需求变更过程结束。

需求变更管理是需求管理中的一个重要部分，只有有效地进行需求变更管理，才能提高产品的质量，并使最终产品更接近于解决需求，提高用户对产品的满意度。从这层意义上说，需求变更管理是产品质量的基础。

【问题 1】

对于项目需求变更流程，可以从两个方面来说明，一是基本步骤，二是跟踪变更。具体过程请阅读参考答案。

【问题 2】

对于需求变更，拒绝总是不好的，拒绝也需要技巧，学会如何让客户"欠"你的，要寻找变更的依据，包括合同、需求和各种会议纪要等，做点范围外的，拒绝点范围内的，根据自己的实际来选择，多做的一定要让客户清楚，好用来做为下次拒绝客户需求的理由。

是否拒绝还应具体问题具体分析，对于工作量不大的，可以同意；工作量很大，甚至影响系统正常运行的，可以拒绝，但是要向客户说明，并争取客户的同意。

【问题 3】

通过案例场景中的描述，对两位项目经理的不同风格进行总结，来发现他们的优缺点。

（1）项目经理 A 应对需求变更的方式。

"对于客户提出的问题，无论大小都给予解决，客户对此非常满意，然而，项目进度却拖得比较长，而且，客户总想把所有的问题都改完再说，项目已经一再延期。"

优点：增加客户满意度，提高系统的符合度。

缺点：项目进度无限延长，增加项目费用，占用公司人力资源。

（2）项目经理 B 应对需求变更的方式。

"对于客户提出的问题，大多都不予理睬，客户对此不是很满意，不过，该项目的进度控制得比较好，基本能够按期完成项目。"

优点：有效控制项目进度，降低项目费用。

缺点：客户满意度降低，系统符合度低。

在实际的项目实施中，要吸取这两种变更方式的优点，尽可能做好需求变更管理。

10.4.3　参考答案

【问题 1】

对于项目需求变更流程，可以从两个方面来说明，一是基本步骤，二是跟踪变更。

管理变更的步骤如下。

（1）提出变更请求。

（2）变更分析。

（3）变更评审。

（4）制订变更计划。

（5）变更需求的开发。

（6）变更结果评审。

（7）维护变更。

跟踪需求变更的问题如下。

（1）谁提出变更。

（2）什么时候提出变更。

（3）变更的内容是什么。

（4）为什么变更。

（5）变更处理意见。

（6）变更执行结果。

【问题 2】

对于需求变更，拒绝是不好的，但也不能无限制地答应，要根据项目的实际情况来选择。

是否拒绝还应具体问题具体分析。

（1）对于工作量不大的，可以同意，但多做的一定要让客户清楚，以取得项目在成本和时间方面的补偿。

（2）工作量很大，甚至影响系统正常运行的，可以拒绝，但是要向客户说明，并争取客户的同意。

【问题 3】

（1）项目经理 A 应对需求变更的方式。

优点：增加客户满意度，提高系统的符合度。

缺点：项目进度无限延长，增加项目费用，占用公司人力资源。

（2）项目经理 B 应对需求变更的方式。

优点：有效控制项目进度，降低项目费用。

缺点：客户满意度降低，系统符合度低。

10.5　项目分包中的变更管理

阅读以下关于项目变更管理方面问题的叙述，回答问题 1 至问题 3，将解答填入答题纸的对应栏内。

10.5.1　案例场景

A 公司承担了某市平安工程施工总承包项目，A 公司依据施工合同约定，与甲安装单位签订了安装分包合同。

基础工程完成后，由于项目用途发生变化，建设单位要求设计单位编制设计变更文件，并授权项目监理机构就设计变更引起的有关问题与 A 总承包单位进行协商。项目监理机构在收到经相关部门重新审查批准的设计变更文件后，经研究对其今后工作安排如下。

（1）由总监理工程师负责与总承包单位进行质量、费用和工期等问题的协商工作。

（2）要求总承包单位调整施工组织设计，并报建设单位同意后实施。

（3）由总监理工程师代表主持修订监理规划。

（4）由负责合同管理的专业监理工程师全权处理合同争议。

（5）安排一名监理员主持整理工程监理资料。

在协商变更单价过程中，项目监理机构未能与总承包单位达成一致意见，总监理工程师决定以双方提出的变更单价的均值作为最终的结算单价。

项目监理机构认为甲安装分包单位不能胜任变更后的安装工程，要求更换安装分包单位。总承包单位认为项目监理机构无权提出该要求，但仍表示愿意接受，随即提出由乙安装单位分包。

甲安装单位依据原定的安装分包合同已采购的材料，因设计变更需要退货，向项目监理机构提出了申请，要求补偿因材料退货造成的费用损失。

【问题 1】（8 分）

请逐项指出项目监理机构对其今后工作的安排是否妥当？对于不妥之处，写出正确做法。

【问题 2】（8 分）

总承包单位认为项目监理机构无权提出更换甲安装分包单位的意见是否正确？为什么？写出项目监理机构对乙安装单位分包资格的审批程序。

【问题 3】（9 分）

指出甲安装单位要求补偿材料退货造成费用损失申请程序的不妥之处，写出正确做法，并说明该费用损失应由谁承担。

10.5.2 案例分析

根据案例场景中的描述，A 公司任总承包，A 公司依据施工合同约定，与甲安装单位签订了安装分包合同。

【问题 1】

逐项分析项目监理机构对其今后工作的安排是否妥当。

（1）由总监理工程师负责与总承包单位进行质量、费用和工期等问题的协商工作。

针对项目变更，建设单位授权项目监理机构就设计变更引起的有关问题与总承包单位进行协商，因此应由总监理工程师负责与总承包单位进行质量、费用和工期等问题的协商工作。本项安排正确。

（2）要求总承包单位调整施工组织设计，并报建设单位同意后实施。

总承包单位调整施工组织设计，应先经项目监理机构（或总监理工程师）审核、签认后报建设单位同意后实施。缺少了项目监理机构的审核过程。本项安排不正确。

（3）由总监理工程师代表主持修订监理规划。

根据监理规范，监理规划应由总监理工程师主持编制和修订，这项工作不能委托给总监理工程师代表。本项安排不正确。

（4）由负责合同管理的专业监理工程师全权处理合同争议。

应该由总监理工程师负责处理合同争议，不能委托给他人。本项安排不正确。

（5）安排一名监理员主持整理工程监理资料。

应该由总监理工程师主持整理工程监理资料，不能委托给监理员，监理员只负责做好监理方与建设单位、承建单位的各种文档、沟通及其他物品的交接记录，不负责"主持"。本项安排不正确。

【问题2】

本案例中以双方提出的变更费用价格的均值作为最终的结算单价是不对的，正确做法是由项目监理机构（或总监理工程师）提出一个暂定价格，作为临时支付工程进度款的依据。变更费用价格在工程最终结算时以建设单位与总承包单位达成的协议为依据。

在本案例中，依据有关规定，项目监理机构对工程分包单位有认可权。可以审核工程分包单位的资质，不符合条件的可以要求更换分包单位。所以，总承包单位的认识不正确。

项目监理机构对乙安装单位分包资格的审批程序如下。

（1）项目监理机构（或专业监理工程师）审查总承包单位报送的分包单位《资格报审表》和分包单位的有关资料。

（2）符合有关规定后，由总监理工程师予以签认。

【问题3】

在本案例中，甲安装单位依据原定的安装分包合同已采购的材料，因设计变更需要退货，向项目监理机构提出了申请，要求补偿因材料退货造成的费用损失。由甲安装分包单位直接向项目监理机构提出申请是不对的，应由甲安装分包单位向总承包单位提出，再由总承包单位向项目监理机构提出，费用损失由建设单位承担。

10.5.3　参考答案

【问题1】

（1）妥当。

（2）不妥。正确做法：调整后的施工组织设计应经项目监理机构（或总监理工程师）审核、签认。

（3）不妥。正确做法：由总监理工程师主持修订监理规划。

（4）不妥。正确做法：由总监理工程师负责处理合同争议。

（5）不妥。正确做法：由总监理工程师主持整理工程监理资料。

【问题2】

总承包单位的认识不正确。依据有关规定，项目监理机构对工程分包单位有认可权，可以审核工程分包单位的资质。

分包资格的审批程序：项目监理机构（或专业监理工程师）审查总承包单位报送的乙分包单位的《资格报审表》和分包单位的有关资料；符合有关规定后，由总监理工程师予以签认。

【问题 3】

不妥之处：由甲安装分包单位向项目监理机构提出申请。

正确做法：甲安装分包单位向总承包单位提出，再由总承包单位向项目监理机构提出。

费用损失由建设单位承担。

10.6　监理项目中的变更管理

阅读以下关于在信息系统项目管理过程中项目变更管理方面问题的叙述，回答问题 1 至问题 3，将解答填入答题纸的对应栏内。

10.6.1　案例场景

M 公司承担了某省政府大厦的系统集成项目，该项目包括综合布线、楼宇自控、安防监控、会议系统、LED 屏幕、门禁和安全平台，投资近亿元。

作为国庆献礼工程，省政府相关单位将于 9 月底搬迁入驻，建设单位和 M 公司的压力都很大。

该系统的前期设计由建设单位委托该省 L 建筑设计院进行设计，包括建筑、安装与弱电系统，而建筑设计院并没有专业的智能建筑设计人员，并且很多目前从事这方面设计的人员都是从建筑电气设计人员转型过来的。设计内容过于粗糙，只具有参考作用，完全不能指导实际系统施工。

建设方对自己的需求不很清楚，由当时做工作的 M 承建单位做了一个工程量清单。其清单内容混乱，部分设备型号和价格混乱，完全不能反映工程的实际造价。而后来审计单位对该清单进行审计，因该审计单位没有从事弱电工程审计的经验，因此其审计价格也无法反应设备的真实价格。

M 公司虽然具有信息系统集成项目施工的三级资质，但是却是一个极有中国特色的公司，公司的管理处于无序状态，没有一个正式的业务流程，完全靠管理者的个人能力支撑。

最后建设单位难以为继，无奈之下，聘请了一家信息系统监理单位，将对系统集成项目的管理工作委托给了信息系统监理单位，希望能够改善失控的局面。

监理单位进场后，大量的变更申请单放到监理机构的桌面上，不是原先没有设计，就是原来的设计满足不了要求，要不就是施工环境产生了变化，每一方的理由却又十分充分，如果不妥善处理，就会影响到最后的竣工日期。

【问题 1】（8 分）

请在 200 字以内，说明项目监理机构应如何处理才能使项目朝着正确的方向发展。

【问题 2】（8 分）

请用 200 字以内的文字，说明承建单位 M 公司在提出变更过程中要做好哪些准备工作。

【问题 3】（9 分）

如果你是这个项目监理机构的总监理工程师，你准备如何处理？

10.6.2 案例分析

信息系统建设过程中，不可避免会遇到变更问题。工程变更不只限于对设计的技术性修改，还包括增减工程清单的内容或工程量，包括施工进度计划的变动或施工程序的变换，当然，质量标准的调整、合同条款的修改或补充等也属于工程变更。实质上，工程变更就是合同的变更。

信息系统工程变更，可以由建设单位的原因而引起，也可以因为设计方面而导致，有的来自承建单位的要求，有的来自监理工程师的建议。从施工合同的角度看，设计变更与监理工程师建议的变更均属业主方的变更。

【问题 1】

要使项目朝着正确的方向发展，项目监理机构应该做到如下方面。

（1）按照项目"四控三管一协调"的要求，在项目实施过程中出现了不利或被动的情况，就要主动提出工程变更的建议。

工程变更对项目建设具有"牵一发而动全身"的影响，所以一般情况下，监理不要轻易提出工程变更建议。只有经过充分论证认为变更的确有利于解决不利或被动的局面时，方可提出变更建议，并向业主详细报告变更建议的理由，待业主做出同意决策后才能向承建单位下达工程变更指令。

（2）客观地对待承建单位提出的变更申请。

尽管承建单位提出的变更请求总是带有利己成分，但并非"利己"就一定不好，有时这种"利己"变更对业主也是十分有利的。对于这种情况，监理更应给予支持或协助，例如积极协调有关方面，耐心解释、说服业主等。

（3）信息系统监理单位要从领域专家的角度，来解决项目目前出现的问题，防范未来将出现的问题。

在本项目中，最关键的问题是该如何解决目前出现的问题，防范未来将出现的问题。信息系统监理单位虽然这个时候就需要展示其领域专家的特点。虽然信息系统监理单位不是项目的保护神，不是什么力挽狂澜的英雄人物。但是不管在什么环境下，信息系统监理单位和监理工程师都必须尽职尽责，尽最大的可能来使项目朝着正确的方向发展。

【问题 2】

承建单位 M 公司在提出变更过程中要做好如下准备工作。

（1）承建单位提出的变更，需要进行详细的变更理由说明。

承建单位在提出变更请求时,将其变更的理由进行充分说明,监理在审阅其变更理由时,就可以判断出其变更请求是否是必须的,或者是否是最合理的,如果属于完全不必要的变更请求,则直接予以驳回。这样便可以减少向建设方进行说明解释的时间,提高了变更请求处理的效率。

(2)承建单位需要对变更可能引起的成本变化进行测算。

由于信息系统项目建设单位在做决定的时候,成本造价是其主要的参考因素,如果涉及到成本的大量增加则需要向相关领导汇报,取得领导同意后,才能进行变更。政府项目的资金控制是相当严格的,一般在项目实施之前,其资金数量就已经被确定,更改投资则需要财政部门的层层审批。因此,为了提高变更申请的处理效率,要求承建单位对于变更后增加或者减少的金额出具详细的预算,这样建设单位在进行变更审批的时候,做到心中有数,便于建设单位做出变更决定。

(3)承建单位需要对变更带来的风险进行分析。

承建单位不能随意地进行工程变更,在提高变更之前应该对变更所引起的成本、进度和风险等因素进行仔细研究,草率地提出变更是对项目也是对承建单位自己的一种不负责任的行为。因此,对于承建单位提出的变更申请要求其进行风险分析,对于实施变更后对于技术、经济和法律等方面是否存在风险,存在多大的风险,以及如何避免此类风险进行详细的论证。

【问题 3】

作为这个项目监理机构的总监理工程师,应该做到如下方面。

(1)认真分析项目背景材料,和业主、设计单位、承建单位进行充分沟通,充分了解项目现状。

(2)对设计单位、承建单位资质、人员进行审查,如果发现不能胜任,应主动向业主方提出变更申请或者建议。

(3)认真审核各方提出的变更申请,并按照项目实际和有关法规进行处理,在处理这些变更前应报业主方,争取业主同意。

(4)应充分发挥自己的专业特长,对项目建设过程中的各种技术和项目管理问题提出自己的意见和建议。

10.6.3　参考答案

【问题 1】

(1)按照项目"四控三管一协调"的要求,在项目实施过程中出现了不利或被动的情况,就要主动提出工程变更的建议。

(2)客观地对待承建单位提出的变更申请。

(3)信息系统监理单位要以领域专家的角度,来解决项目目前出现的问题,防范未来将出现的问题。

不管在什么环境下，信息系统监理单位和监理工程师都必须尽职尽责，尽最大的可能使项目朝着正确的方向发展。

【问题 2】

M 公司在提出变更过程中要做好如下准备工作。

（1）承建单位提出的变更，需要进行详细的变更理由说明。

（2）承建单位需要对变更可能引起的成本变化进行测算。

（3）承建单位需要对变更带来的风险进行分析。

【问题 3】

（1）认真分析项目背景材料，和业主、设计单位、承建单位进行充分沟通，充分了解项目现状。

（2）对设计单位、承建单位资质、人员进行审查，如果发现不能胜任，应主动向业主方提出变更申请或者建议。

（3）认真审核各方提出的变更申请，并按照项目实际和有关法规进行处理，在处理这些变更前应报业主方，争取业主同意。

（4）应充分发挥自己的专业特长，对项目建设过程中的各种技术和项目管理问题提出自己的意见和建议。

10.7 版本混乱的原因

阅读下列说明，从项目整体管理和配置管理的角度，回答问题 1 至问题 3，将解答填入答题纸的对应栏内。

10.7.1 案例场景

老高承接了一个信息系统开发项目的项目管理工作。在进行了需求分析和设计后，项目人员分头进行开发工作，期间客户提出的一些变更要求也由各部分人员分别解决。各部分人员在进行自测的时候均报告正常，因此老高决定直接在客户现场进行集成，但是发现问题很多，针对系统各部分所表现出来的问题，开发人员又分别进行了修改，但是问题并未有明显减少，而且项目工作和产品版本越来越混乱。

【问题 1】（5 分）

请用 200 字以内的文字，分析出现这种情况的原因。

【问题 2】（10 分）

请用 300 字以内的文字，说明配置管理的主要工作并作简要解释。

【问题 3】（10 分）

请用 300 字以内的文字，说明针对目前情况可采取哪些补救措施。

10.7.2　案例分析

根据试题的规定，"从项目整体管理和配置管理的角度"来考虑问题。

【问题 1】

结合题目的主体方向对试题进行分析，可以得出在题目场景中存在的问题。

"在进行了需求分析和设计后，项目人员分头进行开发工作"，这说明项目缺乏整体管理，特别是缺乏整体问题分析。项目经理老高没有能够从整体管理角度把握住整个项目。

"在项目开发期间，客户提出的一些变更要求，也由各部分人员分别解决"，这说明项目缺乏整体变更控制流程，对于客户的变更要求，没有按照正规的变更流程进行，而是由"各部分人员分别解决"，才导致后面出现的问题。

"各部分人员在进行自测的时候均报告正常"，"但是，问题并未有明显减少"，这就说明缺乏项目干系人之间的沟通。

"项目工作和产品版本越来越混乱"，这说明项目缺乏整体版本管理。

"老高决定直接在客户现场进行集成"，这说明项目缺乏单元接口测试和集成测试。

当然，有关版本、变更等问题，都可以归结为缺乏有效的配置管理。

【问题 2】

问题 2 主要考查对于配置管理过程的记忆和理解，应该按照配置管理过程的框架，对配置管理过程及其所涉及的主要活动进行总结。

配置管理的活动主要有编制项目配置管理计划、配置标识、变更管理和配置控制、配置状态说明、配置审核，以及进行版本管理和发行管理。

（1）编制项目配置管理计划。在项目启动阶段，项目经理首先要制订整个项目的开发计划，它是整个项目研发工作的基础。总体研发计划完成之后，配置管理的活动就可以展开了，如果不在项目开发之初制订配置管理计划，那么配置管理的许多关键活动就无法及时有效地进行，而它的直接后果就是造成项目开发状况的混乱，并注定使配置管理活动成为一种救火的行为。由此可见，在项目启动阶段制订配置管理计划是项目成功的重要保证。

（2）配置标识。配置标识是配置管理的基础性工作，是管理配置管理的前提。配置标识是确定哪些内容应该进入配置管理形成配置项，并确定配置项如何命名，用哪些信息来描述该配置项。

（3）变更管理和配置控制。配置管理的最重要任务就是对变更加以控制和管理，其目的是对于复杂、无形的软件，防止在多次变更下失控，出现混乱。

（4）配置状态说明。配置状态说明也称为配置状态报告，它是配置管理的一个组成部分，其任务是有效地记录报告管理配置所需要的信息，目的是及时、准确地给出配置项的当前状况，供相关人员了解，以加强配置管理工作。

（5）配置审核。配置审核的任务便是验证配置项对配置标识的一致性。软件开发的实践表明，尽管对配置项做了标识，实现了变更控制和版本控制，但如果不做检查或验证仍然会出现混乱。配置审核的实施是为了确保软件配置管理的有效性，体现配置管理的最根本要求，不允许出现任何混乱现象。

（6）版本管理和发行管理。版本控制用于将管理信息工程中生成的各种不同配置的规程和相关管理工具结合起来。配置管理中，版本包括配置项的版本和配置的版本，这两种版本的标识应该各有特点，配置项的版本应该体现出其版本的继承关系，它主要是在开发人员内部进行区分。另外还需要对重要的版本做一些标记，如对纳入基线的配置项版本就应该做一个标识。

配置库有以下三类。

（1）开发库（Development Library）。存放开发过程中需要保留的各种信息，供开发人员个人专用。库中的信息可能有较为频繁的修改，只要开发库的使用者认为有必要，无须对其做任何限制，因为这通常不会影响到项目的其他部分。开发库有时也被称为动态系统、开发系统和工作空间等。

（2）受控库（Controlled Library）。在信息系统开发的某个阶段工作结束时，将工作产品存入或将有关的信息存入。存入的信息包括计算机可读的，以及人工可读的文档资料。应该对库内信息的读写和修改加以控制。受控库有时也被称为主库、主系统和受控系统等。

（3）产品库（Product Library）。在开发的信息系统产品完成系统测试之后，作为最终产品存入库内，等待交付用户或现场安装。库内的信息也应加以控制。产品库有时也被称为备份库、静态系统等。

作为配置管理的重要手段，上述受控库和产品库的规范化运行能够实现对配置项的管理。

【问题3】

问题3主要考查项目整体管理和配置管理的具体应用。针对案例场景，应该从怎样保护已有工作成果、理清问题原因、推动项目继续良好进展的角度来回答问题。

从问题1的分析中，已经找出项目所存在的问题，那么，可以根据这些问题逐一采取措施，使之得以解决。具体办法在此省略，请直接阅读参考答案。

10.7.3　参考答案

【问题1】

（1）缺乏项目整体管理，尤其是整体问题分析。

（2）缺乏整体变更控制规程。

（3）缺乏项目干系人之间的沟通。

（4）缺乏配置管理。

（5）缺乏整体版本管理。

（6）缺乏单元接口测试和集成测试。

【问题 2】

（1）制订配置管理计划。确定方针，分配资源，明确责任，计划培训，确定干系人，制订配置识别准则，制订基线计划，制订配置库备份计划，制订变更控制规程，制订审批计划。

（2）配置项识别。识别配置项，分配唯一标识，确定配置项特征，记录配置项进入时间，确定配置项拥有者职责，进行配置项登记管理。

（3）建立配置管理系统。建立分级配置管理机制，存储和检索配置项，共享和转换配置项进行归档、记录、保护和权限设置。

（4）基线化。获得授权，建立或发布基线，形成文件，使基线可用。

（5）建立配置库。建立动态库、受控库和静态库。

（6）变更控制。包括变更的记录、分析、批准、实施、验证、沟通和存档。

（7）配置状态统计。统计配置项的各种状态。

（8）配置审计。包括功能配置审计和物理配置审计。

【问题 3】

（1）针对目前系统建立或调整基线。

（2）梳理变更脉络，确定统一的最终需求和设计。

（3）梳理配置项及其历史版本。

（4）对照最终需求和设计逐项分析现有配置项及历史版本的符合情况。

（5）根据分析结果由相关干系人确定整体变更计划并实施。

（6）加强单元接口测试与系统的集成测试或联调。

（7）加强整体版本管理。

第 11 章 综 合 案 例

在本书的前面章节中，就项目管理 9 大领域以及变更管理的案例进行了详细分析。事实上，在项目实施中，所遇到的问题很难说是属于哪个单纯的领域，都是一些综合性的问题。在信息系统项目管理师考试中，也会出现一些涉及到多个管理领域的试题，以考查项目经理对项目管理中发生的问题的综合处理能力。

11.1 项目收尾的问题

阅读以下叙述，从合同管理、过程控制、项目沟通管理的角度，回答问题 1 至问题 3，将解答填入答题纸的对应栏内。

11.1.1 案例场景

假设某项目的主要工作已经基本完成，经核对项目的"未完成任务清单"后，终于可以提交客户方代表老刘验收了。在验收过程中，老刘提出了一些小问题。项目经理张斌带领团队很快妥善解决了这些问题。但是随着时间的推移，客户的问题似乎不断。时间已经超过了系统试用期，但是客户仍然提出一些小问题，而有些问题都是客户方曾经提出过，并实际上已经解决了的问题。时间一天一天的过去，张斌不知道什么时候项目才能验收，才能结项，才能得到最后一批款项。

【问题 1】（9 分）
请用 200 字左右的文字，分析发生这件事情可能的原因。

【问题 2】（7 分）
请用 200 字以内的文字，说明现在张斌应该怎么办。

【问题 3】（9 分）
请用 200 字以内的文字，说明应当吸取的经验和教训有哪些。

11.1.2 案例分析

本题综合考查了合同管理、项目管理控制和项目沟通的实施方法。试题中描述的问题在现实生活中也普遍存在，确实是令很多项目经理头疼的事情。事实上，在项目开发过程中，如果甲乙双方严格按照有关合同和规定进行项目活动的话，则这些问题都很好解决。但是，由于我们的文化背景和社会传统的制约，人们往往从"情"的角度去考虑问题，而不是从"法"的角度去考虑，人情高于合同。

【问题 1】

从试题描述来看，可以抓住几个关键词语："主要工作已经基本完成"、"未完成任务清单"、"客户的问题似乎不断"以及"有些问题都是客户方曾经提出过，并实际上已经解决了的问题"。根据这些关键词语进行分析和思考。

（1）从题中可知，在双方签合同时，很可能没有规定验收标准是什么、什么时候验收、验收步骤和流程是什么，以及售后服务的范围是什么等问题。这样，就导致验收时没有依据。当然，也可能是合同里规定得很清楚，但如前所述，由于"人情高于合同"的缘故，双方都没有按合同来执行。

在项目开发合同中，应该明确规定项目验收标准（规定哪些工作必须完成、完成到什么程度、交付哪些产品（项目的交付物）等）和验收流程（验收时具体按何流程进行操作，包括何时提供验收、验收表格、验收人员、验收步骤、验收有关问题的处理）。

（2）客户方代表老刘问题似乎不断，而且重复提出问题，这可能由如下三个方面的原因造成的。

① 项目的变更管理可能做得不好，变更未以书面形式提出申请。这样，原来提出并修改过的问题后来又忘记了，甚至出现一种恶性修改的情况，即某一天要求把"黑"改成"白"，没过多久，又要求把"白"改成"黑"，拿开发方（乙方）的时间和费用开玩笑。

② 虽然有好的变更控制流程，但老刘没有在变更申请上签字。在现实中，这种情况也是有的，例如，笔者就曾经碰到过这样的甲方"领导"。他对项目管理流程很清楚，也清楚变更是需要付出代价的，但就是始终不肯在变更申请上签字。他这样做的目的是如果项目不出问题，事情就这样过去了，反正开发方会帮他们代签字，执行开发方的变更流程。如果项目出了问题，甲方的领导追究下来，他会很无辜地说"我不知道啊，怎么变成这样子了！"。

③ 老刘对项目质量如何心里没底，在故意拖延时间。这样，就能有更充裕的时间来进行测试和试用。而老刘心里没底的原因，一是可能因为合同里没有售后服务的承诺，他担心签字付款后，系统出问题就没有人管；二是对于未完成问题，张斌没有承诺完成的时间；第三可能是张斌和老刘沟通不好，关系欠融洽，老刘对张斌没有信心，所以不能放心签字。

（3）从试题描述来看，除了上述两种可能外，还可能存在双方的沟通问题。客户代表老刘不断提出相同的问题，这说明项目经理张斌对于老刘所需信息的传递不够或者有误，客户获得的信息不全或不及时。而且，如果老刘使用这种手段故意为难张斌，则更说明两人的关系处理得太差。

【问题 2】

项目经理张斌的目的是促成客户尽早验收，针对问题 1 分析中给出的几种原因，可采取相应的措施。

（1）如果合同中没有规定验收事宜或者规定得不清晰，则需要将验收的事项规定清楚。通过签订补充合同跟客户签订一个详细的验收计划等方式，将验收标准、流程规定清楚，双方需要签字确认。

（2）如果没有完善的文档，则需尽快完善文档。将阶段性验收的结果、变更的结果、试运行的报告等做详细记录，逐一让客户签字确认。

（3）如果合同中没有售后服务的承诺，则需要对售后服务问题向客户做出承诺，对于未完成的工作进行评估，需要完成的要承诺完成时间。

（4）进一步做好沟通工作。除了把项目文档发送给有关项目干系人外，项目经理张斌需要跟客户代表老刘多进行非正式的沟通，解除其中可能存在的疙瘩，让老刘了解项目的进展，了解主要工作已经完成，并理解项目结项对张斌的重要性，达成理解和融洽的关系。

【问题 3】

问题 3 要求考生说明应当吸取的经验和教训。这些问题的回答还是需要根据问题 1 分析中的可能原因来总结，存在什么样的问题，就有什么样的教训，吸取了教训，以后就有了经验。根据试题的要求，下面从合同管理、过程控制和项目沟通管理三个方面进行归纳和总结。

1. 合同管理方面

在合同或其附件中要详细和清楚地规定有关的验收事宜，包括验收标准、验收时间、验收步骤和流程，以及售后服务的有关承诺。

由于合同双方现实环境和相关条件的变化，许多合同都有可能变更，而这些变更必须根据合同的相关条款适当处理。

2. 过程控制方面

在信息系统集成项目中，变更是很频繁的，也是很正常的，关键是要制订和执行一个完善的变更控制流程。

在项目活动过程中，文档要齐全，使项目进展有据可查。

加强项目配置管理，设置项目里程碑，进行阶段性验收，并要求客户签字确认。

3. 沟通方面

在项目计划编制阶段制订一份详尽的项目沟通计划，并按其执行。

定期出具绩效报告，让项目干系人了解项目的进展情况。如果发生变更，则要及时把信息提供给项目干系人。

营造良好的客户关系。项目经理要经常与客户方进行非正式的沟通，需要营造良好的客户关系，让客户成为自己真正的和长期的朋友。

11.1.3　参考答案

【问题 1】

（1）合同中缺乏以下内容。

　　① 项目目标中关于产品功能和交付物组成的清晰描述。

　　② 项目验收标准、验收步骤和方法（或流程）。

　　③ 对客户的售后服务承诺。

　　（2）项目实施过程控制中出现的问题如下。

　　① 由于在项目实施过程中没有及时将项目绩效报告递交给客户，因此客户对项目进展和质量状况不了解。

　　② 没有让客户及时对阶段成果签字确认。

　　（3）由于没有售后服务的承诺，客户担心没有后续服务保证。

　　（4）合作氛围不良，客户存在某种程度的抵触情绪，双方缺乏信任感，客户对项目质量信心不足，怕承担责任，因此不愿签字。

【问题 2】

　　根据项目现状，需要采取补救措施，加强沟通以解决问题。

　　（1）就项目验收标准和客户达成共识，确定哪些主要工作完成即可通过验收。

　　（2）就项目验收步骤和方法与客户达成共识。

　　（3）就项目已经完成的程度让用户确认。例如出具系统试作报告，请客户签字确认。

　　（4）向客户提出明确的服务承诺，使客户没有后顾之忧。

【问题 3】

　　（1）项目合同中要规定项目成果的正式验收标准、验收步骤、验收流程和运营维护服务承诺等内容。

　　（2）加强项目执行过程中的控制。

　　① 加强变更控制。包括制订变更控制流程，按流程进行变更的评估、审核、实施、记录和确认等工作。

　　② 加强项目沟通管理。包括及时向客户提供项目绩效报告，让客户了解项目进展；设置对阶段性成果的验收，并让客户对阶段性成果进行签字确认；项目文档要齐全，使项目进展有据可查。

　　③ 加强计划执行的控制。制订详尽的项目管理计划（包括进度管理计划、成本管理计划等各分项计划），按计划实施和检查。

　　（3）项目经理还应注重跟客户相处的技巧，努力促成双方的良好合作氛围。

11.2　系统集成的问题

　　阅读下面叙述，回答问题 1 至问题 3，将解答填入答题纸的对应栏内。

11.2.1　案例场景

　　某系统集成商 B 最近正在争取某钢铁公司 A 的办公网络迁移到外地的项目。李某是系统集成商 B 负责捕捉项目机会的销售经理，鲍某是系统集成商 B 负责实施的项目经理。由于以往项目销售经理的过度承诺给后继的实施工作带来了很大困难，此次鲍某主动为该项目做售前支持。该办公网络迁移项目的工作包括钢铁公司 A 新办公楼的综合布线、局域网网络系统升级、机房建设、远程视频会议系统、生产现场的闭路监控系统 5 个子系统。钢铁公司 A 对该项目的招标工作在 2006 年 8 月 4 日开始，该项目要求在 2006 年 12 月 29 日完成，否则将严重影响钢铁公司 A 的业务。

　　时间已到 2006 年 8 月 8 日，钢铁公司 A 希望系统集成商 B 在 8 月 15 日前能够提交项目建议书。钢铁公司 A 对项目的进度非常关注，这是他们选择集成商的重要指标之一。根据经验、钢铁公司 A 的实际情况和现有的资源，鲍某组织制订了一个初步的项目计划，通过对该计划中项目进度的分析预测，鲍某认为按正常流程很难达到客户对进度的要求。拟订的合同中将规定对进度的延误要处以罚款。但是销售经理李某则急于赢得合同，希望能在项目建议书中对客户做出明确的进度保证，首先赢得合同再说。鲍某和李某在对项目进度承诺的问题上产生了分歧，李某认为鲍某不帮助销售拿合同，鲍某认为李某乱承诺对以后的项目实施不负责任。本着支持销售的原则，鲍某采取了多种措施，组织制订了一个切实可行的进度计划，虽然其报价比竞争对手略高，但评标委员会认为该方案有保证，是可行的，于是系统集成商 B 中标。系统集成商 B 中标后，由其实施部负责项目的实施。

　　【问题 1】（12 分）

　　在制订进度计划时，鲍某可能会采取哪些措施使制订的进度计划满足客户的要求？

　　【问题 2】（8 分）

　　实施项目的系统集成商 B 目前的组织类型是什么？如何改进其项目的组织方式？如何改进其项目管理的流程？如何降低管理外地项目的成本？

　　【问题 3】（5 分）

　　在项目实施过程中，负责售前工作的李某应继续承担哪些工作？

11.2.2　案例分析

　　凡是在系统集成公司工作过的读者，看到这个案例应该倍感"亲切"，似乎这就是自己昨天所经历过的事情，或者自己现在也遇到了这个问题，希望能有专家给予指导。

　　【问题 1】

　　案例的背景"钢铁公司 A 对项目的进度非常关注"和"按正常流程很难达到客户对进度的要求"，现在试题问的是"在制订进度计划时，鲍某可能会采取哪些措施使制订的进度计划满足客户的要求"。也就是说，在现有资源受限的情况下，如果按照正常流程安排进度，是肯定不能满足用户进度要求的，因此，必须采取一些压缩项目工期的方法，包括增加工作的并行度（赶工）、缩短工作历时、增加资源或提高资源利用率（加班）、外包等。

【问题 2】

从试题介绍来看，"李某是系统集成商 B 负责捕捉项目机会的销售经理，鲍某是系统集成商 B 负责实施的项目经理"，以及后面关于李某和鲍某的争执，可以看出系统集成商 B 实施项目的组织方式是职能式的。职能式项目组织结构有很多不好的地方，例如，在各部门之间的协调就存在问题，正如本题案例所描述的情况，这是职能式项目组织的一个通病。因此，系统集成商 B 实施项目的组织方式应该改进为矩阵式结构。项目下一个阶段的人员要提前介入到前一个阶段，例如，实施阶段的项目经理正式参与售前工作。也可以选择做好各流程间交接工作，例如，实施与售后服务之间的技术交底。

本项目是一个外地项目，那么如何降低管理外地项目的成本呢？与本地实施项目相比，外地实施项目需要增加人员差旅费、通信费以及管理成本。因此，为了降低成本，可以委托或分包给当地有相应资质的集成商，或在当地招人。如果材料或服务在当地获得可降低成本，则尽量在当地采购。另外，要尽量压缩人员差旅成本，使用 QQ、MSN 和 E-mail 等电子沟通手段，以降低通信成本。

【问题 3】

由于在项目实施以前，一直都是负责售前工作的李某与客户联系，而且也是由于李某"急于赢得合同，希望能在项目建议书中对客户做出明确的进度保证"，导致整个项目进度难以安排。鲍某本着支持销售的原则，采取了多种措施，组织制订了一个切实可行的进度计划，但该计划的执行需要一些资源的支持，也需要客户的支持。因此，需要李某继续与客户高层沟通，了解客户对项目实施情况的反映，维护客户关系。同时，也可能会发掘一些新的项目机会。

作为内部来说，为了便于与客户沟通，李某应该参加周例会，或至少每周收一次周报以了解项目的进展和问题，要参与可能发生变更的前期评审工作。最后，在项目收尾时，李某要负责或者协助收款。

11.2.3　参考答案

【问题 1】

（1）沟通。强调该项目对系统集成商 B 的意义，提高该项目优先级。例如开会这种方式，争得相关部门建议、支持与承诺。

（2）从现有的资源和实际情况出发，优化网络图，例如重排活动之间顺序，压缩关键路径长度。

（3）增加资源，或者使用经验丰富的员工。

（4）子任务并行、内部流程优化。

（5）尽可能地调配非关键路径上的资源到关键路径上的任务。

（6）优化外包、采购等环节并全程监控。

【问题 2】

（1）目前系统集成商 B 实施项目的组织方式是职能式的。

（2）系统集成商 B 实施项目的组织方式应该改进为矩阵式。

（3）最好的办法是项目下阶段人员提前介入到前一阶段，如实施阶段的项目经理正式参与售前工作。也可选择做好各流程间交接工作，如实施与售后服务之间的技术交底。

（4）委托、分包给当地有相应资质的集成商，或在当地招人。如果材料或服务在当地获得可降低成本，则尽量在当地采购。尽量压缩人员差旅成本。使用虚拟远程的沟通手段。

【问题 3】

（1）与客户高层继续沟通，了解客户对项目实施情况的反映，维护客户关系，发掘新的项目机会。

（2）参加周例会，或至少每周收一次周报，以了解项目的进展和问题。

（3）参与可能发生变更的前期评审工作。

（4）负责或者协助收款（有时商务部负责收款，售前协助）。

11.3　项目管理体系的建立

阅读下列说明，回答问题 1 至问题 3，将解答填入答题纸的对应栏内。

11.3.1　案例场景

A 公司是一家中小型系统集成公司，在 2006 年 3 月份正在准备对京发证券公司数据大集中项目进行投标，A 公司副总裁张某授权销售部的林某为本次投标的负责人，来组织和管理整个投标过程。

林某接到任务后，召集了由公司商务部、销售部、客服部和质管部等相关部门参加的启动说明会，并把各自的分工和进度计划进行了部署。

随后，在投标前 3 天进行投标文件评审时，发现技术方案中所配置的设备在以前的项目使用中是存在问题的，必须更换，随后修改了技术方案。最后 A 公司中标并和客户签订了合同。根据公司的项目管理流程，林某把项目移交到了实施部门，由他们具体负责项目的执行与验收。

实施部门接手项目后，鲍某被任命为实施项目经理，负责项目的实施和验收工作。鲍某发现由于项目前期自己没有介入，许多项目前期的事情都不是很清楚，而导致后续跟进速度较慢，影响项目的进度。同时鲍某还发现设计方案中尚存在一些问题，主要包括方案遗漏一项基本需求，有多项无效需求，没有书面的需求调研报告；在项目的工期、系统功能和售后服务等方面，存在过度承诺现象。于是项目组重新调研用户需求，编制设计方案，这就增加了实施难度和成本。可是后来又发现采购部仍是按照最初的方案采购设备,导致设备中的模块配置功能不符合要求的情况。

而在 A 集成公司中,类似现象已多次发生。

【问题 1】(10 分)

针对说明中所描述的现象,分析 A 公司在项目管理方面存在的问题(200 字以内)。

【问题 2】(10 分)

针对 A 公司在该项目管理方面存在的问题,提出补救措施(300 字以内)。

【问题 3】(5 分)

针对 A 公司的项目管理现状,结合你的实际经验,就 A 公司项目管理工作的持续改进提出意见和建议(300 字以内)。

11.3.2 案例分析

这是一道有关项目管理体系的试题,从案例描述来看,A 公司在项目管理方面存在诸多问题,但都可以归结为项目管理体系不完善所导致的。

【问题 1】

问题 1 要求考生回答 A 公司在项目管理中存在哪些问题。这需要从试题的描述中去寻找。例如:

(1)"林某接到任务后,召集了由公司商务部、销售部、客服部和过程改进部(含质量保证部)等相关部门参加的启动说明会",这说明投标前期没有让技术部门人员参加。在实际工作中,很多企业事实上也是这么做的,前期投标"排除"了技术部门,等项目"攻"下来以后,才有技术部分的参与。

(2)"发现技术方案中所配置的路由器在以前的项目使用中是存在问题的",这说明没有把以往的经验教训收集、归纳和积累。经过修改后,"采购部仍是按照最初的方案采购路由器,导致路由器中的模块配置功能不符合要求",这就说明项目中没有实行有效的变更管理。

(3)鲍某在被任命为实施项目经理后,就发现"设计方案中尚存在一些问题",甚至"存在过度承诺现象",那么这种方案是怎么提交出去的呢?这就说明没有建立完善的内部评审机制,或者虽然有评审机制但未能有效执行。

(4)"而在 A 公司中,类似现象已多次发生",这就说明没有建立公司级的项目管理体系,或者公司级的项目管理体系不健全,或执行得不好。

【问题 2】

问题 2 要求提出补救措施。在问题 1 中已经找到存在的问题,现在需要的是把这些问题解决掉。这就需要针对问题 1 中的每个问题,找出解决方案就可以了。

【问题 3】

问题 3 要求对 A 公司项目管理工作的持续改进提出建议。这里可以针对问题 1 中的解答和问题 2 的补救措施进行回答。例如，建立项目管理体系、实施 CMM/CMMI、做好需求管理与需求跟踪、采用项目管理工具等。

这种类型的试题几乎每次考试都会出现，解答好这类试题的关键在于认真阅读试题描述，从描述中找出存在的问题，然后再根据问题找解决办法。

11.3.3　参考答案

【问题 1】

（1）投标前的项目内部启动会上，没有邀请技术或实施部门。

（2）没有把以往的经验教训收集、归纳和积累。

（3）没有建立完善的内部评审机制，或虽有评审机制但未有效执行。

（4）项目中没有实行有效的变更管理。

（5）公司级的项目管理体系不健全，或执行得不好。

【问题 2】

（1）改进项目的组织形式，明确项目团队和职能部门之间的协作关系和工作程序。

（2）做好项目当前的经验教训收集、归纳工作。

（3）明确项目工作的交付物，建立和实施项目的质量评审机制。

（4）建立项目的变更管理机制，识别变更中的利益相关方并加强沟通。

（5）加强对项目团队成员和相关人员的项目管理培训。

【问题 3】

（1）建立企业级的项目管理体系和工作规范。

（2）加强对项目工作记录的管理。

（3）加强项目质量管理和相应的评审制度。

（4）加强项目经验教训的收集、归纳、积累和分享工作。

（5）引入合适的项目管理工具平台，提升项目管理工作效率。

11.4　软件开发模型的选择

阅读下列关于业务信息系统建设的说明，回答问题 1 至问题 4，将解答填入答题纸的对应栏内。

11.4.1　案例场景

某省财政厅在 2002 年定制开发了一套业务信息系统，通过 7 年的使用，运行稳定。但是，这 7 年来，内部各业务处室的设置发生了很多大变化。同时，由于国家有关政策也进行了相应的调整，该厅所辖市、区、县的对应机关也有所变化。因此，原来的系统已经满足不了当前业务的需要，该省财政厅在征集了各业务处室的改进建议之后，决定借鉴原系统的成功经验，重新开发一套新的业务信息系统。

为了保证新系统不但能满足当前的需求，同时还要具有一定扩展性和先进性，以及业务处理的灵活性，该省财政厅信息中心聘请了 CSAI 顾问团项目管理专业首席顾问田先生担任项目顾问，咨询项目开发注意事项。

【问题 1】（8 分）

田顾问认为，该项目应该采用增量模型加瀑布模型的开发模式，你认为是否合适？并给出理由。

【问题 2】（7 分）

列出影响项目进度的因素，并加以简要说明。

【问题 3】（6 分）

在该项目中，某一子系统大约需要 80 000 行码，如果开发小组写完了 40 000 行代码，能不能认为他们的工作已经完成了大约一半？并说明原因。

【问题 4】（4 分）

请简述软件测试的目的。

11.4.2　案例分析

本题依托电子政务的应用背景来考查考生对信息应用系统建设方面的知识的掌握情况。但是，从试题来看，电子政务仅仅是个背景而已，试题的几个问题与电子政务本身毫无关系，而是一些纯理论性的问答题。

【问题 1】

瀑布模型也称为生命周期法，是结构化方法中最常用的开发模型，它把软件开发的过程分为软件计划、需求分析、软件设计、程序编码、软件测试和运行维护 6 个阶段，规定了它们自上而下、相互衔接的固定次序，如同瀑布流水，逐级下落。

（1）软件计划（问题的定义及规划）。主要确定软件的开发目标及其可行性。

（2）需求分析。在确定软件开发可行的情况下，对软件需要实现的各个功能进行详细分析。需求分析阶段是一个很重要的阶段，这一阶段做得好，将为整个软件开发项目的成功打下良好的基础。

（3）软件设计。主要是指根据需求分析的结果，对整个软件系统进行设计，如系统框架设计和数据库设计等。软件设计一般分为总体设计（概要设计）和详细设计。

（4）程序编码。将软件设计的结果转换成计算机可运行的程序代码。在程序编写中必须要制订统一的、符合标准的编写规范，以保证程序的可读性和易维护性，提高程序的运行效率。

（5）软件测试。在软件设计完成后要经过严密的测试，以发现软件在整个设计过程中存在的问题并加以纠正。在测试过程中需要建立详细的测试计划并严格按照测试计划进行测试，以减少测试的随意性。

（6）软件维护。软件维护是软件生命周期中持续时间最长的阶段。在软件开发完成并投入使用后，由于多方面的原因，软件可能会不能继续适应用户的要求，这时如果要延续软件的使用寿命，就必须对软件进行维护。

瀑布模型是最早出现的软件开发模型，在软件工程中占有重要的地位，它提供了软件开发的基本框架。瀑布模型的本质是"一次通过"，即每个活动只做一次，最后得到软件产品，也称作"线性顺序模型"或者"传统生命周期"，其过程是从上一项活动接收该项活动的工作对象并作为输入，利用这一输入实施该项活动应完成的内容，给出该项活动的工作成果，然后作为输出传给下一项活动。同时对该项活动实施的工作进行评审，若其工作得到确认，则继续下一项活动，否则返回前项，甚至更前项的活动进行返工。

瀑布模型有利于大型软件开发过程中人员的组织与管理，有利于软件开发方法和工具的研究与使用，从而提高了大型软件项目开发的质量和效率。然而软件开发的实践表明，上述各项活动之间并非完全是自上而下的，而是呈线性图式，因此，瀑布模型存在严重的缺陷。

（1）由于开发模型呈线性，所以当开发成果尚未经过测试时，用户无法看到软件的效果。这样，软件与用户见面的时间间隔较长，也增加了一定的风险。

（2）在软件开发前期未发现的错误传到后面的开发活动中时，可能会扩散，进而可能会导致整个软件项目开发失败。

（3）在软件需求分析阶段，完全确定用户的所有需求是比较困难的，甚至可以说是不太可能的。

增量模型是一种演化软件模型，主要特点是利用迭代的方法，使工程师们渐进地开发出逐步完善的软件版本，它的基本思想是"分期完成、分步提交"。可以先提交一个有限功能的版本，然后逐步地使其完善。演化模型兼有瀑布模型和原型模型的一些特点，不同的是瀑布模型本质上是假设当线性开发序列完成之后就能够交付一个完整的系统。原型模型是为了引导用户明确需求、帮助工程师验证算法，总体上讲它并不交付一个最终的产品系统。瀑布模型和原型模型都基本上不考虑软件的演化过程。

增量模型融合了瀑布模型的基本成分和原型模型的迭代特征，它实际上是一个随着时间的进展而交错的线性序列集合。每一个线性序列产生一个软件的可发布增量，所有的增量都能够结合到原型模型中。

当使用增量模型时，第一个增量模型往往是核心部分的产品。它实现了软件的基本需求，但很多已经明晰或者尚不明晰的补充特性还没有发布。核心产品交由用户使用或进行详细复审，使用或复审评估的结果是制订下一个增量开发计划，该计划包括对核心产品的修改及增加一些新的功能和特性。这个过程在每一个增量发布后迭代地进行，直到产生最终的完善产品。和原型模型不一样的是，增量模型虽然也具有迭代特征，但是每一个增量都发布一个可操作的产品。它的早期产品是最终产品的可拆卸版本，每一个版本都能够提供给用户实际使用。

　　在实际开发过程中，增量模型是一种十分有用的模型，对于防范技术风险并缩短产品提交时间都能够起到良好的作用。应当强调的是，用户在开发软件的过程中，往往有"一步到位"的思想，因而增量式的工程开发必须取得用户的全面理解与支持，否则是难以成功的。

　　在介绍了上面的信息系统开发模型基础后，考生即可以得出承建单位的选择不适合的结论，也可以得出承建单位的选择是合适的结论。关键是要给出可以信服的理由。例如，承建单位的选择是合适的，因为该系统是在原有系统基础上开发了，可以采用增量的模式，在原系统的基础上进行迭代，最终得到新的系统。又如，承建单位的选择是不合适的，因为新系统是在原系统上进行扩展，系统的需求已经基本确定，只是在规模上进行一些扩展，用户已经使用了系统，知道系统的缺点，同时也清楚自己需要什么样的系统，需求很明确，完全只采用瀑布模型就可以了。

【问题 2】

　　为了有效进行进度控制，必须对影响进度的因素进行分析，以便事先采取措施，尽量缩小实际进度与计划进度的偏差，实现项目的主动控制与协调。在项目进行过程中，很多因素影响项目工期目标的实现，这些因素可称为干扰因素。

　　参考《信息系统项目管理师辅导教程》（张友生，电子工业出版社）一书，影响项目工期目标实现的干扰因素，可以归纳为以下几个方面。

　　（1）人的因素。项目中人的因素是第一位的，可以说是决定性的因素。项目管理实践证明，人的因素是比精良的设备、先进的技术更为重要的项目成功因子。

　　（2）材料、设备的因素。材料、设备往往成为制约项目进度的关键因素。材料和设备对进度的影响可以归纳为三点：停工待料、移植返工、效率底下。

　　（3）方法、工艺的因素。信息技术项目中，使用不同的方法完成系统的功能，工作量动辄会相差好几倍甚至几十倍。好的工具、控件的应用往往会节省很多时间。同样地，合适的技术路线也很重要，在信息技术项目中，经常会发生因某一技术难题不好解决而拖延时间的问题。

　　（4）资金因素。进度、资金、质量之间是相互作用、相互影响的，资金对项目进度的影响是显而易见的，资金不到位项目只能暂停。进度规划时就要考虑资金预算的配套，否则进度控制也是空谈。

　　（5）环境因素。项目不是空中楼阁，都是在特定的环境下进行的。项目管理者必须对项目所处的外部环境有正确的认识。项目的外部环境包括自然、技术、政治、社会、经济、文化以及法律法规和行业标准等。环境因素可以分为硬环境和软环境两类。硬环境包括开发环境、施工场地等，软环境包括政策影响、宏观经济等。

　　对以上因素做进一步分析，大体存在以下几种状况。

　　（1）错误估计了项目实现的特点及实现的条件。低估了项目的实现在技术上存在的困难；未考虑到某些项目设计和实施问题的解决，必须进行科研和实验，而它既需要资金又需要时间；低估了项目实施过程中，各项目参与者之间协调的困难；对环境因素、物资供应条件、市场价格的变化趋势等了解不够等。

（2）盲目确定工期目标。不考虑项目的特点，不采用科学的方法，盲目确定工期目标，使得工期要么太短，无法实现；要么太长，效率低下。

（3）工期计划方面的不足。项目设计、材料和设备等资源条件不落实，进度计划缺乏资源的保证，以致进度计划难以实现；进度计划编制质量粗糙，指导性差；进度计划未认真交底，操作者不能切实掌握计划的目的和要求，以致贯彻不力；不考虑计划的可变性，认为一次计划就可以一劳永逸；计划的编制缺乏科学性，致使计划缺乏贯彻的基础而流于形式；项目实施者不按计划执行，凭经验办事，使编制的计划徒劳无益，不起作用。

（4）项目参加者的工作失误。设计进度拖延；突发事件处理不当；项目参加各方关系协调不顺等。

（5）不可预见事件的发生。恶劣气候条件；复杂的地质条件等。

【问题 3】

问题 3 考查应试者对软件工程基础知识的掌握和综合利用能力。

根据软件工程原则，软件开发的工作量组成比例是 4：2：4 的原则，即需求分析和设计占 40%的时间，编码占 20%的时间，测试占 40%的时间。因此，在本题中，某一子系统大约需要 80 000 行码，如果开发小组写完了 40 000 行代码，则不能说明整个工作已经完成了一半。因为：

（1）这里并没有说明是整个软件开发工作，还是单独就编写代码的工作而得出的结论。严格地说，从试题给出的条件中无法得出结论。

（2）如果单就代码编写阶段而言，也不能说明整个工作已经完成了一半，因为还剩余一半的代码没有编写完毕，而且还没有进行单元测试。

（3）一个软件如果没有通过测试就不能算完成，因此，即使代码全部写完了，如果没有测试也不能算完成。

【问题 4】

软件测试是软件质量保证的主要手段之一，也是在将软件交付给客户之前所必须完成的步骤。目前，软件的正确性证明尚未得到根本的解决，软件测试仍是发现软件错误和缺陷的主要手段。软件测试的目的就是在软件投入生产性运行之前，尽可能多地发现软件产品（主要是指程序）中的错误和缺陷。

Bill Hetzel 指出："测试是以评价一个程序或系统属性为目标的任何一种活动。测试是对软件质量的度量"。

Grenford J. Myers 指出：

（1）软件测试是为了发现错误而执行程序的过程。

（2）测试是为了证明程序有错，而不是证明程序无错误。

（3）一个好的测试用例在于它能发现至今未发现的错误。

（4）一个成功的测试是发现了至今未发现的错误的测试。

这种观点可以提醒人们测试要以查找错误为中心，而不是为了演示软件的正确功能。但是仅凭字面意思理解这一观点可能会产生误导，认为发现错误是软件测试的唯一目的，查找不出错误的测试就是没有价值的，事实并非如此。

首先，测试并不仅仅是为了要找出错误。通过分析错误产生的原因和错误的分布特征，可以帮助项目管理人员发现当前所采用的软件过程的缺陷，以便改进。同时，这种分析也能帮助我们设计出有针对性的检测方法，改善测试的有效性。

其次，没有发现错误的测试也是有价值的，完整的测试是评定软件质量的一种方法。

软件测试可以验证软件是否满足软件需求规格说明和软件设计所规定的功能、性能及软件质量特性的要求，为软件质量的评价提供依据。软件测试只是软件质量保证的手段之一，不能单凭测试来保证软件质量。

11.4.3　参考答案

【问题 1】

合适。

虽然该财政厅当前正在使用的业务信息系统为新系统提供了原型基础，但是，由于业务发生了较大的变化，开发人员不能很快地全部明确所有的业务需求，因此，应尽可能及早明确已知的业务需求，完成相应的需求分析，并按瀑布模型的方法进行第一次开发工作，保证基本需求的最快实现。

随后，通过实验或者试运行找出系统中的欠缺和不足之处，明确那些未知的软件需求，再迭代进行增加部分的需求分析和开发。

【问题 2】

（1）工程质量的影响。质量指标的不明确、不切实际的质量目标、质量不合格，都将对工程进度产生大的影响。

（2）设计变更的影响。设计的变更通常会引发质量、投资的变化，加大工程建设的难度，因而影响进度计划。

（3）资源投入的影响。人力、部件和设备不能按时、按质、按量供应。

（4）资金的影响。如果建设单位不能及时给足预付款，或是由于拖欠阶段性工程款，都会影响承建单位资金的周转，进而殃及进度。

（5）相关单位的影响。项目建设单位、设计、实施单位、设备供应单位、资金供应单位、监理单位、监督管理信息系统工程建设的政府部门等都可能对项目的进度带来直接或间接的影响。

（6）可见的和不可见的各种风险因素的影响。风险因素包括政治上的、经济上的、技术上的变化等。监理单位要加强风险管理，对发生的风险事件给予恰当处理，有控制风险、减少风险损失及其对进度产生影响的措施。

（7）承建单位管理水平的影响。承建单位的施工方案不恰当、计划不周详、管理不完善、解决问题不及时等，都会影响工程项目的施工进度。

【问题 3】

不能认为完成了一半的工作量。因为：

（1）对整个软件的代码行的估计可能不准确。

（2）写完的代码可能相对容易。

（3）如果代码没有通过测试，就不能算完成。

【问题 4】

（1）通过测试，发现软件错误。

（2）验证软件是否满足软件需求规格说明和软件设计所规定的功能、性能及其软件质量特性的要求。

（3）为软件质量的评价提供依据。

11.5 电子政务系统建设

阅读下列关于电子政务系统建设的说明，回答问题 1 至问题 4，将解答填入答题纸的对应栏内。

11.5.1 案例场景

某南方地级城市是其所在省的电子政务试点城市，建设了大型电子政务信息系统工程，总投资额度超过一亿元，主要包括工程实施标准体系建设、系统平台建设和多个业务部门应用系统开发。通过公开招标，希赛森科信息工程监理公司负责该项目的全过程监理。

【问题 1】（5 分）

为了开发高质量的软件，从计划阶段开始，不但需要明确软件的功能，还要明确软件应达到什么样的质量标准，即制定软件的质量目标。在本项目中，软件开发所依据的质量标准选择 ISO/IEC 9126 软件质量模型。

请选择恰当的内容并将相应的标号填入到以下叙述中的空（1）～空（5）中。

ISO/IEC 9126 软件质量模型标准中规定了 6 个内部和外部质量特性及相关的 21 个质量子特性。质量特性包括__(1)__、__(2)__、__(3)__、__(4)__、可维护性和__(5)__等。

供选择的答案：

A. 可靠性   B. 适应性   C. 易用性   D. 可移植性

E. 一致性   F. 功能性   G. 依从性   H. 互操作性

I. 时间特性   J. 资源特性   K. 效率   L. 安全性

【问题 2】（5 分）

在开发过程的各个阶段，监理的工作任务之一是审核承建单位提交的各类文档。在软件项目的实施中，文档的编制占有突出的地位和相当大的工作量。高质量、高效率地开发、分发、管理和审核文档对于充分发挥软件项目的效益有着重要的意义。为使软件文档能起到多种桥梁的作用，使它有助于程序员编制程序，有助于监理人员监督软件的开发，有助于用户了解和使用软件，有助于维护人员进行有效的修改和扩充，文档的编制必须保证质量。

请从下列关于文档编制的叙述中选出 5 条正确的叙述（填写相应的标号，答案多于 5 个本题不得分）。

① 可行性研究报告应评述为了合理地达到开发目标而可能选择的各种方案，以便用户抉择。因此，编写者不必提出结论。

② 操作手册的编写工作应该在软件测试阶段之前完成。

③ 软件的开发单位应该建立本单位文档的标识方法，使文档的每一页都具有明确的标识。

④ 为了使得文档便于修改且保持一致，各文档的内容不应有相互重复的地方。

⑤ 用户手册要使用专门术语，并充分地描述该软件系统的结构及使用方法。

⑥ 详细设计说明书中可以使用判定表及必要的说明来表示程序的逻辑。

⑦ 概要设计说明书中可以使用 IPO 图来说明接口设计。

⑧ 测试分析报告应把每次实际测试的结果，与软件需求规格说明书和概要设计说明书中规定的要求进行对照并做出结论。

⑨ 软件需求规格说明书中可以对软件的操作人员和维护人员的教育水平和技术专长提出要求。

⑩ 项目开发计划除去规定项目开发所需的资源、开发的进度等内容以外，还可以包括用户培训计划。

【问题 3】（8 分）

信息系统工程项目是由建设单位、承建单位和监理单位共同实施的，三方的最终目标是一致的，那就是高质量地完成项目，因此，质量控制任务也应该由建设单位、承建单位和监理单位共同完成。三方都应该建立各自的质量保证体系，而整个项目的质量控制过程包括建设单位的质量控制过程、承建单位的质量控制过程和监理单位的质量控制过程。在本项目的建设过程中，监理必须对承建单位的质量保障体系进行审查并监督其执行。

请简要叙述监理过程中对承建单位质量保证体系进行监督和检查的主要内容。

【问题 4】（7 分）

本项目中某业务应用子系统项目成员 10 人，预计开发期为 30 天，项目团队集中于某宾馆进行封闭开发。该子系统项目总预算为 150 000 元，预算每人日的成本是：住宿+

餐饮+交通+薪水+…＝500 元。到第 10 天末，监理做了一次项目状态评估：实际上只完成了应该 8 天完成的工作，总共花费了 45 000 元。

根据以上情况，请计算 BCWS、BCWP、ACWP、SV、CV，并对项目的状态做出评估结论。

11.5.2　案例分析

这是一道典型的综合型案例分析试题，涉及到质量管理、成本管理以及监理在项目建设中的作用。

【问题 1】

软件质量保证是指为保证软件系统或软件产品最大限度地满足用户要求而进行的有计划、有组织的活动，其目是使软件过程对于管理人员来说是可见的，它通过对软件产品和活动进行评审和审计来验证软件是合乎标准的。软件质量保证组在项目开始时就一起参与建立计划、标准和过程。有多种软件质量模型来描述软件质量特性，著名的有 ISO/IEC 9126 软件质量模型和 Mc Call 软件质量模型。

根据 ISO/IEC 9126，软件质量由三个层次组成，第一层是质量特性，第二层是质量子特性，第三层是度量指标。

质量属性分为功能性、可靠性、可维护性、效率、可使用性和可移植性 6 个，其中包括 21 个质量子特性。

（1）功能性：包括适合性、准确性、互用性、依从性、安全性。

（2）可靠性：包括成熟性、容错性、易恢复性。

（3）易使用性：包括易理解性、易学性、易操作性。

（4）效率：包括时间特性、资源特性。

（5）可维护性：包括易分析性、易改变性、稳定性、易测试性。

（6）可移植性：包括适应性、易安装性、一致性、易替换性。

1996 年，我国制定了与 ISO 9126 国际标准等同的国家标准《GB/T 16260-1996 软件工程产品质量》，其适用范围是对软件产品质量需求的确定以及在软件生存周期中对软件产品质量的评价；各种软件，包括固件中的计算机程序和数据；获取、开发、使用、支持、维护或审计软件的人员使用。2003 年对该标准进行了修订，形成了《GB/T 16260-2003 软件工程产品质量》。

【问题 2】

错误的 5 项及原因如下。

① 错误，可行性研究报告是为管理者提供该项目是否可以立项的决策依据，编写者在提出可能的候选方案并分析各种可行性时应当给出结论，说明该项目是否值得立项，能否获得成功。

④ 错误，编写文档时必须保持各个文档的独立性，不能写"参看**说明书**节"，

所以如果各文档有重复的地方时，应从前一阶段的文档中复制过来。

⑤ 错误，用户手册应当使用用户熟知的术语，不应使用专业术语。应阐明系统的使用方法，不必详细介绍系统的结构。

⑦ 错误，概要设计说明书中使用 HIPO 图来说明接口设计。

⑧ 错误，每个模块的实测结果是单元测试的结果，不应使用需求信息和概要设计（体系结构）信息来做结果比较。

【问题 3】

项目的质量管理体系以承建单位的质量保证体系为主体，在项目开始实施之前由承建单位建立，监理单位对组织结构、工序管理、质量目标和自测制度等要素进行检查；监理单位监控质量控制体系的日常运行状况，包括设计质量控制、分项工程质量控制、质量控制分析和质量控制点检测等内容；监理单位核定工程的中间质量、监督阶段性验收，并参与竣工验收。

项目的质量控制体系运行的主要目的是对信息系统工程的各种质量进行监控和把握，发现质量问题及时采取措施进行更正，保证工程的过程质量达到预期要求的目标。监理对承建单位的质量保障体系进行审查并监督其执行如下内容。

1）建立项目质量保证计划

工程项目的质量保证计划是在承建单位的质量保证计划的基础上建立起来的。信息系统工程监理单位对承建单位质量控制方面的作用是检查承建单位质量保证体系的建立情况，并对计划的实施进行必要的监督和检查。承建单位建立信息系统工程质量保证体系的原则如下。

（1）在签订合同后，承建单位应按合同要求建立工程质量保证体系。

（2）承建单位要满足建设单位的使用功能要求，并符合质量标准、技术规范及现行法规。

（3）质量保证体系要满足建设单位和承建单位双方的需要。

在信息系统工程建设过程中，承建单位针对不同的项目，在需求分析、方案设计、软件代码设计、阶段测试和验收等不同阶段，其管理模式会有所不同，质量控制体系的内容也应该具有针对性。在信息系统工程建设的整个过程中，设计和实施是最关键也是最复杂的环节。监理将着重对承建单位如何根据质量体系进行监理，承建单位应结合建设项目的具体特点，制定一套行之有效的质量保证体系进行相应的监理工作。监督、检查承建单位质量保证体系的主要内容包括如下几项。

（1）制订明确的质量计划。根据合同要求的质量目标，企业应制订相应的质量计划，既要有提高工程质量的综合计划，又要有分项目、分部门的具体计划，形成一套完整的质量计划体系，并且有检查、有分析。企业领导应对质量计划的制订负全面的责任。

（2）建立和健全专职质量管理机构。其作用在于统一组织、计划、协调、综合质量保证体系的活动，检查、督促各部门的质量管理职能，开展质量管理教育和组织质量管理活动。

（3）实现管理业务标准化、管理流程程序化。实施企业管理的许多活动都是重复发生的，具有一定的规律性。把这些重复出现的质量管理业务，按照客观要求分类归纳，并将处理办法订成规章制度，作为员工行动准则，使管理业务标准化。把管理业务处理过程所经过的各环节、各管理岗位、先后工作步骤等经过分析、研究、改进，定为标准的管理程序，使管理流程程序化，使企业全体员工都严格遵循统一的制度和工作程序。

2）配备必要的资源条件

资源主要包括人力、设备和质量检测手段等。实施信息系统工程的项目建设，承建单位的人力配备要制订一套科学、合理的人力资源计划，与项目实施计划配套，根据项目实施过程的不同，针对项目的特点，合理地调配人员，确保项目进行。设备和应用环境是保证项目进行的基础条件之一，可以根据项目合同要求，依据具体情况的不同，制订不同的策略计划。

鉴于信息系统工程的特点，承建单位可能无法构建与建设单位完全相同的设备和应用环境，如果一定要利用建设单位的设备和应用环境进行调试或测试，必须在合同或协议中阐明相关内容。承建单位应具备必要的质量检测手段的资源条件，包括对应用环境采用其他厂商的产品做必要检测的设备和软件工具、对软件开发过程中进行必要测试的环境和工具。具备相关技术资质等级的承建单位一定要具备或建设与资质等级相适应的试验室或检测室等基础设施。

3）建立一套灵敏的质量信息反馈系统

工程质量的形成过程伴随着大量与质量有关的信息，这些质量信息是进行质量管理的依据。质量管理是质量管理机构和有关部门根据质量信息，协调和控制质量活动的过程，没有信息反馈就没有质量管理。

建立和健全信息反馈系统，一定要抓好信息的流转环节，注意和掌握数据的检测、收集、处理、传递和储存。信息运动的流动速度要快，效率要高。在交付使用之后，要在半年或一年保修期内，由监理工程师带领有关人员到建设单位进行调查访问，听取使用部门或用户对工程质量的意见，并深入了解工程的实际使用效果，从中发现工程质量存在的问题，分析原因，为进一步改进工程的实施质量提供依据。

【问题4】

这是一个关于挣值分析各参数计算的问题，详细分析请参考第4章的4.4节。

11.5.3　参考答案

【问题1】

（1）～（5）：A、C、D、F、K

注：（1）～（5）的顺序可以换位。

【问题 2】

②、③、⑥、⑨、⑩是正确的。

【问题 3】

（1）是否制订明确的质量计划。

（2）是否建立和健全专职质量管理机构。

（3）是否实现管理业务标准化，管理流程程序化。

（4）是否配备必要的资源条件。

（5）是否建立一套灵敏的质量信息反馈系统。

【问题 4】

BCWS = 10×500×10 = 50 000

BCWP = 50 000×8/10 = 40 000

ACWP = 45 000

SV = BCWP–BCWS = –10 000

CV = BCWP–ACWP = –5000

结论：该项目拖期，并且超支。

11.6　软件项目综合问题

阅读下列关于综合性网络应用系统建设的说明，回答问题 1 至问题 4，将解答填入答题纸的对应栏内。

11.6.1　案例场景

某地区政府部门建设一个面向公众服务的综合性网络应用系统，对现有的零散管理系统和服务平台进行重组和整合，整个项目由政府的信息中心负责统一规划分期建设，由各共建单位的主要领导组成了领导小组，招标选择了监理公司全程监理建设过程。一期重点建设了社保、民政和交换中心三个应用系统。建设过程中由于机构改革、职能需要重新定位等原因，《需求规格说明书》始终找不到最终用户签字，在监理方和承建单位的一再努力下，只有一个共建单位的主管领导在该子系统的需求分析上签字确认。为了赶进度，承建单位决定先行设计和实施，监理方认为可以理解且就目前的实际情况而言，也只好默许。

工程竣工验收时，承建单位向监理单位提交了验收申请，并将竣工验收所需要的全部资料报送项目监理单位，申请竣工验收。总监理工程师认为系统已经过初验和 3 个月的试运行，并且运行情况良好，随即对验收申请予以签认，并协助建设单位进行后续的验收工作。

【问题 1】（5 分）

竣工验收时，总监理工程师在执行验收程序方面的做法正确吗？如果正确，请说明理由；如果不正确，请说明正确的做法。

【问题 2】（4 分）

在分项工程财务管理系统开发过程中，质量管理部分发现开发过程存在的缺陷分布如表 11-1 所示。

表 11-1　缺陷分布表

缺　　陷	缺　陷　类　型				总　　计
	需　　求	设　　计	编　　码	测　　试	
严重	10	15	7	6	38
一般	24	45	56	7	132
建议	11	13	22	5	51
合计	45	73	85	18	221

请问在几种质量控制的统计分析方法中，宜选择哪种方法来分析存在的质量问题？

【问题 3】（6 分）

软件项目的进度控制常采用甘特图法和网络图法，通常情况下这两种方法需要配合使用，请简要说明各自的作用。

【问题 4】（5 分）

请指出下面关于软件项目建设有关的标准和文档的叙述是否正确（填写对或错，每个选项 0.5 分）。

① 国家标准是由政府或国家级机构制定或批准，适用于全国的标准。这些标准都是强制性的，相关产品必须严格执行标准。

② ISO 9001 是设计、开发、生产、安装和服务中的质量保证标准，ISO 9000-3 是使 ISO 9001 适合于软件的质量保证指南。

③ 软件工程标准化可提高软件的生产率。

④ 软件质量保证体系是贯穿于整个软件生存期的集成化过程体系，而不仅仅体现在最后产品的检验上。

⑤ 软件维护是一件简单的不具备创造性的工作。

⑥ 软件测试计划始于需求分析阶段，完成于软件设计阶段。

⑦ 任何一个文档都应具有完整性、独立性。

⑧ 在新文档取代旧文档后，管理人员应随即删去旧文档。

⑨ 软件开发机构应保存一份完整的主文档，并允许开发人员可以保存主文档中的一部分。

⑩ 软件需求分析报告是给开发人员使用的，不是给其他人员，如维护人员、用户等

使用的。

【问题 5】（5 分）

在项目进行验收时，承建单位提交给建设单位的部分文本资料是英文版本，建设单位要求承建单位提交的最终文档必须是中文版，且由于翻译造成的时间延误以及增加的项目开销均由承建单位自行承担。请问建设方的要求是否合理？为什么？

11.6.2　案例分析

本题主要考查的知识点范围包括软件需求分析、进度管理和项目验收流程。

【问题 1】

问题 1 考查工程验收方面的知识，考生要熟悉相关的验收程序。

信息应用系统的验收可以分为软件配置审核和验收测试，验收测试是工程项目在正式运行前的质量保证测试，承建单位应当在验收前提供相应的软件配置内容，监理单位对其进行审核。

在系统验收阶段，由建设单位根据合同制订验收计划，并按照验收计划负责整个项目的验收工作；承建单位则对建设单位提供使用方面的帮助，并配合建设单位完成验收、维护系统。在此期间，监理单位则根据合同监督验收是否按照科学方法进行，检查系统集成方提交的产品和服务是否符合合同的要求，是否进行了培训工作，并完成了整个系统的文档。

系统验收的依据为《开发合同》、《用户需求规格说明书》、经三方确认的变更、有关技术标准与规范等。各环节要满足验收依据的要求，验收文件要包括完整、一致的设计文档、使用说明书、维护手册（参数配置、备份策略等）、培训计划。验收合格，系统和文档移交，签发《工程验收合格证》。

在工程验收的准备阶段，监理方应完成以下工作。

（1）督促承建单位制订验收方案，整理相关资料。

（2）协同建设单位、设计单位进行技术资料整理。

（3）组织人员编写竣工决算，起草工程验收报告的各种文件和表格。

（4）初验。初验是在承建单位自检的基础上，由建设单位、承建单位、监理单位组成项目初验小组，对工程各项工作进行全面检查，合格后才提出正式的竣工验收申请。

试题描述中，承建单位申请竣工验收，总监理工程师认为"系统已经过初验和 3 个月的试运行，并且运行情况良好，随即对验收申请予以签认，并协助建设单位进行后续的验收工作"，这显然是错误的做法。正式验收前，竣工申请和竣工验收报告均要经过评审，符合条件才可组织正式验收。竣工验收申请没有经过负责验收的单位的评审，总监理工程师根本没有权力在竣工验收申请上签字。

【问题 2】

常用的质量控制的工具和技术有检查表、控制图、帕累托图、统计抽样（统计分析）、流程图、趋势分析、缺陷修复审查、直方图和散点图等。从试题给出的表格来看，这里应该使用帕累托图。

【问题 3】

网络图由箭线和节点组成，用来表示工作流程的有向网状图形。网络图有单代号网络和双代号网络两种，它将研究和开发的项目及其控制过程作为一个系统来加以处理，将组成系统的各项工作通过网络形式，对整个系统统筹规划、合理安排，有效地利用人力、物力，以最少的时间和资源消耗来达到整个系统的预期目标，是一种十分有效的进度管理方法。

甘特图也叫横道图，是一种比较简单的直观进度控制图，是信息工程项目进度管理中最常用的方法之一。应用这种方法进行项目进度控制的思路是：首先编制项目进度计划，再按进度计划监督、检查工作实际进度，并在甘特图上作好记录，据此判断项目进度的实施情况，提出控制措施的完整过程。

甘特图以横坐标表示每项活动的起止时间，纵坐标表示各分项作业，按一定先后作业顺序、用带时间比例的水平横道线来表示对应项目或工序的持续时间，以此作为进度管理的图示。信息工程项目中已经广泛采用了甘特图法制订进度计划。

可以在软件项目的进度控制中同时采用甘特图法和网络图法。由甘特图法明确各个作业之间的先后顺序，具体做法如下：由软件项目经理编制时间进度计划甘特图，编制完成并批准实施后，随着开发、实施作业的进程，将各个项目或工作的实际进度画在甘特图相应工作的计划进度横道线的下方。对比甘特图上各工作的计划进度和实际进度，能十分清楚地了解计划执行的偏差，进而对偏差进行处理。同时配以网络图法，它充分提示了各工作项目之间的相互制约和相互依赖关系，并能反应进度计划中的矛盾。从中找出关键路径，对其进行重点控制。用网络图法记录各项工作实际作业时间和起止时间，在网络图上用色彩标明已完工工作，可与未完工工作分开，一目了然。

【问题 4】

在这 10 个叙述项中有 4 个是错误的。

① 错误，虽然国家标准都是由政府或国家级机构制定或批准、适用于全国的标准，但国家标准不都是强制性标准。例如，GB/T 19000.3-94《质量管理和质量保证标准》第三部分：GB/19001－ISO9001 在软件开发、供应和维护中的使用指南》就是一个建议性的指南，而不是强制性的。

⑤ 错误，软件维护同样需要创造性，在很多情况下，要对软件进行重构，这就是创造性工作。

⑧ 错误，从软件配置管理的角度来讲，在新文档取代旧文档后，管理人员不应删除旧文档。因为文档反应了软件发展过程中特定历史时刻的软件版本信息，旧版本经过修改产生新版本，文档也需随之做相应更新。但软件的旧版本作为软件配置项仍需保留，反映其状态的旧文档也不能删去。

⑩ 错误，软件需求分析报告是给开发人员使用的，但其他人员，如管理者和用户等，也需要利用需求分析报告了解软件的需求，参与需求评审和监督软件需求的实现。

【问题 5】

在这个问题上，合同是我们判断的根本依据，此外尚找不到其他依据。应当根据合同（包括招标文件及投标文件等）进行确认，如果在合同中明确规定提交的文件应当是中文版，则建设单位提出的要求是合理的，否则是不合理的。

11.6.3　参考答案

【问题 1】

不正确。

正确的做法是：承建单位提出验收申请后，监理单位（或总监理工程师）应该首先对其验收计划和验收方案进行审查。主要审查内容包括验收目标、各方责任、验收内容、验收标准和验收方式。

【问题 2】

帕累托图（排列图）。

【问题 3】

甘特图法可以比对各工作的计划进度和实际进度，能十分清楚地了解计划执行的偏差，以便于对偏差进行处理。

网络图法能够充分提示各工作项目之间的相互制约和相互依赖关系，从中找出关键路径，进行重点控制。

【问题 4】

① 错；② 对；③ 对；④ 对；⑤ 错；⑥ 对；⑦ 对；⑧ 错；⑨ 对；⑩ 错。

【问题 5】

应当根据合同（包括招标文件及投标文件等）进行确认，如果在合同中明确规定提交的文件应当是中文版，则建设单位提出的要求是合理的，否则是不合理的。

11.7　项目团队建设

阅读以下关于项目团队建设的论述，回答问题 1～问题 3。

11.7.1　案例场景

马先生是 XYZ 信息系统集成公司的项目经理，负责一电子政务项目的管理。刘先生是甲方负责该项目的项目经理。

一次，马先生邀请刘先生出去吃饭，同行的还有双方的部分团队成员。几杯酒过后，马先生团队有两名成员由项目的技术架构开始争论，进而抱怨项目的激励政策，最后开始攻击 XYZ 公司，指出其人力资源管理方面的诸多问题。马先生感到非常没面子，认为在外人面前贬低团队和公司是一种非常恶劣的行为。事后，这两名队员打电话给刘先生，声称他们负责的模块含有"逻辑炸弹"代码。

这件事给马先生负责的项目造成了很大的被动。

【问题 1】（8 分）

请用 200 字以内的文字，说明这件事为什么发生，团队建设出了哪些问题。

【问题 2】（7 分）

如何解决这件事情？

【问题 3】（10 分）

如果马先生同时负责多个同样的电子政务项目，这些项目只是甲方不同，他应该怎么组织多个电子政务项目的团队建设？

11.7.2　案例分析

本题主要考查项目人力资源管理中项目团队建设知识点。

通过对案例场景的分析，可以发现 XYZ 信息系统集成公司在项目管理上存在着诸多问题，进而找到解决方法。

【问题 1】

通过案例场景的描述可以判断，这是一个甲乙双方项目组合作开发的项目，事情发生在乙方项目经理马先生请甲方项目经理刘先生的饭局上，本来这应该是甲乙双方项目组的一个很好的沟通机会，但却成了一次不愉快的经历。下面从细节中推测发生了什么事情。

"马先生邀请刘先生出去吃饭，同行的还有双方的部分团队成员"，这次吃饭的目的是什么？也就是说这次沟通是要达到一个什么效果？是双方项目经理之间的沟通吗？还是双方项目组之间的沟通？也许两者都有，但目标不明确。

"几杯酒过后，马先生团队有两名成员由项目的技术架构开始争论，进而抱怨项目的激励政策，最后开始攻击 XYZ 公司，指出其人力资源管理方面的诸多问题"，可以看出，乙方的项目组内部有矛盾，首先是对技术架构的争论，也许是系统设计时，没有经过充分论证，可能是领导管理专制所致，没有听取开发人员的建议，管理人员、设计人员、开发人员之间缺少沟通。"抱怨项目的激励政策"说明项目组的激励政策可能有问题，绩效考评制度不合理，也许项目成员反映过了，但没得到合理的解决或没有得到回复，也许项目组内根本就没有沟通渠道，项目经理马先生很少与项目成员沟通，导致积怨太深，项目成员借着这次吃饭把以前不能反映的问题或没有回复的问题重新提出来了，可能人力资源方面真的有问题，例如不合适的人到了项目组，真正需要的人却没能来等。

"马先生感到非常没面子，认为在外人面前贬低团队和公司是一种非常恶劣的行为"，马先生没有从自身找原因，他应该先想一想自己的成员为什么要这样做，项目成员不可能无故的就"在外人面前贬低团队和公司"的，是不是自己从来不与下属沟通？不了解项目现在存在的技术问题以及团队内部出现了什么问题。沟通是有升级原则的，当问题得不到解决时，会以更激烈的方式表达出来。马先生感到没面子，不仅没去弄清事情的原委，反而要惩罚自己的项目成员，导致更难堪的事情发生了。

"事后，这两名队员打电话给刘先生，声称他们负责的模块含有'逻辑炸弹'代码"，可见，项目成员既然无法直接对抗项目经理马先生（进行有效沟通），只好给甲方项目经理刘先生打电话了，希望由甲方直接处理乙方，给马先生施加压力。项目组成员和项目经理之间矛盾激化了，请注意，此时项目组成员的行动是一致的，他们已经不再争论技术架构了，而是用"逻辑炸弹"来使刘先生对项目组的工作不信任，其实就是给项目经理马先生拆台，马先生需要反思自己是不是出了什么问题，比如说自己太专制了，从不考虑下属的意见？

了解一下"逻辑炸弹"。所谓"逻辑炸弹"，是指在特定逻辑条件满足时，实施破坏计算机的程序，该程序触发后造成计算机数据丢失、计算机不能从硬盘或者软盘引导，甚至会使整个系统瘫痪，并出现物理损坏的虚假现象。这个特定的逻辑条件可能是某一特定日期或特定事件，例如项目成员被开除等。

总结如下，公司在项目管理上可能存在着如下问题。

（1）人力资源安排上不合理。

（2）系统设计时，没有经过充分论证，可能是领导管理专制所致，没有听取开发人员的建议，管理人员、设计人员、开发人员之间缺少沟通。

（3）项目团队的绩效考评制度不合理。

（4）项目组内部没有有效地沟通，没有做好沟通管理。

正因为有上述问题长期积累，项目经理没有及时处理好，才导致了上述事件的发生。团队建设可能出了如下问题。

（1）团队成员之间缺少沟通，缺少技术交流。

（2）团队成员和项目经理缺少沟通，没有有效地沟通，成员反映上来的问题得不到合理解决。

（3）项目经理和公司间也缺少沟通项目经理没能将问题及时反馈上去。

（4）成员和项目团队及公司间缺少整体绩效的考虑，各自为阵。

（5）成员的职业道德方面缺少教育。

（6）团队的人力资源分配不合理。

【问题 2】

在发现了问题所在后，马先生必须尽快处理好这件事情，要做到：

（1）作为项目经理，马先生首先要向甲方负责人刘先生对不愉快的事情表示歉意，对自己工作上的失职向刘先生道歉，争取刘先生的谅解，尽可能挽回影响。

（2）马先生对公司领导层建议一下，对团队的人力资源作一下调整，对项目团队的现状作一下汇报。

（3）改变现有的绩效考评制度，调动员工的积极性。

（4）与两名成员进行私下的非正式详细沟通，找出思想问题的症结所在，听取两名成员的建议，请两名员工指出自己在工作上的不足之处，肯定员工的工作成绩，激发他们的工作激情。

（5）加强员工职业道德教育。不管怎么说，"逻辑炸弹"是不道德的，也是违法的。

（6）私下请编程高手查"逻辑炸弹"问题，如属实，通过相关法律途径解决。

【问题3】

如果马先生同时负责多个同样的电子政务项目，这些项目只是甲方不同，他应该怎么组织多个电子政务项目的团队建设呢？

这是一个多项目管理问题。多项目管理和单项目管理的侧重点是不一样的。

单项目管理指的是传统的项目管理，采取的是自下而上的管理方式，即数据从项目管理的底层开始收集，传送至高层经过分析后对项目进行管理和控制，重点在于本项目的实现。而多项目管理采取的是自上而下的管理方式，即先确定组织的战略目标，优先选择符合组织战略目标的项目，在组织的资金和资源能力范围内有效执行项目，重点不是一个单一项目的实现，而是最佳项目组合的实现，即企业整体效益达到最佳。

人力资源、仪器设备、环境、场地和物料等均是项目的资源，多个项目对有限资源的争夺是多项目管理中经常面临的问题，资源闲置和资源负荷超载一般是沟通不畅的缘故。

组织多个电子政务项目的团队建设可参考如下方法。

（1）解决资源问题是解决多项目管理的关键，如人员、财、时间上的合理分配。

（2）根据每个电子政务项目的利润情况（直接收益和间接收益），对项目进行优先级排队，在现有资源情况下，保证公司利润的最大化。

（3）加强各项目团队之间的技术沟通，利用软件复用技术，降低各团队的人力、时间和成本等。

（4）将电子政务项目做成公司的一个品牌，使各项目团队树立为公司、为品牌服务的思想，树立项目团队整体绩效思想。既然是多个同样的电子政务项目，完全可以形成一个品牌产品，规范一下实施流程，提高工作效率。

（5）通过工作绩效和用户反馈，考核各个项目团队。

（6）做好项目沟通管理工作，让人力资源在每个项目团队中充分发挥作用。

11.7.3　参考答案

【问题1】

公司在项目管理上可能存在着如下问题。

（1）人力资源安排上不合理。

（2）系统设计时，没有经过充分论证，可能是领导管理专制所致，没有听取开发人员的建议，管理人员、设计人员、开发人员之间缺少沟通。

（3）项目团队的绩效考评制度不合理。

（4）项目组内部没有有效地沟通，没有做好沟通管理。

正因为有上述问题长期积累，项目经理没有及时处理好，才导致了上述事件的发生。

团队建设出了如下问题：

（1）团队成员之间缺少沟通，缺少技术交流。

（2）团队成员和项目经理缺少沟通，没有有效地沟通，成员反映上来的问题得不到合理解决。

（3）项目经理和公司间也缺少沟通，项目经理没能将问题及时反馈上去。

（4）成员和项目团队及公司间缺少整体绩效的考虑，各自为阵。

（5）成员的职业道德方面缺少教育。

（6）团队的人力资源分配不合理。

【问题 2】

马先生要处理好这件事情，必须做到：

（1）作为项目经理，马先生首先要向甲方负责人刘先生对不愉快的事情表示歉意，对自己工作上的失职向刘先生道歉，争取刘先生的谅解，尽可能挽回影响。

（2）马先生对公司领导层建议一下，对团队的人力资源作一下调整，对项目团队的现状作一下汇报。

（3）改变现有的绩效考评制度，调动员工的积极性。

（4）与两名成员进行私下的非正式详细沟通，找出思想问题的症结所在，听取两名成员的建议，请两名员工指出自己在工作上的不足之处，肯定员工的工作成绩，激发他们的工作激情。

（5）加强员工职业道德教育。

（6）私下请编程高手查"逻辑炸弹"问题，如属实，通过相关法律途径解决。

【问题 3】

组织多个电子政务项目的团队建设的方法如下。

（1）解决资源问题是解决多项目管理的关键，如人员、财、时间上的合理分配。

（2）根据每个电子政务项目的利润情况（直接收益和间接收益），对项目进行优先级排队，在现有资源情况下，保证公司利润的最大化。

（3）加强各项目团队之间的技术沟通，利用软件复用技术，降低各团队的人力、时间和成本等。

（4）将电子政务项目做成公司的一个品牌，使各项目团队树立为公司、为品牌服务的思想，树立项目团队整体绩效思想。

（5）通过工作绩效和用户反馈，考核各个项目团队。

（6）做好项目沟通管理工作，让人力资源在每个项目团队中充分发挥作用。

参 考 文 献

[1] 张友生，邓子云. 信息系统项目管理师考试试题分类精解. 北京：电子工业出版社，2009

[2] 全国计算机技术与软件专业技术资格（水平）考试办公室. 信息系统项目管理师 2005～2008 年考试试题

[3] 张友生. 信息系统项目管理师辅导教程. 第 2 版. 北京：电子工业出版社，2008

[4] 陈志风，李雄. 信息系统监理师考试试题分类精解. 北京：电子工业出版社，2009

[5] 全国计算机技术与软件专业技术资格（水平）考试办公室. 信息系统监理师 2005～2008 年考试试题

[6] 梁伟峰. 浅谈施工项目质量管理. 广东建材，2007（2）：128～131

[7] 约翰·费莱彻. 中国大型项目的质量管理和项目管理. 化工建设工程，2001（23-2）：10～11

[8] 黎宇. 文档的作用和分类. http://se.csai.cn/SoftDocuments/No021.htm

[9] Karl E Wieger. 如何编写高质量的需求规格说明书. http://pm.csai.cn/contract/2008 01061931511727.htm

[10] 刘剑峰. 我在项目管理中所用到的文档. http://pm.csai.cn/contract/NO227.htm

[11] 薛大龙，罗铁清. 信息系统监理师应试辅导暨案例分析. 北京：人民邮件出版社，2005

[12] 邓富民，徐玖平. 项目质量管理. 北京：经济管理出版社，2008

[13] 赵涛，潘欣鹏. 项目范围管理. 北京：中国纺织出版社，2004

[14] 杨侃. 项目设计与范围管理. 北京：电子工业出版社，2006

[15] 白思俊. 现代项目管理. 北京：机械工业出版社，2002

[16] 李卫星. 突破项目管理的难点：从 WBS 到计划. 北京：电子工业出版社，2006

[17] 许成绩. 现代项目管理教程. 北京：中国宇航出版社，2003

[18] 永华. 项目管理如何游刃有余. 北京：清华大学出版社，2004

[19] 杰罗特. 项目管理实践. 北京：清华大学出版社，2003

[20] 李师贤. 需求分析的常见问题及其对策分析. 计算机工程，2002（1）：6～8

[21] 卢有杰，王勇. 项目管理知识体系指南. 第 3 版. 北京：电子工业出版社，2004

[22] 吴吉义. 软件项目管理理论与案例分析. 北京：中国电力出版社，2007

[23] 杜嘉伟. 哈佛模式•项目管理. 北京：人民日报出版社线装书局，2001

[24] 李盛萍，常春. 有效的项目管理. 北京：电子工业出版社，2002

[25] 洪显明. IT 信息化项目管理知识体系 iPMBOK 框架结构. IT 信息化项目管理知识体系 iPMBOK 与资格认证学术研讨会资料，2002

[26] 陈河南. 软件开发的滑铁卢. 北京：电子工业出版社，2002

[27] 方德英，李敏强. 信息系统项目监理机制的经济学分析. 管理工程学报，2003（4）：98～102

[28] 栾跃. 软件开发项目管理. 上海：上海交通大学出版社，2005

[29] Ian Sommerville. 软件工程. 第 7 版. 北京：机械工业出版社，2004

[30] Swapna Kishore. Software Requirement and Estimation，First Edition. New Delhi，Tata McGraw-Hill Publishing Company Limited，2001

[31] 钱岭，苏薇，盛铁阳. 功能点分析. 北京：清华大学出版社，2003

[32] Lawrence H. Putnam. Five Core Metrics. New York，Dorset House Publishing，2003

[33] Capers Jones. 软件评估、度量与最佳方法. 影印版. 北京：高等教育出版社，2003